しあわせ間取り図鑑

建築知識編集部 編

X-Knowledge

目次

01 天井高4mの開放的なリビング → 006

02 建物の中に箱型の部屋 → 008

03 暖房と調理にも活躍する薪ストーブ → 010

04 随所に溜まりがある居心地のいい家 → 012

05 どこに居ても視線の先に美しい光と緑 → 014

06 ミニマルに暮らすワンルーム空間 → 016

07 とことん傷つけてもOKな子供の城 → 018

08 絵本の壁と特別なキッチン → 020

09 家の3分の1を占めるアトリエ → 022

10 20個のキューブで家を組み立てる → 024

11 トンネルのような勾配天井の空間 → 026

12 離れで非日常感を味わう → 028

COLUMN 間取りの見ドコロ① 今どき部屋 → 030

13 中央にダイニングを置いた田の字プラン → 032

14 小さくても大人数で使えるリビング → 034

15 敷地と素材をいかす賃貸併用住宅 → 036

16 育ち盛りの子供と忙しい親のための家 → 038

17 自然の風景を楽しむ畳リビング → 040

18 人が集まる土間キッチン → 042

19 生活スタイルに合わせて間取り変更 → 044

20 間接照明で照らす吹抜け空間 → 046

21 家の中を自在に巡る回遊動線 → 048

22 寝室とリビングを同階に配置 → 050

23 いつでも庭を身近に感じる → 052

COLUMN 間取りの見ドコロ② 収納がほしい → 054

24 一面の菜の花畑を自分のものにした家 → 056

25 広いテラスと計算された収納計画 → 058

26 スキップフロアで庭を囲む → 060

27 住宅密集地でも風通しをよくする → 062

28 大開口を設けてプライバシーも守る → 064

29 大開口と吹抜けの組み合わせ → 066

30 どの部屋からも庭を眺められる → 068

31 光と風と温熱環境を詳細にコントロール → 070

32 巨大ベンチのある切妻大屋根の家 → 072

33 空中バルコニーに植栽を貫通させる → 074

34 夏にはテラスが水庭に早変わり！ → 076

COLUMN 間取りの見ドコロ③ 動線を見極める → 078

35 南と北の両方を開く → 080

36 小さくても視線が抜けて広い家 → 082

37 外観のイメージを超える室内の広がり → 084

38 家族フロアの小粋な配置 → 086

39 スキップフロアで立体的に空間を使う → 088

40 建物に囲われた安心できる路地 → 090

41 森とつながる平屋の別荘 → 092
42 いろいろな角度から庭を楽しむ → 094
43 大・中・小の広さを選んで自由に暮らす → 096
44 ワンルーム空間を領域分けするには → 098
45 マンションの部屋に路地をつくる → 100

COLUMN　間取りの見ドコロ④　方位と部屋の配置 → 102

46 4つの中庭を持つ二世帯住宅 → 104
47 街と家との間に緩衝帯をつくる → 106
48 縦につながる空間をいかした二世帯住宅 → 108
49 4世代家族がともに生きる平屋 → 110
50 南東角を開けばぽかぽか → 112
51 小さな家ですっきり暮らす工夫 → 114
52 落ち着く場所をどうつくるか → 116

COLUMN　間取りの見ドコロ⑤　フロア配置 → 118

53 お気に入りの家具に囲まれる → 120
54 防火設備認定品をデザイン窓にする → 122
55 光で領域を分ける夫婦の住まい → 124
56 敷地環境をいかした抜けのある家 → 126
57 奥にひょっこり現れるアトリエ → 128
58 1人暮らしのための小さな家 → 130
59 趣味を満喫する男の家 → 132

※図面内の略号は以下のとおりです。
L　リビング(Living)／D　ダイニング(Dining)／K　キッチン(Kitchen)／
CL　クロゼット(Closet)／WIC　ウォーク・イン・クロゼット(Walk in closet)／
SIC　シューズ・イン・クロゼット(Shoes in closet)／UT　ユーティリティ(Utility)

デザイン　トトト
DTP　ユーホーワークス
トレース　加藤陽平／小松一平／杉本聡美／長谷川智大／濱本大樹
イラスト　あおのなおこ／イクウチリリー／渋谷純子／ヤマサキミノリ

明るく高さ方向に開放的なLDK

天井高4mの開放的なリビング

階段を上ると広がる、明るく開放的な2階リビング。敷地は幹線道路に近く、駐車場と住宅に囲われていたので、けっして恵まれた環境とは言えなかった。けれど、敷地の一部が「中高層地域」にかかっていたことで、通常の「低層地域」よりも建物の高さを稼ぐことができたのだ。リビングの大きな高窓と、インナーバルコニーに設けられた開口は、周辺環境から空や樹木だけおいしいところを切り取る「フィルター」の役割を果たす。階段とダイニングの間に遊び場があったり、リビングの横は籠り感のあるデスクスペースだったり、変化に富む空間となっている。

玄関にも吹抜けがあり、家全体の印象が伸びやか。コストを抑えるために収納には戸を付けず、柱・梁を現した潔い意匠としている。

01

家族共用のデスクスペース。集中したいときは奥の個室が使える

天井高4mの開放的なリビング

2F

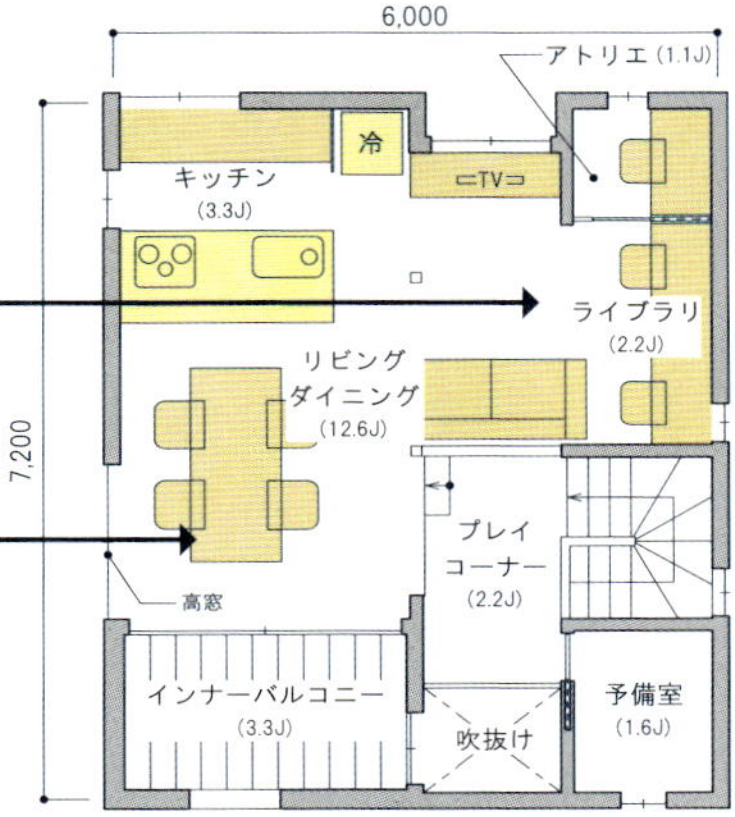

広々主寝室は将来分割可能

1F

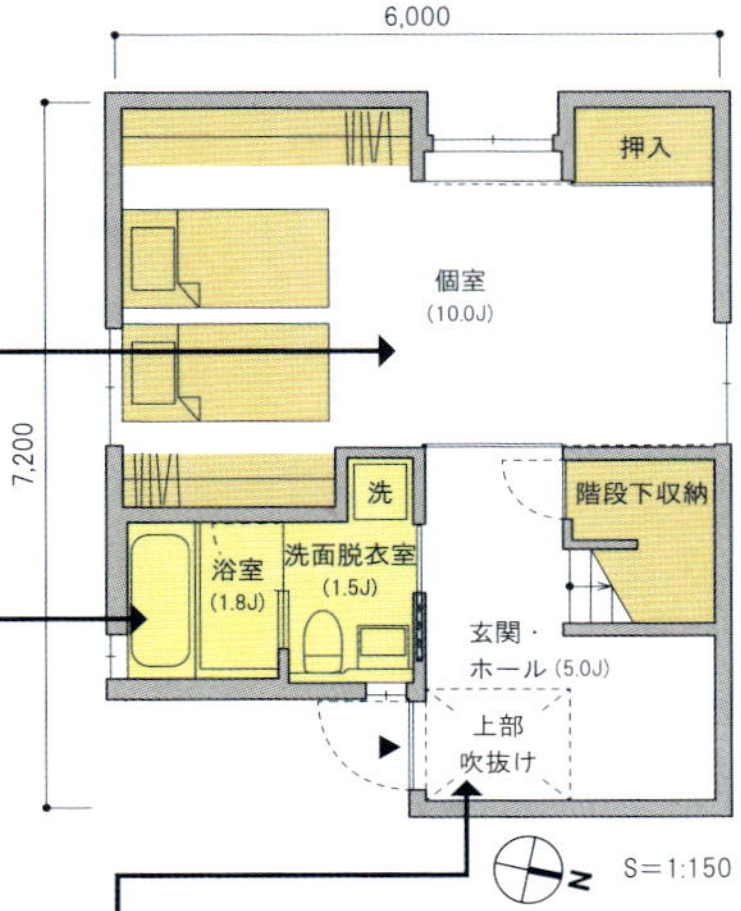

浴室と洗面脱衣室は白タイルとガラスで仕上げ、すっきり明るい雰囲気に

インナーバルコニーから吹抜けを介して玄関に光が落ちる

構造	木造2階建て
敷地面積	73.8㎡(22.3坪)
延べ床面積	76.2㎡(23.0坪)
主な内部仕上げ	床 パイン無垢フローリング 壁 ビニルクロス、天井 構造露し・一部ビニルクロス
家族構成	夫婦＋子供2人
設計	リオタデザイン
施工	丸山工務店

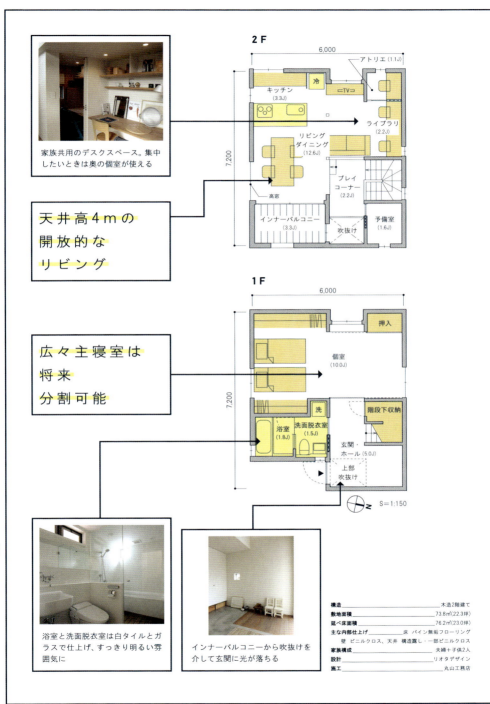

子供部屋から「隙間リビング」を見下ろす

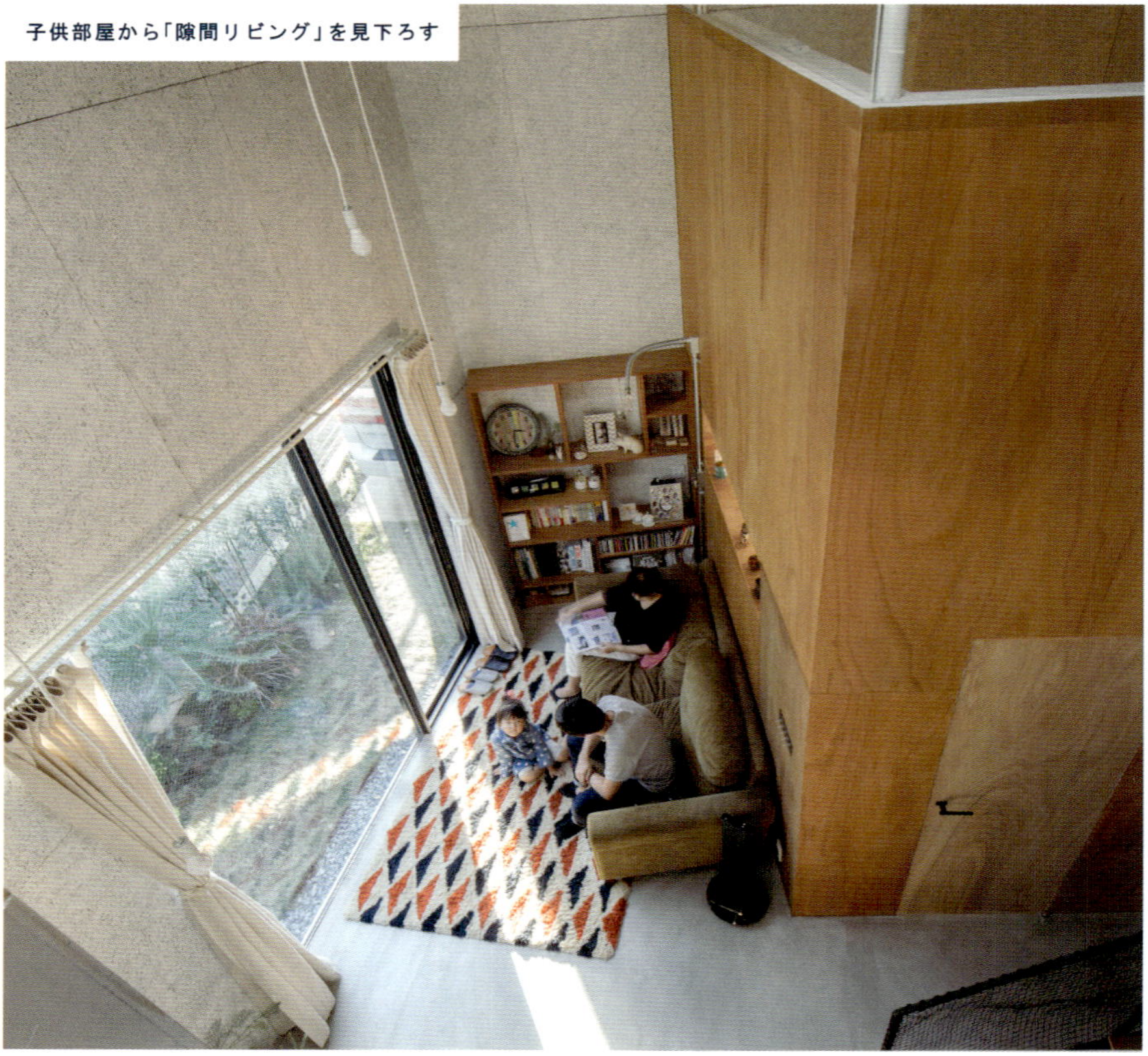

02

建物の中に箱型の部屋

大型車や、BMX（競技用自転車）などのアウトドア用品を自然に収納できるような家にしたかった。まず、建物の平面を変形させて、残された敷地の隙間に庭と駐車場をつくった。内部は2つの木箱を「置いた」ような間取り。木箱の間にできた隙間が、リビングになったり、自転車や植物を置く場所になったりする。東側の木箱の下部はダイニング・キッチンの空間が抜けて、西側の木箱に上部は寝室の開口部が抜ける。平面・断面の隙間空間は吹抜けによってつながり、伸びやかな空間に展開する。

建物全体は非常にコンパクトであるものの、居場所によって家の広さや高さの感じ方が変わり、実際の面積よりも広く感じることができる。

構造	木造2階建て
敷地面積	115.9㎡(35.1坪)
延べ床面積	87.1㎡(26.4坪)
主な内部仕上げ	床 モルタル・オーク無垢フローリング 壁・天井 白色木毛セメント板・ラーチ合板
家族構成	夫婦＋子供2人
設計	no.555
施工	原住建

箱と箱の間にできた隙間空間がリビング

子供室。扉タイプの室内窓を開ければ、すぐに下階にいる家族とコミュニケーションがとれる

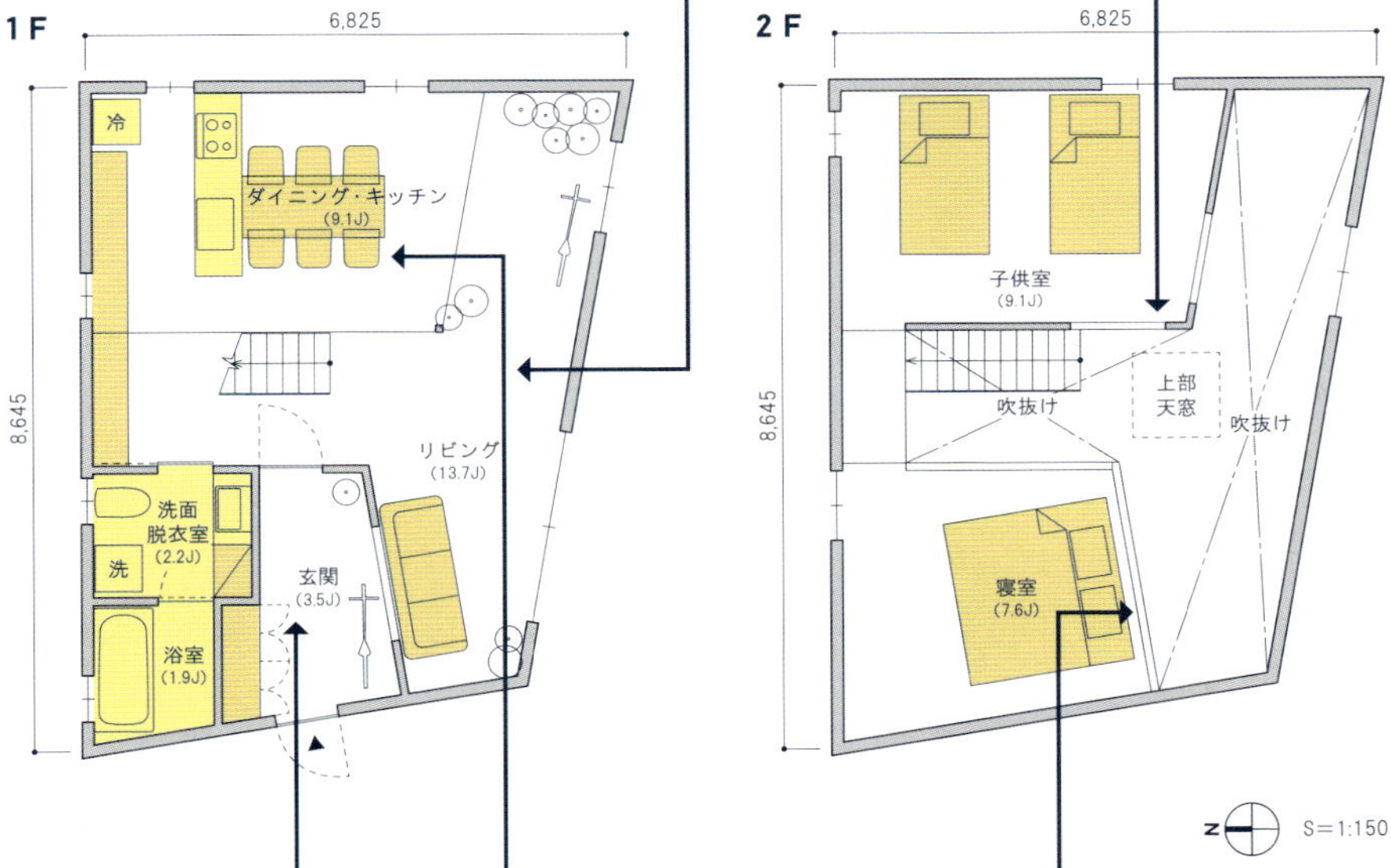

1F
6,825
8,645
冷
ダイニング・キッチン
(9.1J)
リビング
(13.7J)
洗面
脱衣室
(2.2J)
洗
浴室
(1.9J)
玄関
(3.5J)
2F
6,825
8,645
子供室
(9.1J)
吹抜け
上部
天窓
吹抜け
寝室
(7.6J)
S=1:150

大型の用品も置ける玄関兼納戸

ダイニング・キッチン。天井高の変化によって多様な空間を感じられる

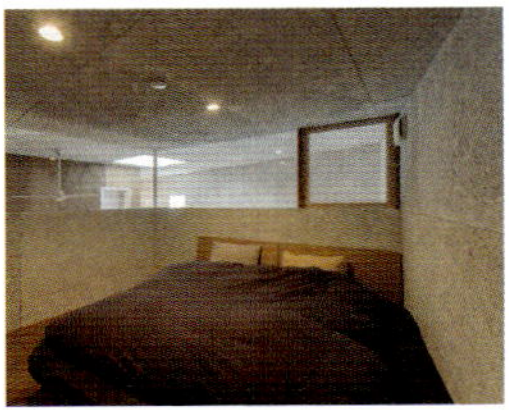

寝室には高窓の室内窓を設けて、吹抜けに視線が抜けるようにしている

板土間のリビングでくつろぐ

03

暖房と調理にも活躍する薪ストーブ

玄関から居室に入ると、そのまま薪ストーブを置いた土間がつづき、板土間へ切り替わる。1階北側に配置したサニタリーや和室は1段高くなっている。この段差は腰掛けるのにちょうどよく、リビングや庭にいる人とコミュニケーションがとれる。

冬は薪ストーブ1台で家全体を暖房できるようになっている。暖気は吹抜けを介して2階へ上ったら、吹抜けの反対側にある階段から下りてきて、家中に暖気が巡るしくみだ。

薪ストーブは冬の暖房としてだけでなく、高性能の調理器具としても活躍する。薪ストーブ内に赤く熱した熾火をつくったあと、五徳を置いて網を載せれば簡単に焼き物ができる。薪ストーブの上部に鍋を載せれば、同時に煮込み料理もつくれる。

子供室は今は簡素なつくりに。将来、壁を追加して2部屋にすることもできる

ルーバー状のブリッジで吹抜けを渡る

Ⅱ型(セパレート型)のアイランドキッチンで、調理スペース、収納、回遊動線を確保している

スギ板張りの外壁。竹の柵と植栽で、家と街との距離を緩やかにとっている

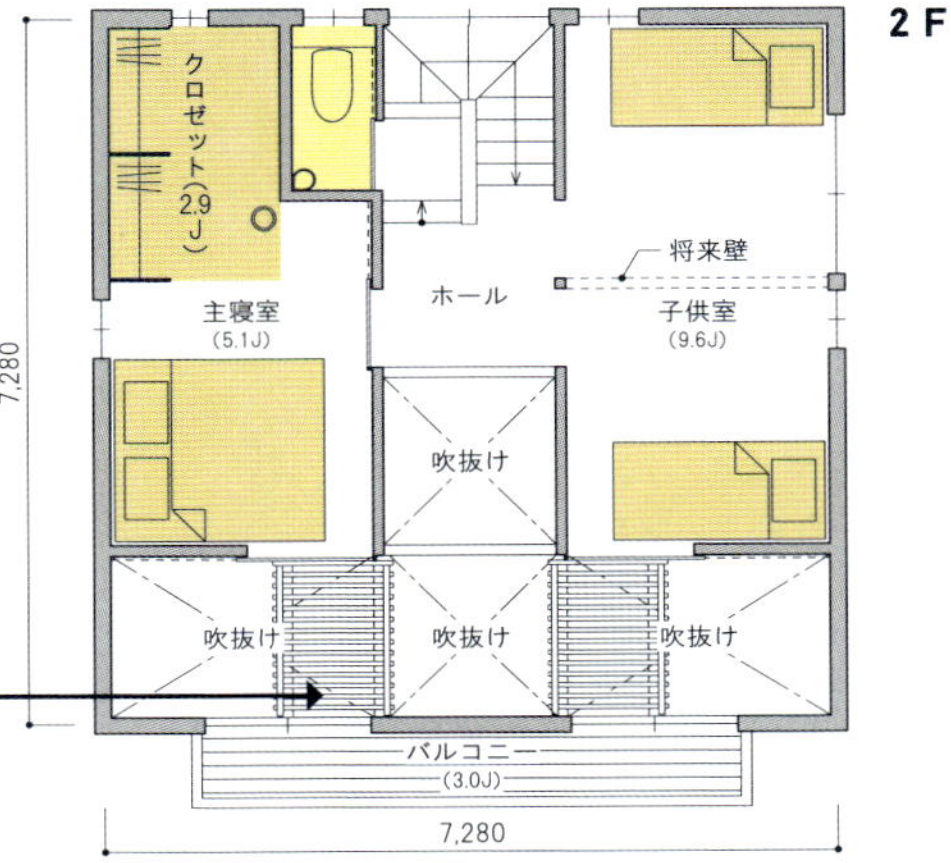
2F
クロゼット(2.9J)
主寝室
(5.1J)
ホール
将来壁
子供室
(9.6J)
吹抜け
吹抜け
吹抜け
吹抜け
バルコニー
(3.0J)
7,280
7,280

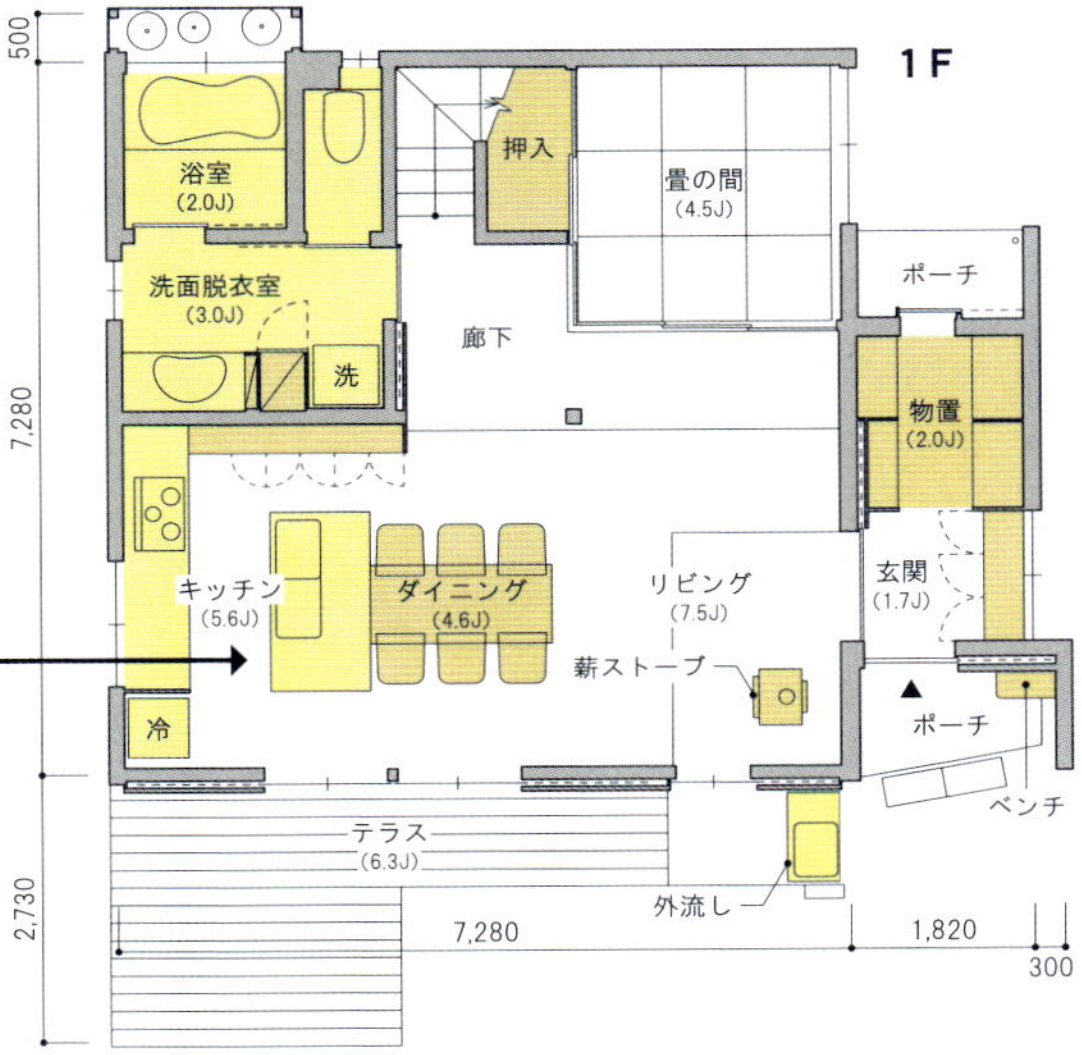
1F
500
浴室
(2.0J)
押入
畳の間
(4.5J)
洗面脱衣室
(3.0J)
洗
廊下
ポーチ
物置
(2.0J)
キッチン
(5.6J)
ダイニング
(4.6J)
リビング
(7.5J)
玄関
(1.7J)
薪ストーブ
冷
ポーチ
ベンチ
テラス
(6.3J)
外流し
7,280
2,730
7,280
1,820
300

S=1:150

構造	木造2階建て
敷地面積	159.2㎡(48.2坪)
延べ床面積	95.5㎡(28.9坪)
主な内部仕上げ	床 スギ無垢フローリング 壁 漆喰、天井 石膏ボード塗装・構造用合板露し
家族構成	夫婦＋子供2人
設計	木々設計室(2019年松原正明建築設計室を改称)
施工	幹建設

1階の半分は地面に近い板土間の空間

リビング・ダイニングにたくさんの椅子を置いて

随所に溜まりがある居心地のいい家

階段を平面の中央付近に置いて、その周りに各部屋をつなげると、廊下が削減されてのびのびと暮らせる間取りになる。この家では、長く広めの玄関土間で家中央の階段まで動線を導き、階段の周りに、リビング、ダイニング、キッチン、小上がりをつなげている。コの字型に壁を設けたアルコーブ状の平面や、腰掛けるのにちょうどいい段差、随所に置かれた椅子によって、たくさんの「溜まり（＝人の居場所）」が生まれている。

さらに、ウォルナットや、土色の左官など、落ち着いた色調の素材が、ずっとそこに佇んでいたくなるような雰囲気を醸し出す。階段を上った先は共用室にして、2階も廊下をなくしている。幅1間半、高さ2.2mもある大開口からの光は、吹抜けを介して1階も照らす。

04

暗くなりがちな北側の部屋に、内窓から光を採り込む

吹抜けに光を導くバルコニーの大窓。共用室にテーブルとイスを置けばセカンドリビングに

オープンなつくりの玄関土間。小上がりや階段で、薪ストーブのまわりに人の居場所が立体的につくられている

2F

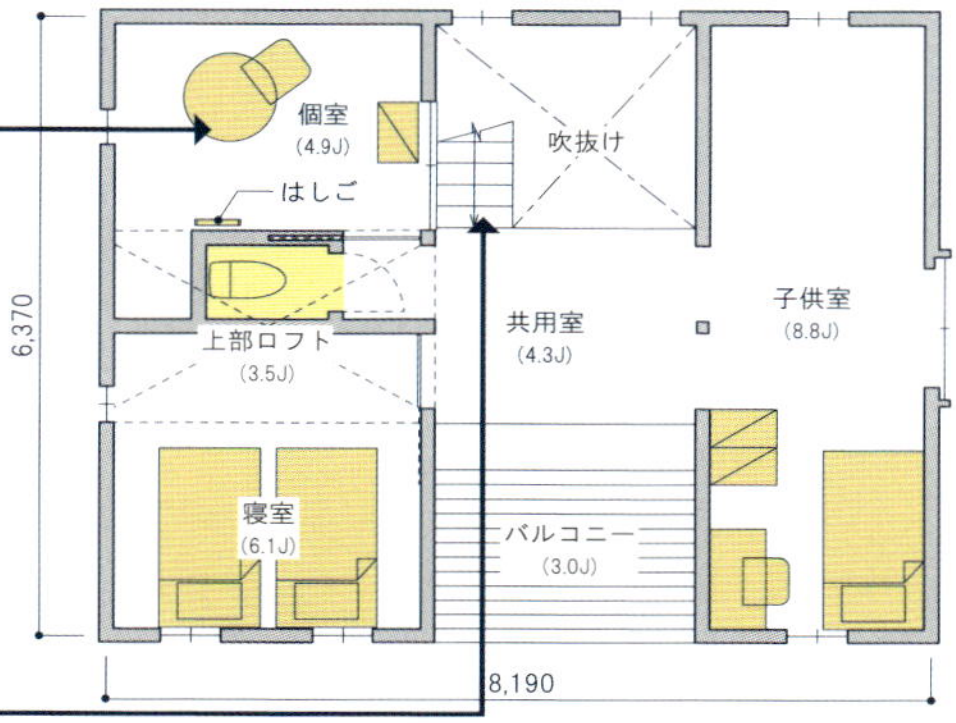

個室
(4.9J)
はしご
吹抜け
上部ロフト
(3.5J)
共用室
(4.3J)
子供室
(8.8J)
寝室
(6.1J)
バルコニー
(3.0J)
6,370
8,190

1F

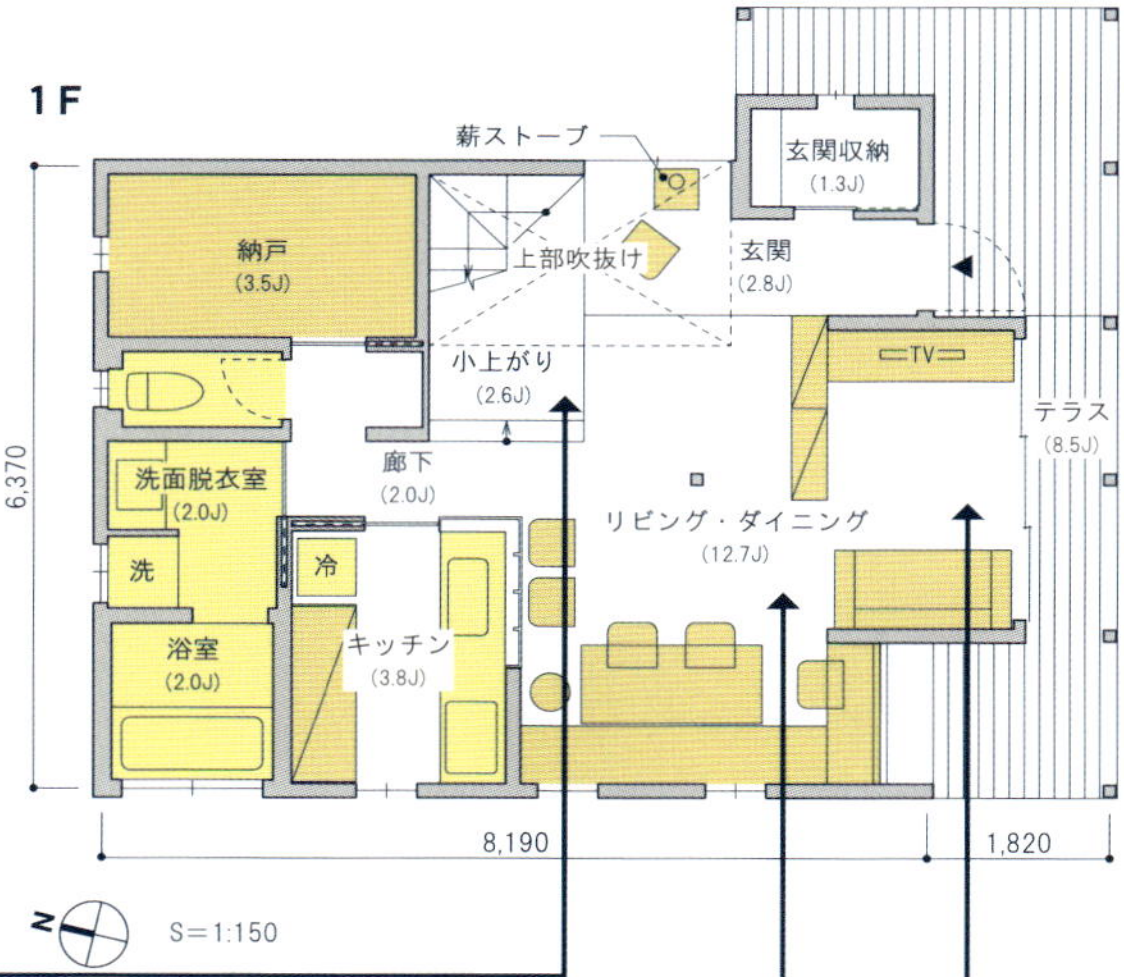

薪ストーブ
玄関収納
(1.3J)
納戸
(3.5J)
上部吹抜け
玄関
(2.8J)
小上がり
(2.6J)
TV
テラス
(8.5J)
廊下
(2.0J)
洗面脱衣室
(2.0J)
洗
冷
リビング・ダイニング
(12.7J)
浴室
(2.0J)
キッチン
(3.8J)
6,370
8,190
1,820
N
S=1:150

構造 ―― 木造2階建て
敷地面積 ―― 271.5㎡(82.1坪)
延べ床面積 ―― 115.8㎡(35.0坪)
※下屋含む、ロフト除く
主な内部仕上げ ―― 床 ウォールナット無垢フローリング 壁 漆喰、天井 1階漆喰・2階構造体露しオイル塗装
家族構成 ―― 夫婦＋子供1人
設計 ―― i+i設計事務所
施工 ―― 榊住建

たくさんの「溜まり」でいたるところが快適スペース

リビング部分を張り出して冬季に日差しを取り込みやすく

2階の寝室から1階リビングへ視線が抜ける

05

どこに居ても視線の先に美しい光と緑

建物の幅いっぱいの階段がダイニングとリビングをつなぐ、少し不思議な間取りと空間。ダイニングテーブルの半分が階段に乗っているのも面白い。ダイニングの椅子に座った人と、階段に腰かけた人、リビングの床に座った人が、同じ目線の高さでコミュニケーションをとることができる。また、どこに座っても、リビングの地窓を通して大きな栗の木が視界に飛び込んでくる。

ダイニングのそばのソファスペースも工夫されている。大きな窓は、外部からの視線が気になるためにカーテンを閉め切ってしまうことがある。そこで、ソファスペースを張り出し、さらにタープを設置することで、外部と室内の距離をとってプライバシーを確保した。

階段を隔ててダイニングとリビングの目線の高さがそろう

中央で向きを変えるだけで作業できるコの字キッチン

主寝室を仕切るのはカーテンのみ。主寝室への長い動線は住まいに奥行き感を与える

2F

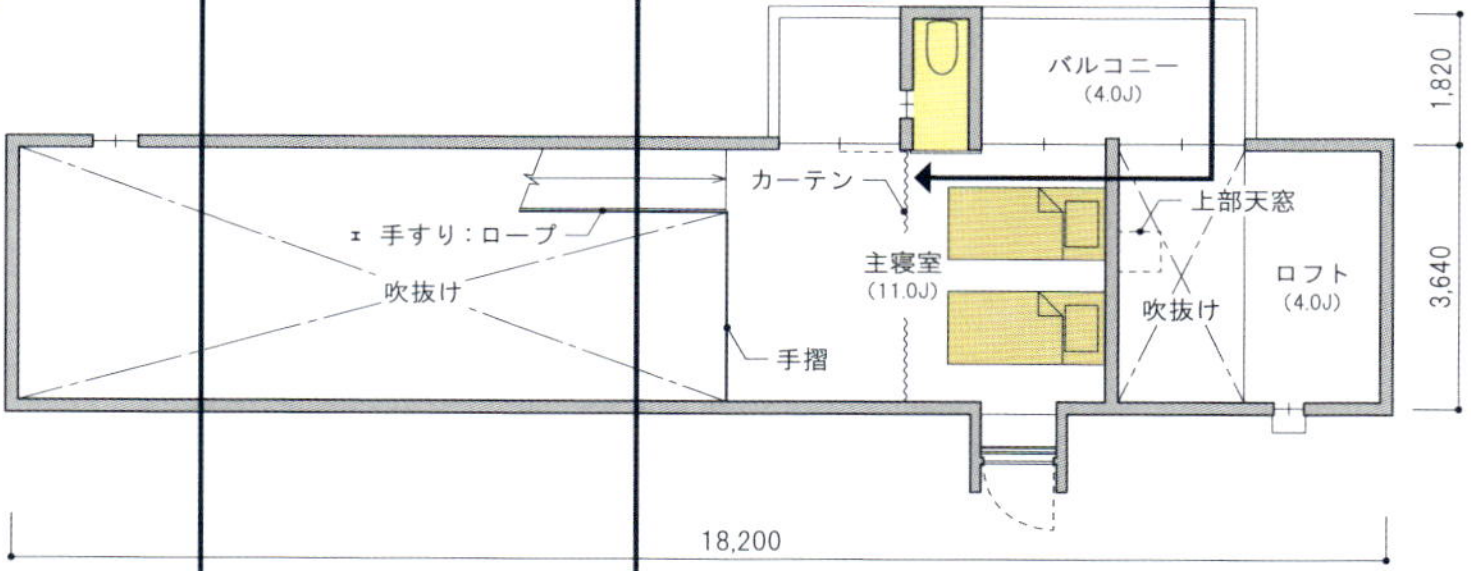

1F

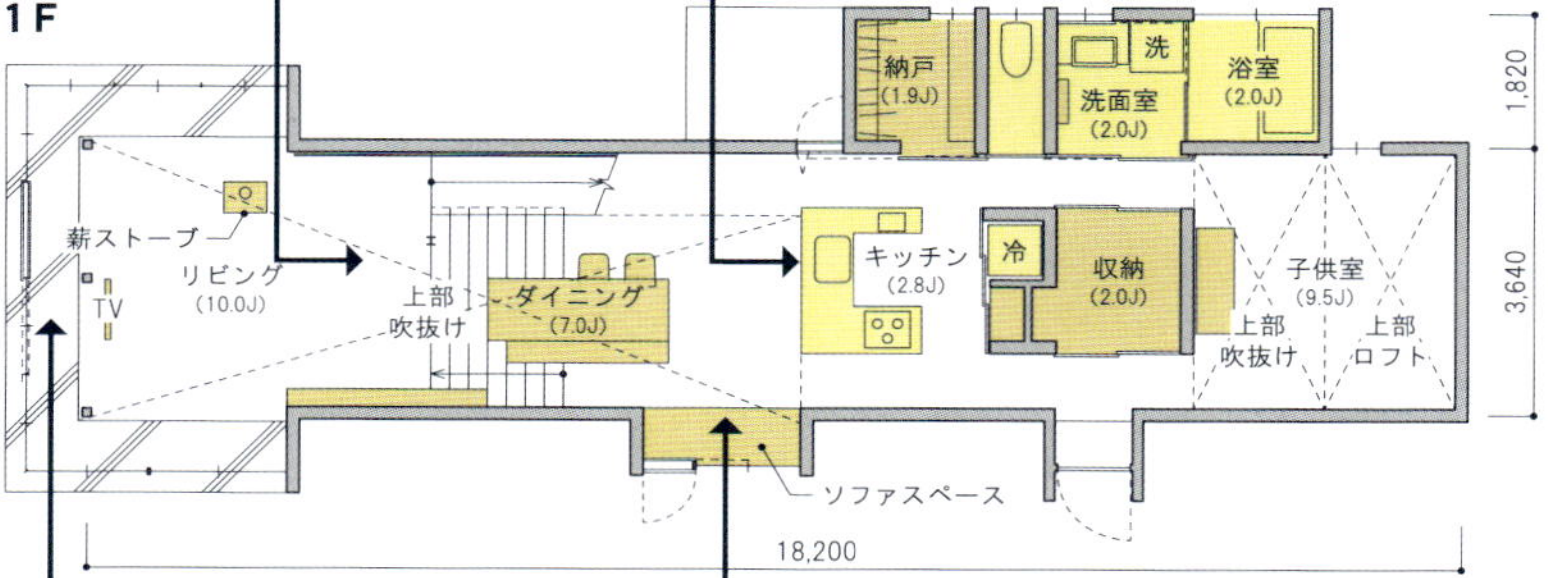

N

S＝1:200

窓際の床はコンクリート打ち放し仕上げ。インドア・グリーンを並べれば庭の風景とつながる

ソファスペースは、日射や気になる視線に応じてタープを調整する

構造	木造2階建て
敷地面積	402.2㎡(121.9坪)
延べ床面積	116.8㎡(35.4坪)
主な内部仕上げ	床 スギー等材フローリング 壁・天井 軽量白モルタル木鏝押さえ
家族構成	夫婦＋子供2人
設計	服部信康建築設計事務所
施工	玉田建設

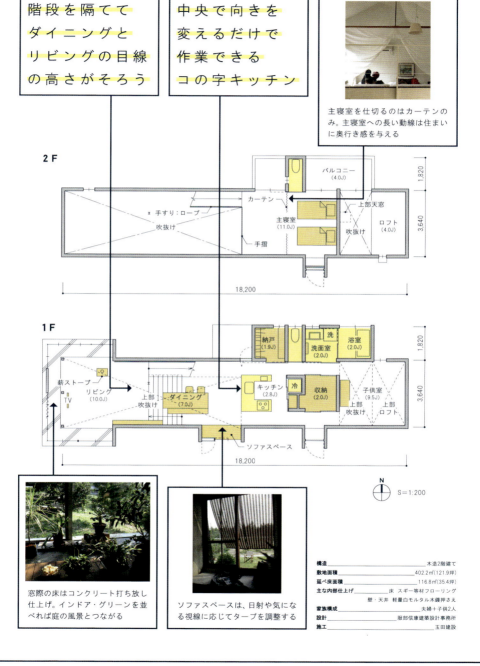

暗く落ち着いたダイニングに光が漏れる

ミニマルに暮らすワンルーム空間

若い夫婦と小さな2人の子供のための住まい。豊かな自然の中で子供たちをのびのびと育てたいと願う夫婦が、郊外に約30坪の土地を購入し、小さな家を建てた。外観は白い壁に軒、庇、窓手摺りによる陰影が表情を与えている。

内部は子供たちの気配を感じられる吹抜けのあるワンルーム空間。玄関とキッチン、ダイニングは炭入りモルタルの土間仕上げで、コーナー窓は特別に、全開放できる木製建具だ。リビングは無垢のフローリング。ダイニングとは床と段差を設けて場を切り替えている。壁・天井の仕上げは黒瓦入の灰色の漆喰を荒く仕上げている。漆喰壁に生まれる光のグラデーションが空間に豊かな広がりを生み出し、簡素ながらも本物の素材による「小さな佇まいの家」が完成した。

06

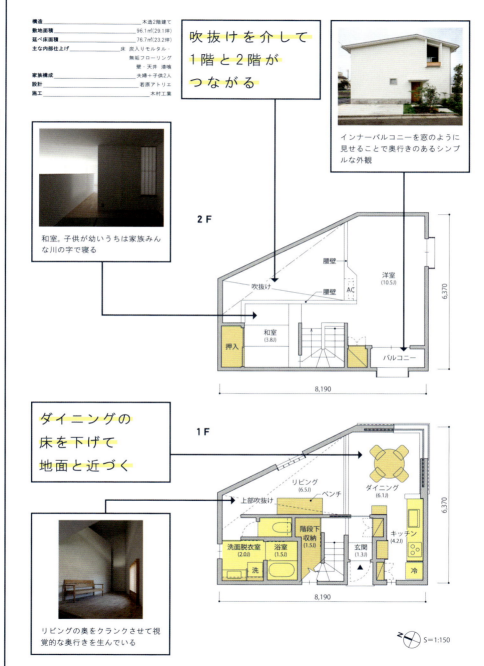

構造	木造2階建て
敷地面積	96.1㎡(29.1坪)
延べ床面積	76.7㎡(23.2坪)
主な内部仕上げ	床 炭入りモルタル・無垢フローリング 壁・天井 漆喰
家族構成	夫婦＋子供2人
設計	若原アトリエ
施工	木村工業

吹抜けを介して1階と2階がつながる

インナーバルコニーを窓のように見せることで奥行きのあるシンプルな外観

和室。子供が幼いうちは家族みんな川の字で寝る

2 F

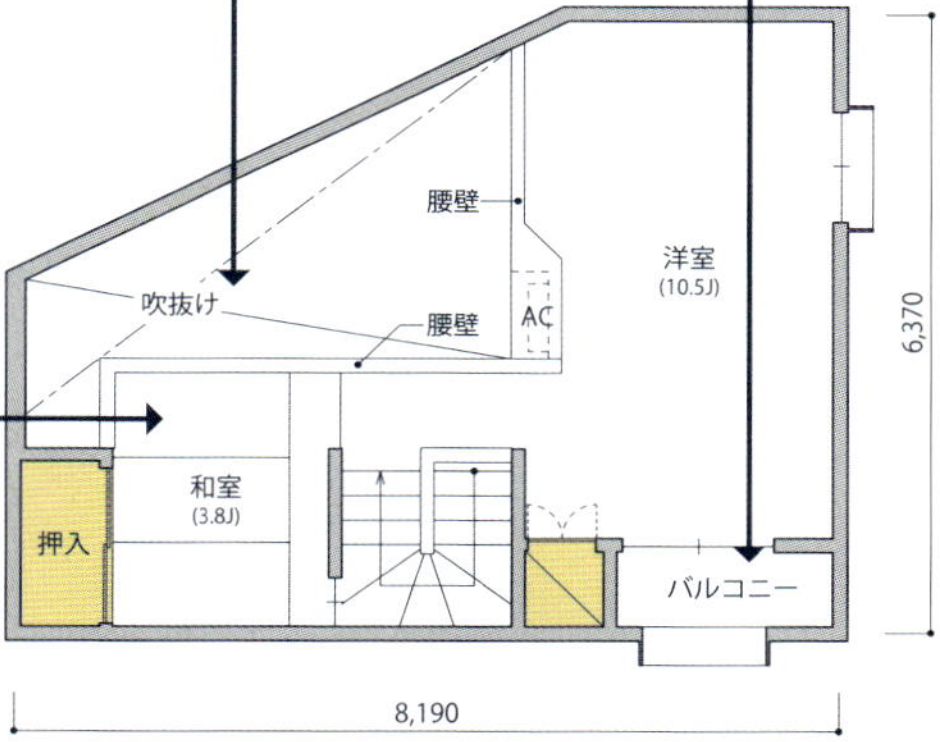

ダイニングの床を下げて地面と近づく

1 F

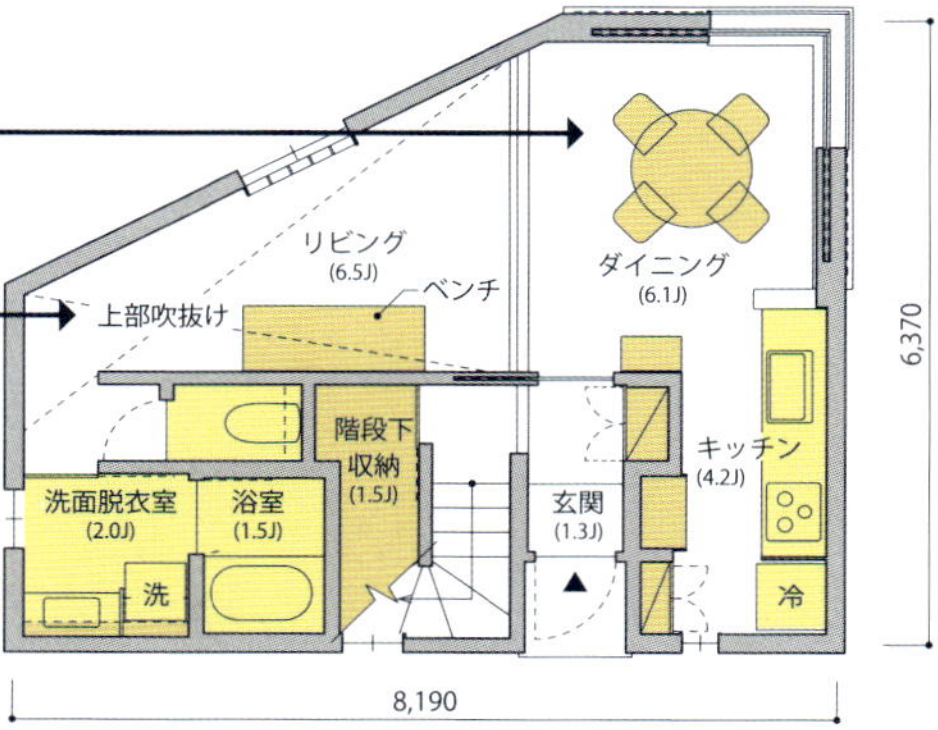

リビングの奥をクランクさせて視覚的な奥行きを生んでいる

N S=1:150

吹抜けの楽しい子供室

とことん傷つけても
OKな子供の城

出張の多いご主人なので、普段は奥様と2人の子供達で家を守っている。そこでまず、ひとつの部屋で3人が心地よく暮らせるような平屋を設えた。ご主人が不在のときは、リビング・ダイニングに布団を敷いて3人で一緒に寝ることができる。いつでも寝場所になるソファベッドもある。

サニタリーと子供室と寝室は、2階建ての別棟に配置。子供室は合板仕上げの勾配天井の大空間にして、気兼ねなく好きに使えるようにしている。子供達にとって平屋と2階建ての間は元気に走り回るのにうってつけのスペースでもある。

サニタリーは、単に手や顔を洗ったりする機能空間ではなく、家具や小物を飾れるようにして、生活を楽しむ空間に変えている。

07

出張から戻ったご主人のためのプライベート空間と夫婦の寝室。コーナー窓からは富士山が見える

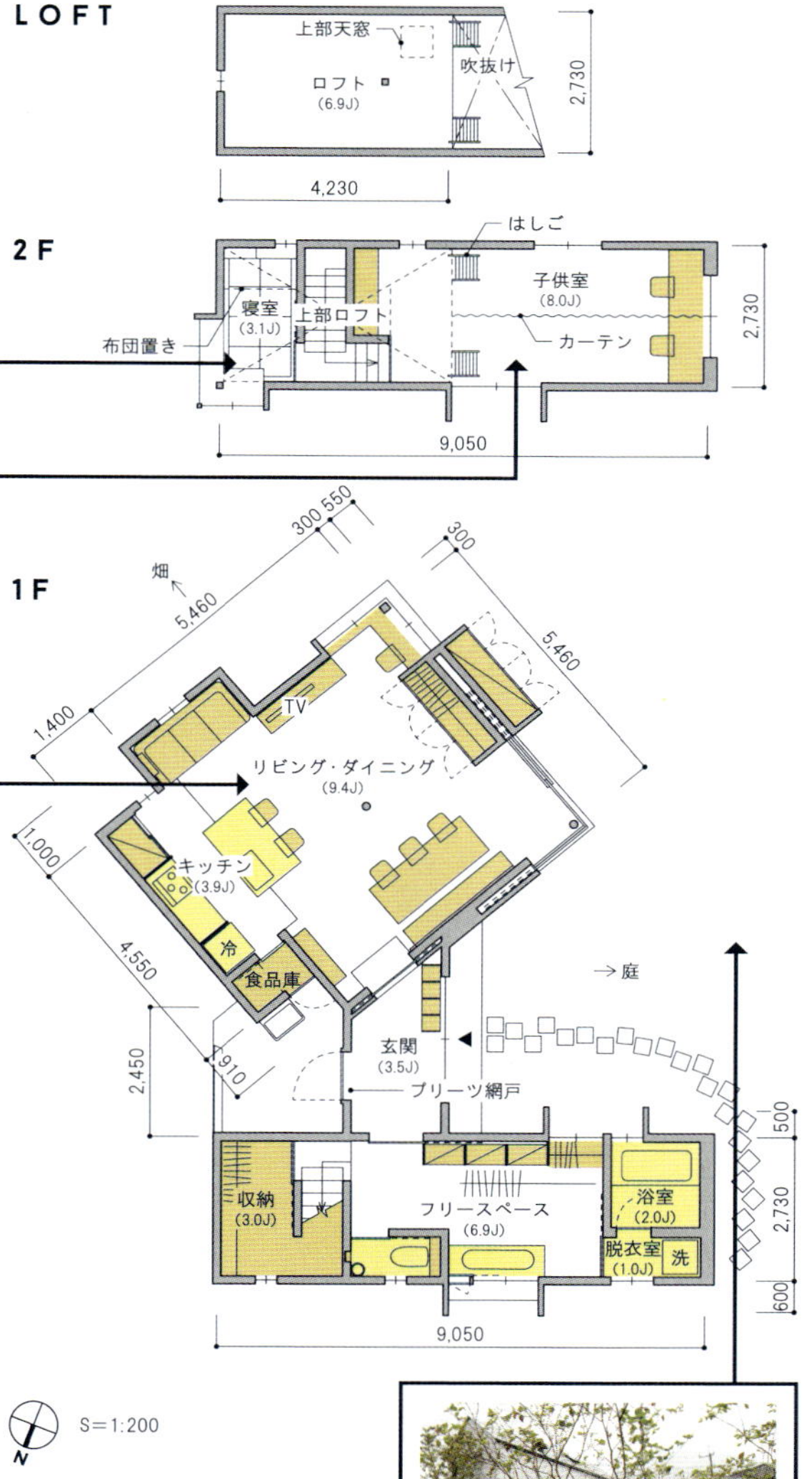

落書きもOKな自由で楽しい子供室

普段、母子が一緒に暮らす平屋のスペース

キッチンには2つの勝手口がある。1つは畑とつながり、もう1つは駐車場とすぐつながる

構造	木造2階建て
敷地面積	359.9㎡(109.1坪)
延べ床面積	98.0㎡(29.7坪)
主な内部仕上げ	床　土間コンクリート金鏝仕上げ・オークフローリング 壁・天井　石膏ボード・構造用合板
家族構成	夫婦＋子供2人
設計	服部信康建築設計事務所
施工	E-house

かわいらしい三角屋根の2階建てと、和の印象の方形屋根の平屋を玄関でつなげた

子供室の絵本の壁

08

絵本の壁と特別なキッチン

家や物に愛着を持つための仕掛けとして、子供室が「絵本の壁」になっている。1冊1冊丁寧に本をしまうと、背表紙が壁のデザインになるのだ。子供室は階段広場のようになっていて、階段に座って本を読んだり、おしゃべりしたり、遊んだりできる。

自分達が口にする野菜は自分達でつくりたい、という要望もあったので、リビングの前に広がる外部空間は家庭菜園に。そして、1階の床のほとんどはモルタル仕上げとした。こうすることで、土のついた野菜をキッチンまで運ぶとき、汚れても気にならない。畑からキッチンへ向かうアプローチには野菜を洗う場所も設けている。広いアプローチは、野菜を保管できたり、軽食を食べたりするテラスとしても利用できる。

洗濯や身支度を整えるためのスムーズな動線

絵本の壁があるオープンな子供室

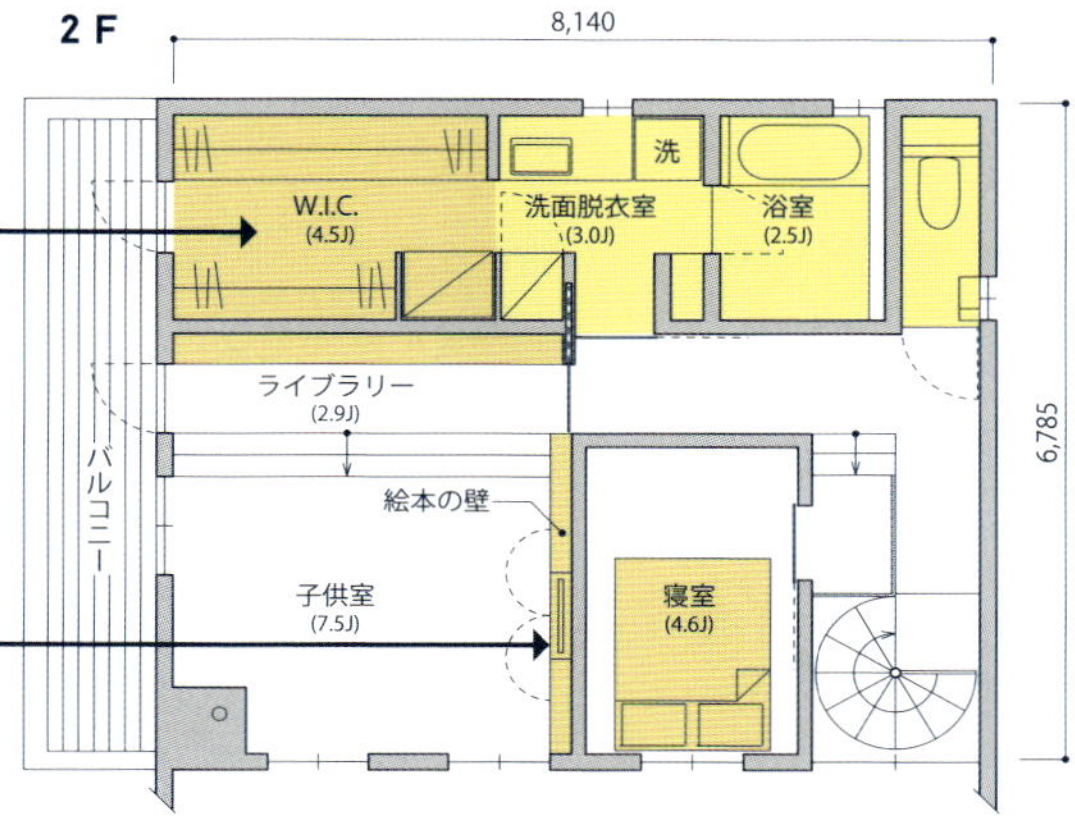

キッチンはアイランドカウンターで食材や調理道具を十分に広げられる作業台を設けた

リビングであり、玄関スペースでもある土間。内と外の境界が曖昧で、自然と密に暮らせるつくり

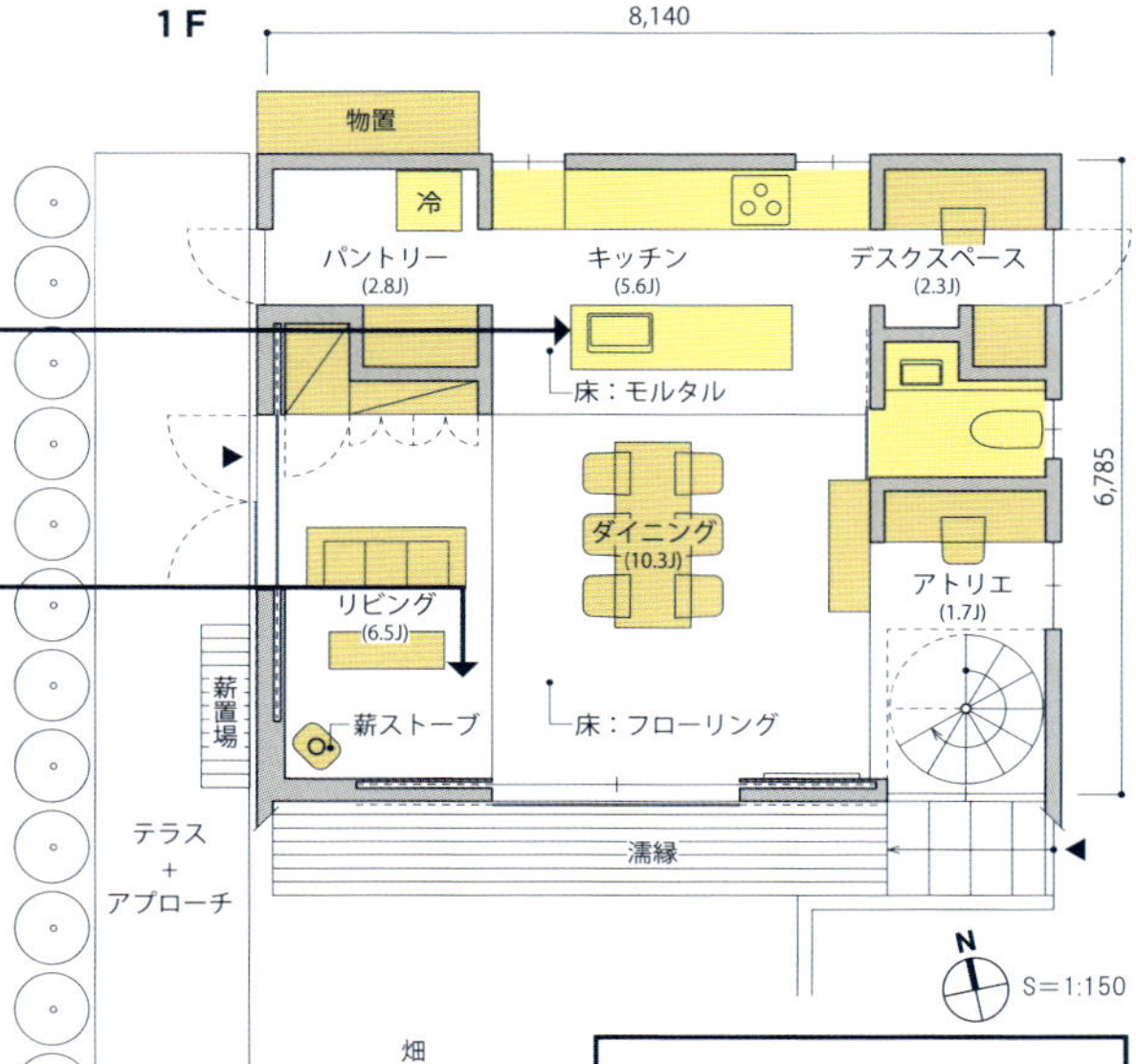

縦ルーバーの木塀の向こうに、家庭菜園がある

構造	木造2階建て
敷地面積	182.1㎡(55.1坪)
延べ床面積	110.4㎡(33.4坪)
主な内部仕上げ	床 1階スギフローリング・2階パインフローリング・一部モルタル 壁 AEP、天井 AEP
家族構成	夫婦＋子供1人
設計	ノアノア空間工房
施工	Beハウス

ダイニング。壁の向こうがアトリエ

家の3分の1を占めるアトリエ

自分の家にアトリエを持つなら、リビングなどの居室からも様子がわかる、開かれた空間にしたいという要望は多い。しかし、彫刻などを行うアトリエをつくるには、粉塵、ほこり、チェーンソーの音などの課題がある。現実的にはとても暮らしと一緒にできるものではない。ここでは、しっかり壁で保護したアトリエを囲むように居住部分を配置し、いくつかの小窓からアトリエで制作に取り組む家族の様子をのぞけるようにしている。

また、敷地の南側を空ける余裕がなかったため、採光は2階の高い窓から確保した。2階の間仕切りを極力なくし、北側に向かって屋根（天井）を下げることで、家の奥まで光を反射させる。北側の道路側は軒高さが低く抑えられるので、街に対して圧迫感が出ない。

09

街に対して
軒高さを抑えた
片流れ屋根

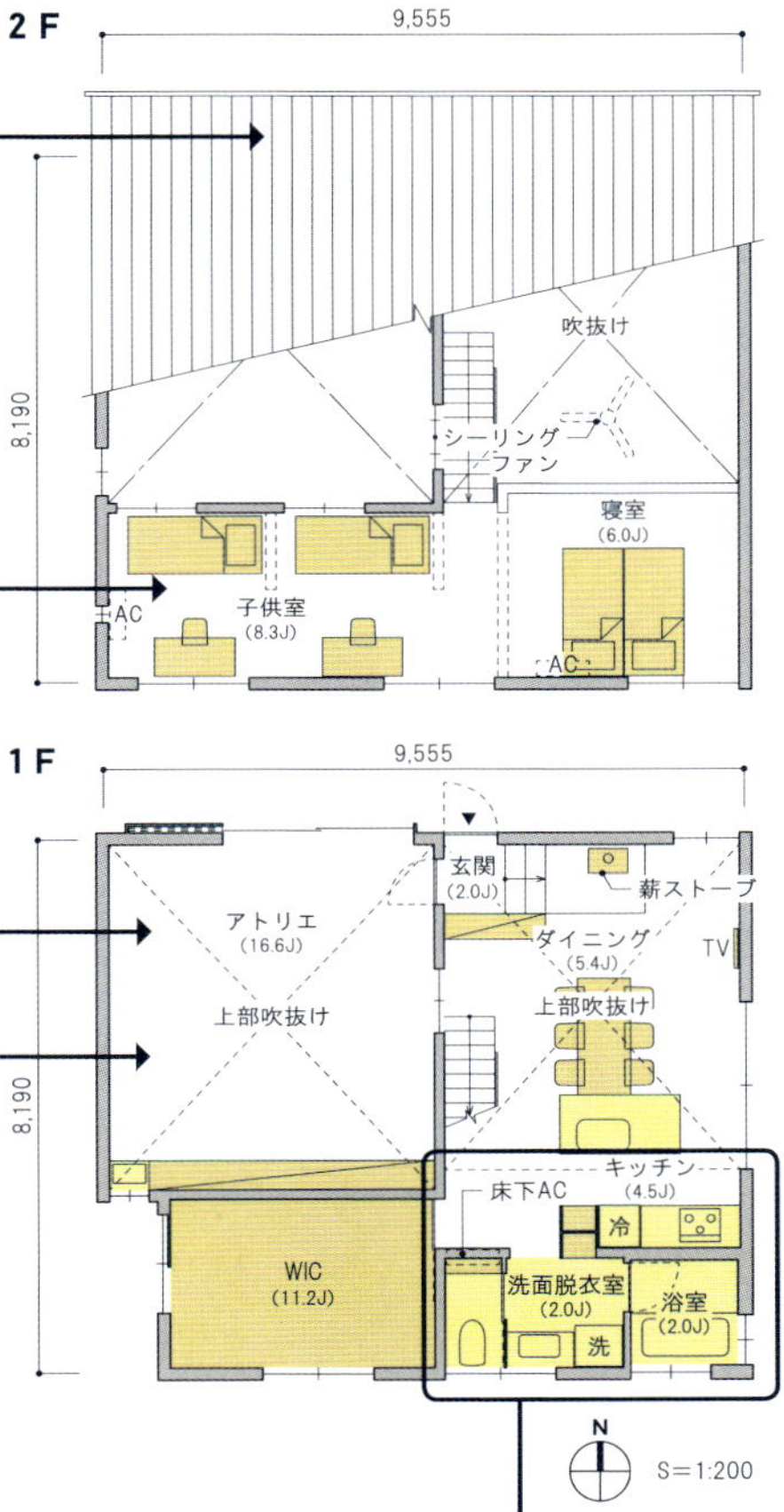
2 F
9,555
8,190
吹抜け
シーリングファン
寝室
(6.0J)
子供室
(8.3J)
AC
AC
1 F
9,555
8,190
玄関
(2.0J)
薪ストーブ
アトリエ
(16.6J)
ダイニング
(5.4J)
TV
上部吹抜け
上部吹抜け
キッチン
(4.5J)
床下AC
冷
WIC
(11.2J)
洗面脱衣室
(2.0J)
浴室
(2.0J)
洗
N
S=1:200

2階部分。垂壁を設けず、窓を高い位置に取り付けることで、できるだけ多くの採光を確保する

居室とアトリエ
を区切ることで
大胆に作業可能

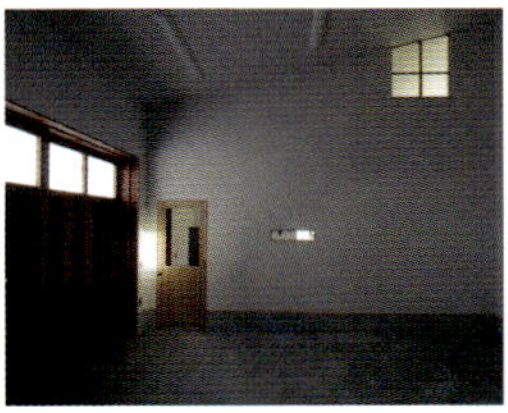

木工彫刻のためのアトリエには天井高さも必要だったので、吹抜けとしている

構造	木造2階建て
敷地面積	158.6㎡(48.0坪)
延べ床面積	105.4㎡(31.9坪)
主な内部仕上げ	床 オークフローリング 壁 ペンキ仕上げ、天井 木毛セメント板EP
家族構成	夫婦+子供2人
設計	鈴木アトリエ
施工	吉田工務店

アトリエに多くの面積を使う分、水廻りはコンパクトに集約。写真中央はガス衣類乾燥機「乾太くん」

半屋外の土間。大きな窓で室内とつながる

20個のキューブで家を組み立てる

倉庫のような住宅は、3千185×3千185mmまたは3千185×3千640mmの2つの基準モジュールを利用して建てられている。2×5の10マスを敷地にはめ込み、2層で計20個できるキューブを間取りのフレームとしている。まず、生活に必要な面積として8ユニットを使う。それから4ユニットを土間に、1ユニットをテラスに使った。7ユニットは吹抜けとして残した。

若い夫婦と幼い子供のための家で、夫には車、オートバイ、アウトドアなど、多彩な趣味があった。しかし、家に対する夢は大きいものの、将来その使い方が変わることは明らかだ。竣工時を最終完成形とするのではなく、フレーミング設計を行うことで、将来の家族の増減、家の増築・増床を可能にした。

10

フレーミング設計は後から増床がしやすい

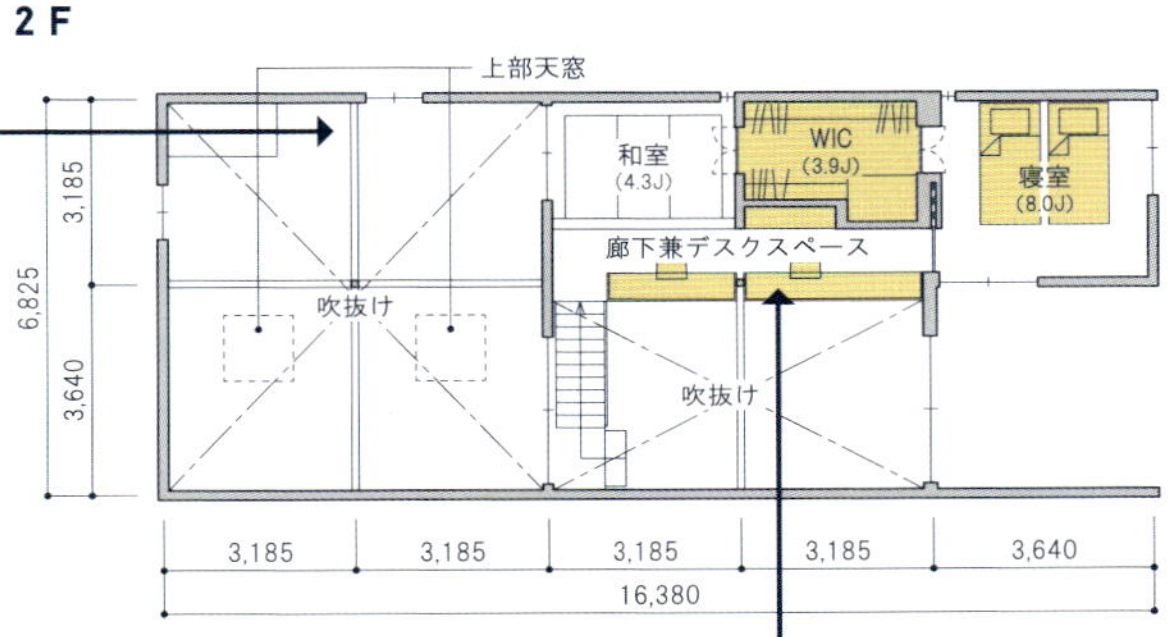

吹抜けに面したデスクスペース。1階のLDKとつながり、コミュニケーションがとれる

広い土間空間が多様な暮らし方を創造する

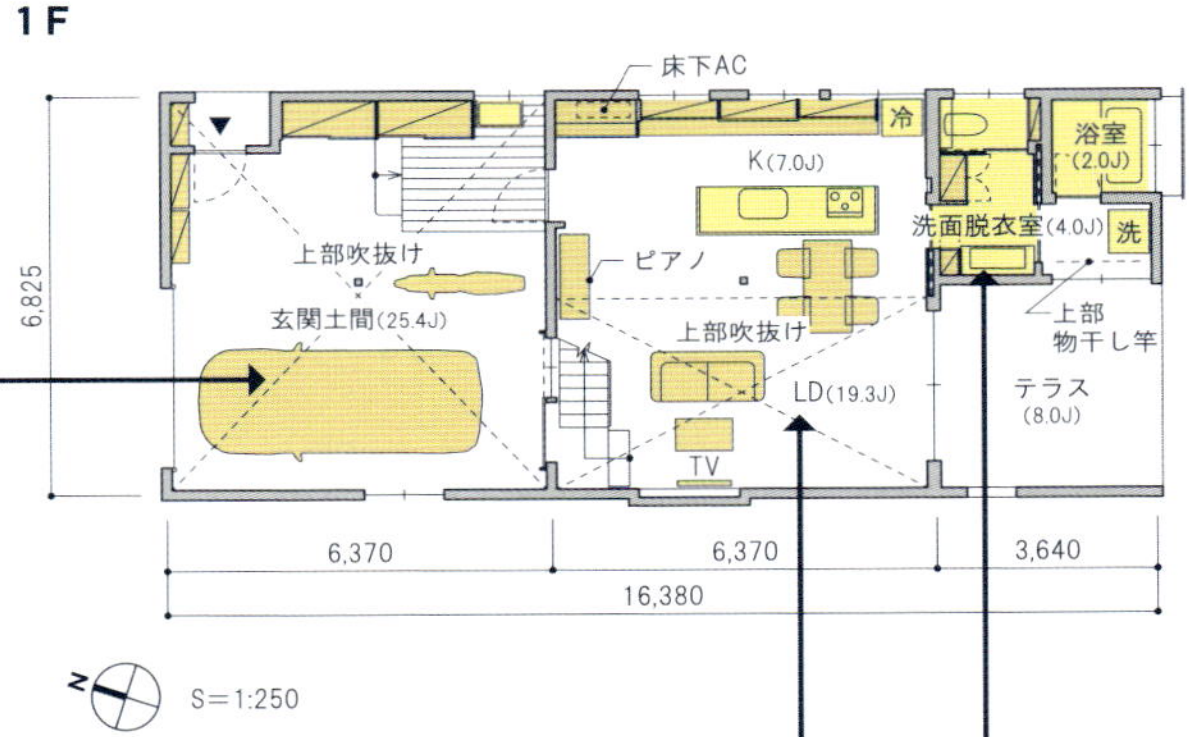

柱と梁が通るリビング・ダイニング。グリッド・プランニングは施工性が上がるので、コストを抑えられる

キッチンのすぐ横につながる洗面室。脱衣室と分けることで生活感が出ず、すっきりする

構造	木造2階建て
敷地面積	202.2㎡(61.2坪)
延べ床面積	141.6㎡(42.8坪)
主な内部仕上げ	床 オークフローリング 壁 ペンキ仕上げ、天井 木毛セメント板EP
家族構成	夫婦＋子供2人
設計	鈴木アトリエ
施工	盟章建設

勾配天井の2階リビング

11

トンネルのような勾配天井の空間

切妻屋根の勾配天井でできた室内は、家の端から端まで見通せるトンネルのような空間だ。敷地は1階より2階のほうが環境がよかったので、利用頻度の高い部屋を2階に配置した。南側はLDK。間口いっぱいの開口からたっぷりの光がふりそそぎ、棟木を支える柱と、開き止めの梁がつくる十字が、光を受けて象徴的に浮かび上がる。反対の北側は、在宅で仕事をする妻のためのアトリエ。上部には、オープンな小屋裏収納を設けている。LDKとアトリエはスキップフロアになっており、2箇所の階段を使って回遊もできる。

家の間口が狭いので、小屋裏用の階段は、2階用の階段の上に積んで面積を節約した。階段を切妻中央に配置することで、階段利用時に頭が天井に当たらないようにしている。

構造	木造2階建て
敷地面積	140.4㎡(42.3坪)
延べ床面積	106.9㎡(32.2坪)※小屋裏収納除く
主な内部仕上げ	床 オーク無垢フローリング 壁・天井 エコクロス
家族構成	夫婦
設計	i+i設計事務所
施工	吉田工務店

利用頻度の高い部屋を環境のいい階に

アトリエの北側外壁沿いに吹抜けを設けて抜け感をつくる

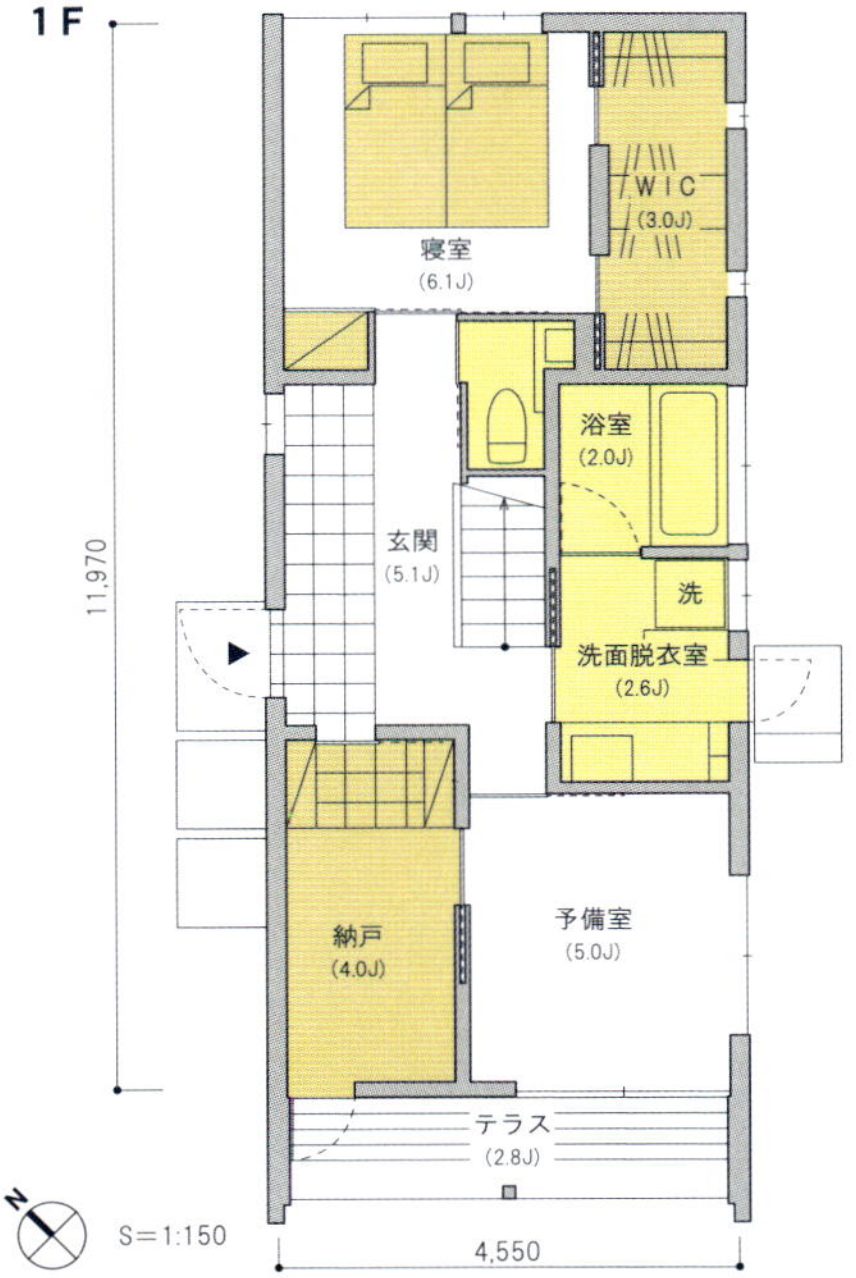

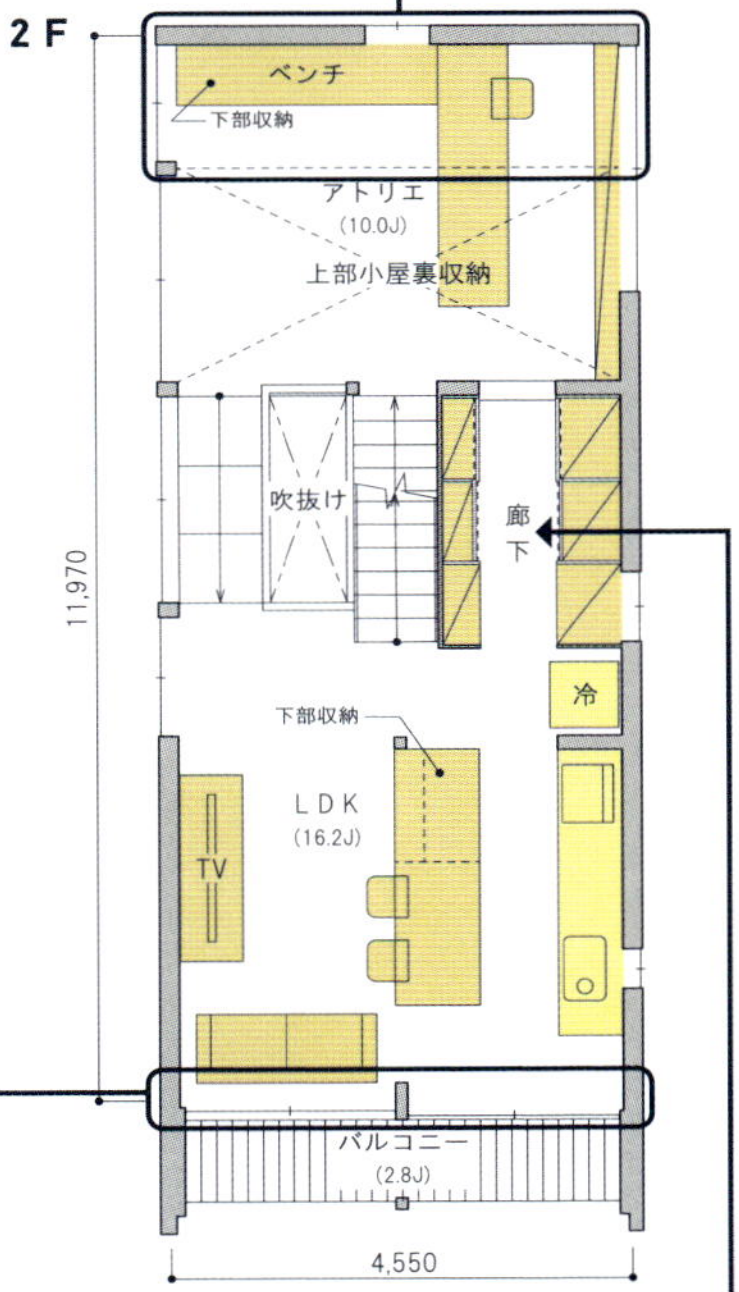

薄い屋根にすればすっきりした印象に。窓の割付けはアシンメトリーにした

間口いっぱいの窓で外部とつなげる

廊下収納。動線上に収納があると片付けが楽になる

リビングから廊下、庭を見る。向こうが音響・読書室

離れで非日常感を味わう

太陽エネルギーを利用する全館空調設備をもつコートハウスだ。中庭を挟んで北側（敷地奥）に日常生活のエリアを、南側（道路側）に趣味の音響・読書室を設けた。

リビングから音響・読書室へとつながる廊下はグランドレベル（地盤面）まで下がっており、「離れ」に向かうような非日常感を演出している。動線上に設けられたレベル差や天井高の変化は、さまざまな位置の開口部による陰影と相まって、住まいにいくつもの居場所を生む。

南側に離れをつくると、北側のLDKへの採光確保が難しくなりそうだが、離れを平屋にして高さを抑えることで、LDKにまで光が届くようにしている。また、離れが中庭とLDKを外から見えないように守る。

12

リビングとダイニングの間に衝立を立て、緩やかに仕切る

地面に近い廊下を渡って離れへ向かう

子供室からバルコニーを見る。広い廊下は内物干し場になる

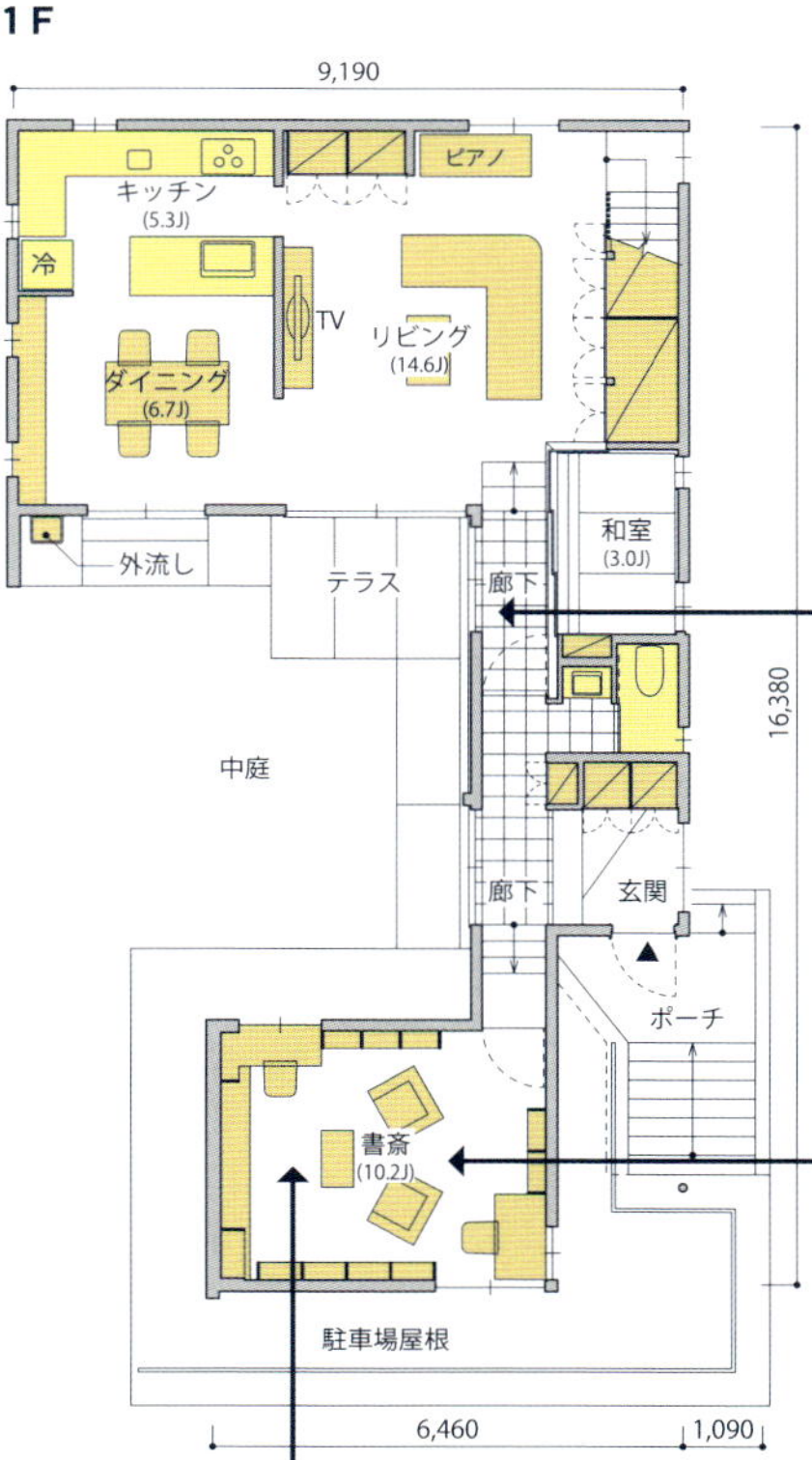

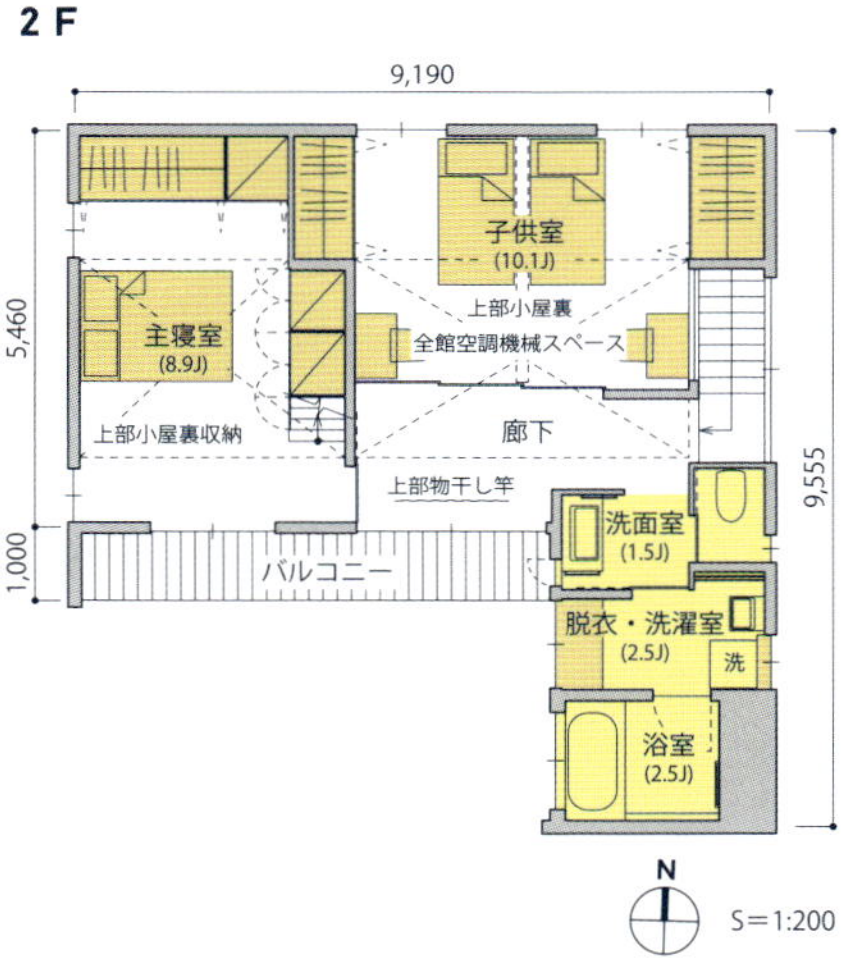

南側は平屋、北側は2階建てコートハウス

構造 木造2階建て／RC造(駐車場)
敷地面積 253.9㎡(76.8坪)
延べ床面積 149.2㎡(45.1坪)
主な内部仕上げ 床 ウォルナットフローリング 壁 珪藻土塗り、天井 珪藻土クロス
家族構成 夫婦＋子供1人
設計 充総合計画
施工 江中建設

読書・音響室の屋根は一枚の葉に見立てており、梁を葉脈のように露す意匠となっている

間取りの見ドコロ 1

今どき部屋

家仕事が多い現代の家には、LDK や個室の他に、
次のような空間もあると暮らしやすくなる。

デスクスペース

パソコン作業や、献立の検討、家計簿の記帳、各種支払いの書類管理、子供が持ち帰ってきたプリントの整理など、さまざまな作業を行い、それらに必要な物を収めておく場。デスクスペースがきちんと計画された家は暮らしてみると驚くほど片づきやすく、家事の効率も上がる！

書類などを留めるピンナップボードは必須アイテム！
椅子は作業がしやすいビジネスチェアに

室内物干し場

夜に洗濯をして室内で干しておき、朝になったら外に出す。外干しで乾かなかった雨の日に、乾いてしまうまで室内に吊るしておく。花粉症対策にも有効と、現代的な生活を支えてくれる機能性の高い空間。比較的温度が高く、空気の流れもある吹抜け上部は乾きやすい場所だ。

リビング・ダイニングなどの
くつろぎの空間から見えない配置がポイント！
洗濯機・室内干し・外干しの動線がスムーズだと◎

COLUMN

玄関土間

泥の付いた野菜の下ごしらえや、薪ストーブ調理、インドア・グリーン鑑賞、クロスバイクの置き場など、内と外をつなぐ中間領域の土間は、多様な使い方ができる。リビングやダイニングと合わせて広めにつくり、必要に応じて建具で仕切るようにしておくとよい。

玄関土間には姿見やベンチ、手すり、ニッチ（ディスプレイコーナー）などがあると便利

3畳の畳スペース

6畳や8畳の和室（客間）は、広さや予算に余裕がないと諦めがちな空間だ。しかし、今どきの和室は3畳あれば十分！　リビング・ダイニングに隣接させれば、家事をしながら赤ちゃんや小さな子供の世話ができ、テーブルを置けば大人数の食事にも対応できる。来客の宿泊スペースにもなる。

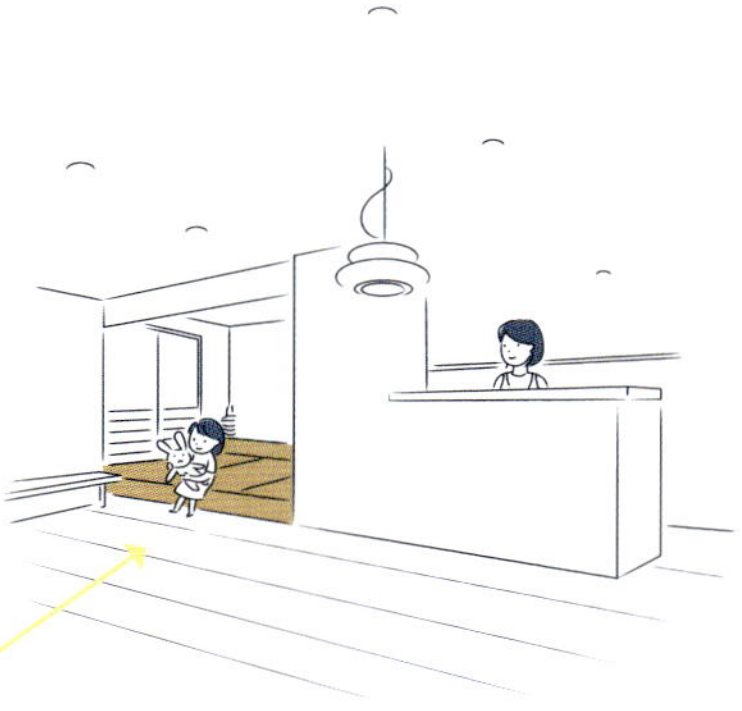

引戸やロールブラインドで普段は開放する

可変部屋

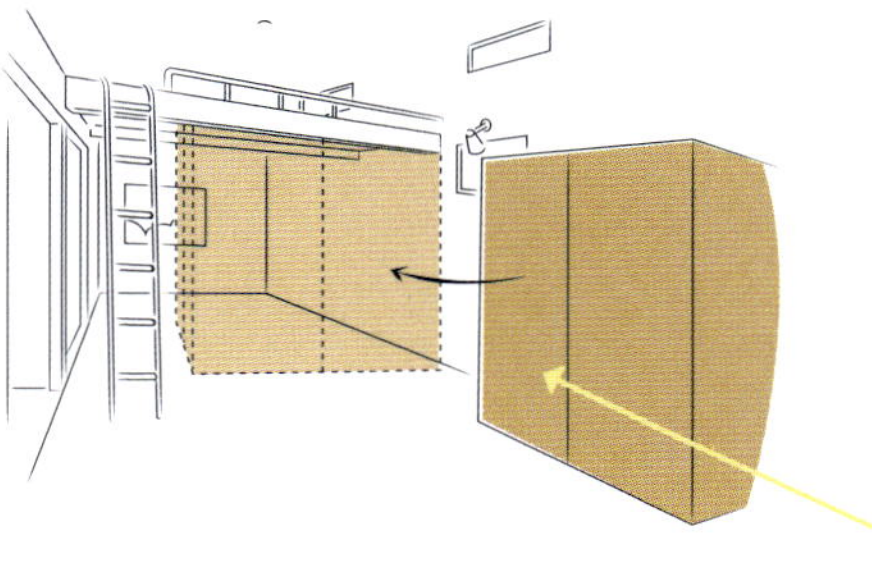

何事も変化の多い時代。家族構成やライフスタイルの変化に合わせて、部屋の使い方やレイアウトを変えられるようにしておくと、長く住みやすい家になる。キャスター付きキャビネットなどを造作すれば、インテリアがすっきりまとまり、模様替えも簡単。転倒しないように固定することも忘れずに。

仕切り方はいろいろ。壁を追加工事家具で仕切る、カーテンで緩やかに仕切るなど

ダイニングからバルコニーを見る

中央にダイニングを置いた田の字プラン

敷地の南側は隣家が迫るものの、東側には畑があり、東西に風や視線が抜ける。家族が集まる場所に安定した光を採り入れるため、リビングやキッチンは2階に配置した。平面の中央にあるダイニングは天井を高くして高窓を設置し、隣家の上から南の光を採り入れている。周辺部のキッチン、ソファコーナー、子供室、インナーバルコニーは、北側斜線制限をかわすことや屋根形状を整えることが考慮され、天井が低い。西側（道路側）をセットバックさせてインナーバルコニーを設けることで、室内に強い西日が差し込むのを防いでいる。1階は、洗面所からインナーバルコニー、そして寝室へとつながる、無駄のない回遊動線。述べ床面積32坪のうち、5坪は半屋外空間だ。

13

階段を上がるとすぐにキッチン、食品庫へ

中央は人が集まる場所、周辺はひとりで過ごす場所

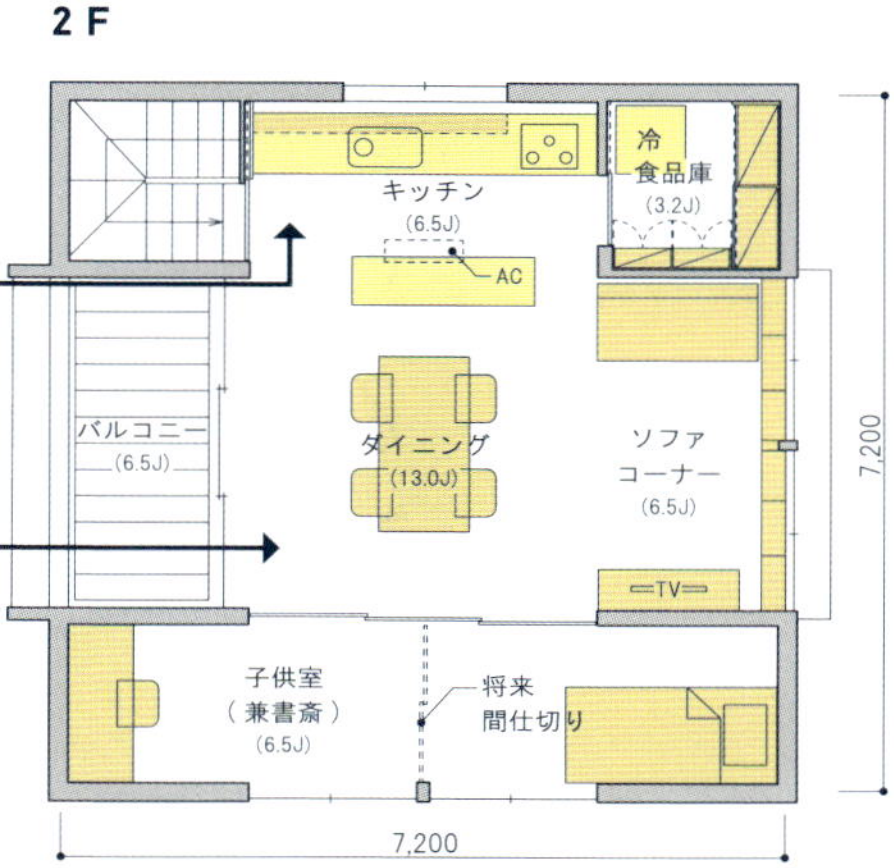

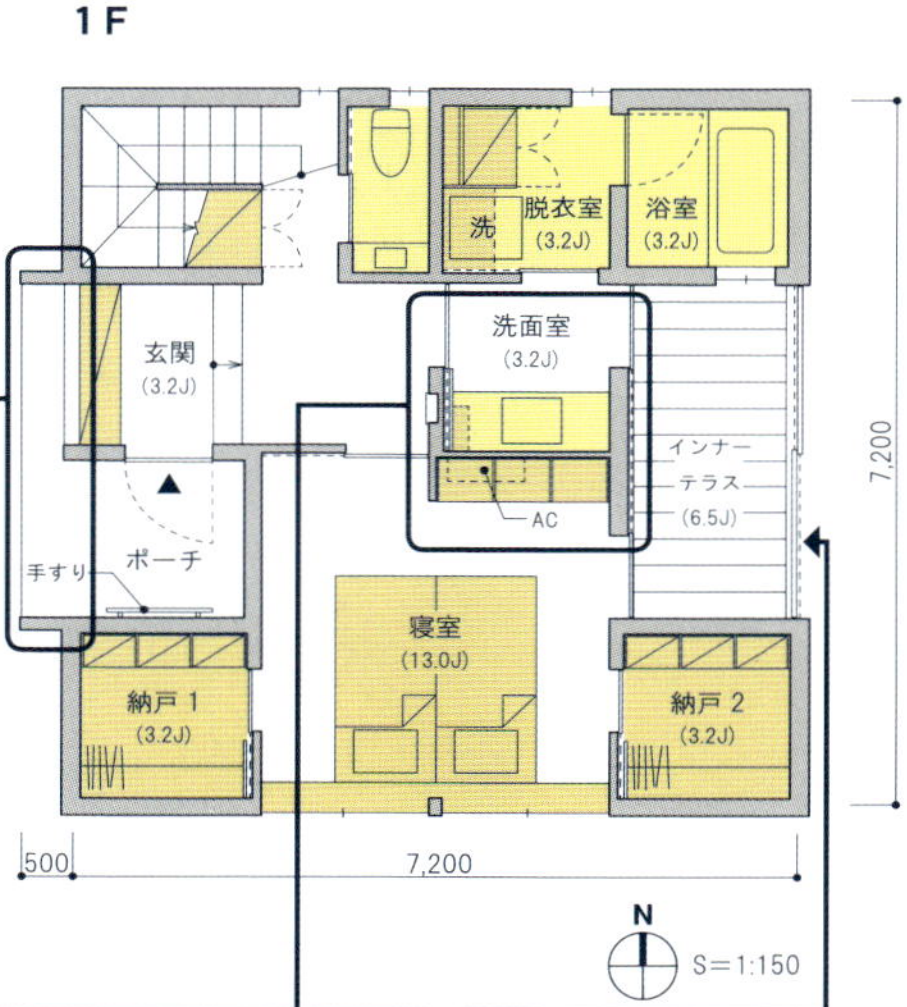

道路側（西側）の袖壁を出すことで、1階・2階とも延焼ラインを避け、木製建具を使用している

洗面室からインナーテラス、寝室へと回れる無駄のない回遊家事動線

インナーテラスに格子塀をつけることで、プライバシーを保ちつつ、風を通す

構造	木造2階建て
敷地面積	115.4㎡(35.0坪)
延べ床面積	103.7㎡(31.4坪)
主な内部仕上げ	床 カラマツフローリング 壁・天井 石膏ボードEP
家族構成	夫婦＋子供1人
設計	丸山弾建築設計事務所
施工	滝新

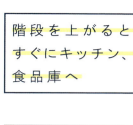

間接照明でやさしく照らされたリビング

小さくても大人数で使えるリビング

ソファの代わりに「サンクンリビング」、ダイニングテーブルの代わりにカフェカウンター、そして最小限個室ユニット。小さな面積のため、割り切った間取りとしながらも、遊び心は忘れていない。さほど広くないリビングにソファとテーブルを置くと、そこでくつろげるのはせいぜい2〜3人。ソファを置かずに床座でくつろぐという選択肢も増えつつあるものの、やはり椅子座が快適という声は多い。床を掘り下げた「サンクンリビング」にすれば段差に直接腰掛けられて、大人数にも対応できるリビングになる。また、2段ではなく3段にすると、座り方のバリエーションも広がる。上段から落ちないように気を付けなければならないが、これも段階的に掘り下げることで安心感をもたせられる。

構造	木造2階建て
敷地面積	81.3㎡(24.6坪)
延べ床面積	78.3㎡(23.7坪)
主な内部仕上げ	床 チーク無垢フローリング・ナラ無垢フローリング 壁・天井 漆喰
家族構成	夫婦＋子供1人
設計	アトリエ橙
施工	渡邊技建

掘り下げた床と吹抜けにより高さ方向に広く

ダイニングテーブルは置かず、食事はカウンターで。スポットライトで店のような雰囲気を演出する

2 F

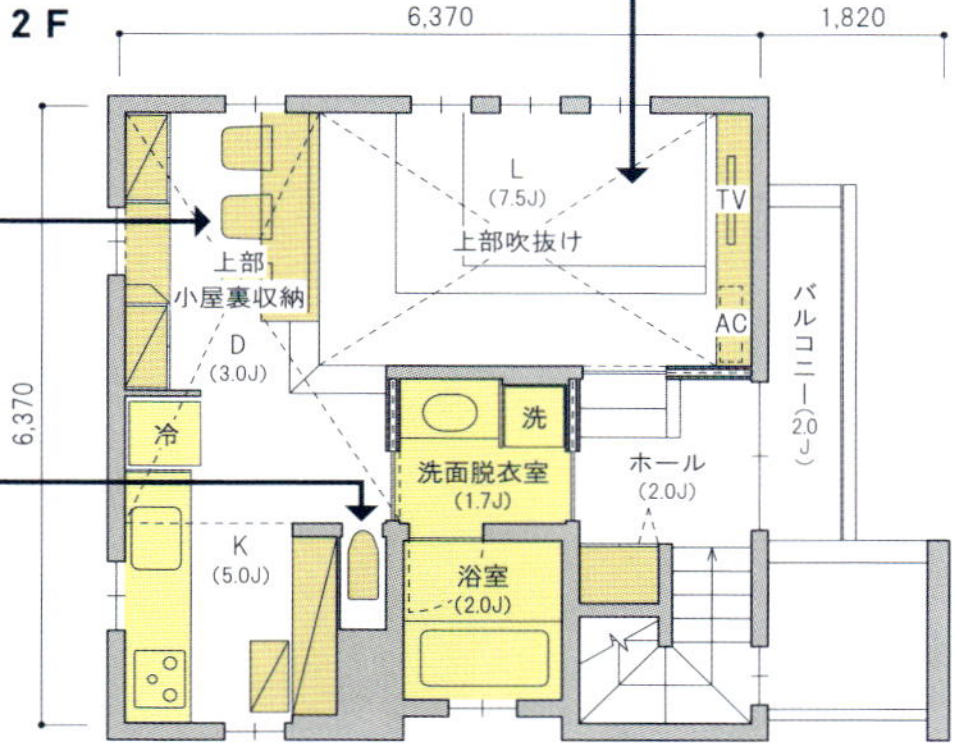

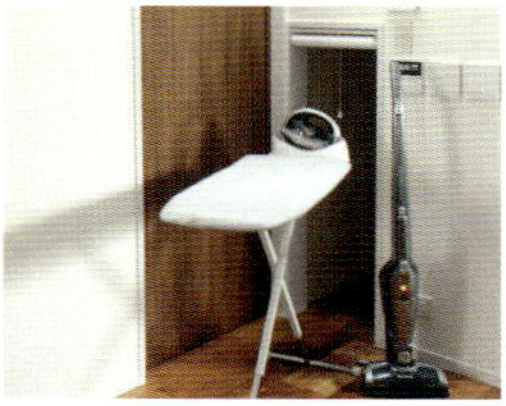

アイロン台を畳まずに、洗い物も置いたまま、さっと仕舞うことができる便利収納

3.7畳とコンパクトながら、機能性十分の個室。ウォーク・イン・クロゼットは別にある

1 F

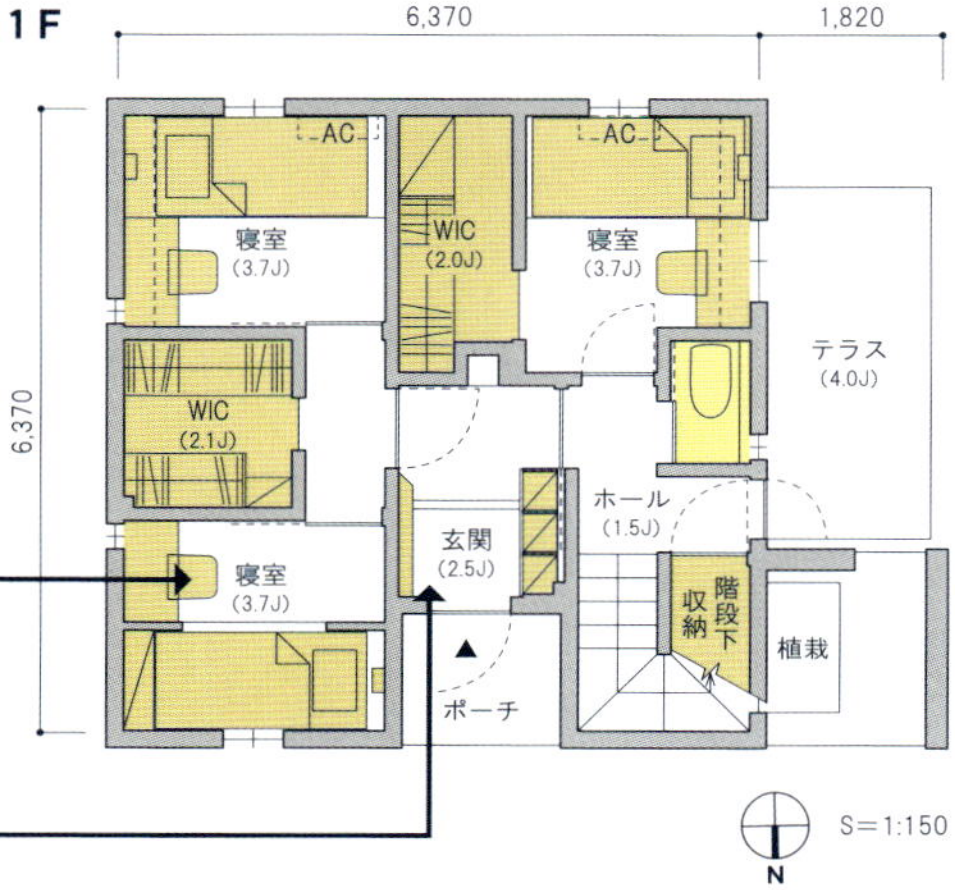

S＝1:150

平面の中央に玄関を配置して廊下をなくす

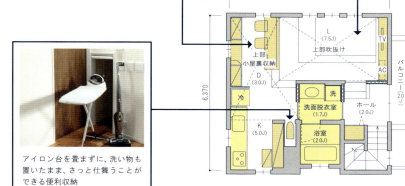

2階LDK。木仕上げの低めの天井が落ち着き感をもたらす

敷地と素材をいかす賃貸併用住宅

敷地は2つの道路に面している。南側道路は人通りが多く、北側道路は静かな住宅路地だ。それぞれの特徴に合わせ、南側の庭とバルコニーには囲いを設けてプライバシーに配慮。逆に北側は開放的な三和土《たたき》とし、ご近所さんも和める外構にしている。

3階建ての1階部分は賃貸用。ここは鉄筋コンクリート造とすることで遮音性を高め、上下階で生活感が伝わらないように配慮されている。2階・3階の住居部分は木造だ。2階リビングの掃出し窓には、収納付きベンチが設けられている。座ると、外のバルコニーへ自然と視線が抜けるように位置が計算されている。賃貸用の1階は、将来、親世帯が住み、二世帯住宅にすることも視野に入れられている。

15

木と鉄とコンクリートという異素材を組み合わせた階段

2つの寝室は引込み戸で間仕切り、就寝時の明かりやエアコンの冷気を調整する。南北に窓があり風通しも抜群

座れば自然と外を眺めらる窓際ベンチ

構造	1階RC造＋2,3階木造
敷地面積	119.3㎡(36.1坪)
延べ床面積	177.8㎡(53.9坪)
主な内部仕上げ	床 ナラフローリング 壁 クロス＋塗装、天井 準不燃木板張り
家族構成	夫妻＋子供2人
設計	赤沼修設計事務所
施工	株式会社渡辺富工務店

南側外観。庭とバルコニーは、外からの視線は遮り、室内からは視線が抜ける

3 F

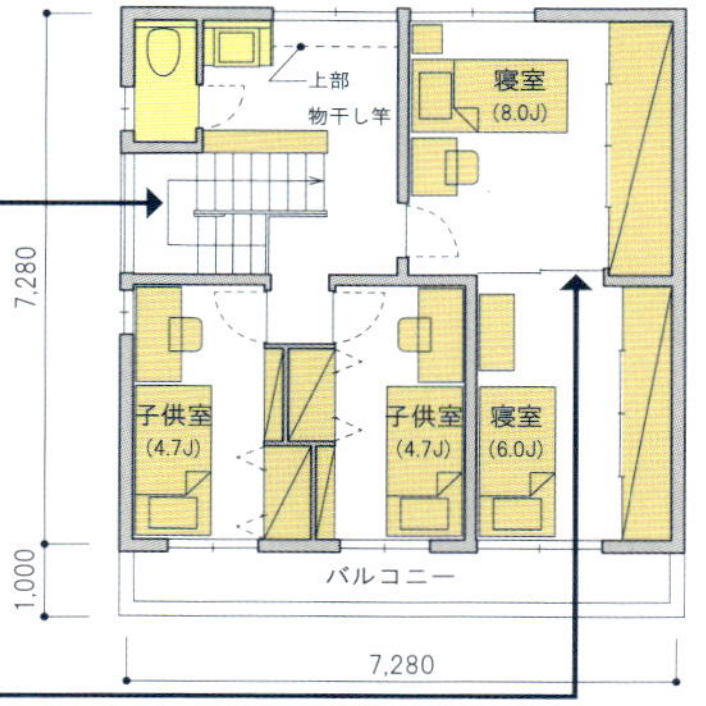

2 F

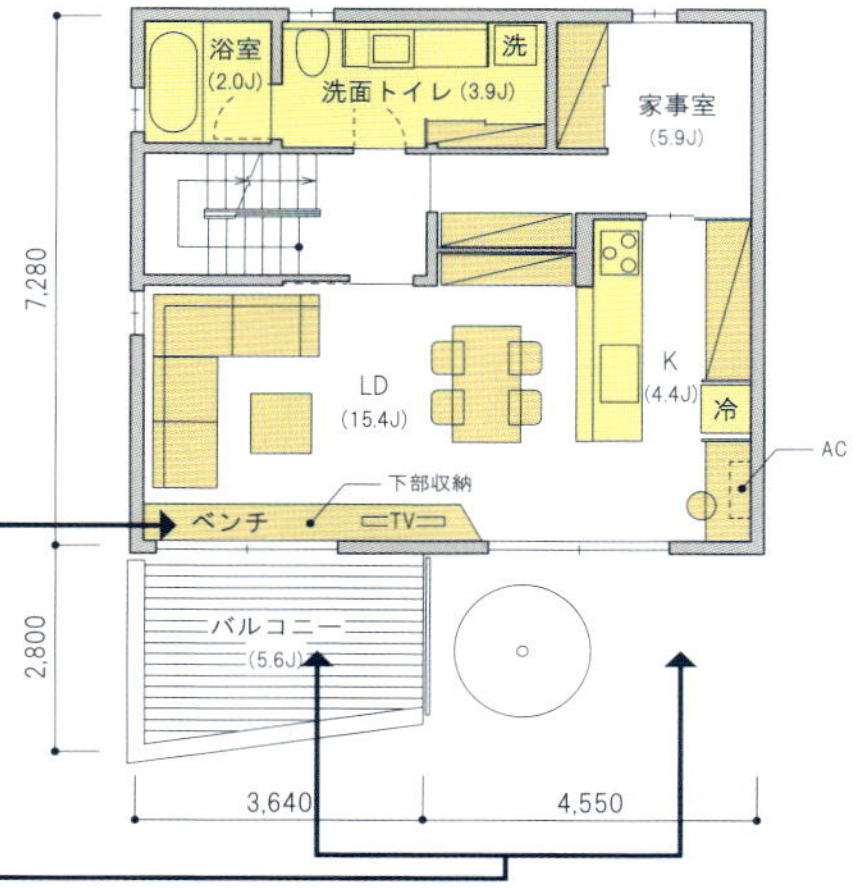

1 F

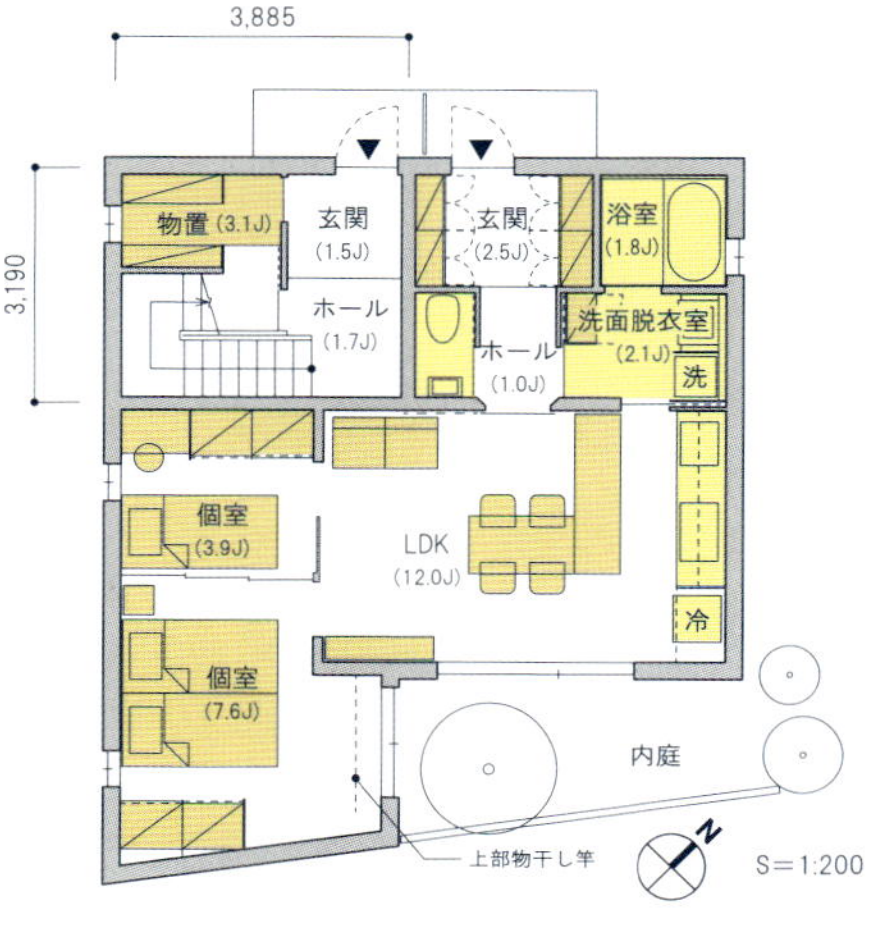

ダイニングから天井を見る

16

育ち盛りの子供と忙しい親のための家

総二階の二世帯住宅。2階部分が、子世帯5人家族の住まいだ。大きな切妻屋根の構造を、そのまま勾配天井にして空間をつくっている。また、中心部分が暗くなってしまうという奥行きのある建物の宿命を、トップライトで解消した。

キッチンに立つと、正面にリビングと南庭が見え、横にダイニングがつながる、暮らしやすい理想的な配置。さらに、キッチン、ユーティリティ、家事室、トイレ・洗面、納戸を回遊できる家事動線は、育ち盛りの3人の子供を持つ忙しい親を助ける。ダイニングから子供室へとつながり、家族は自然に食卓に集まる。寝室に隣接したサンルームは、バルコニーと2段構えで洗濯物干し場として使う。洗濯物はスムーズにクロゼットへ収納できる。

構造　木造2階建て
敷地面積　388.0㎡(117.4坪)
延べ床面積　197.5㎡(59.7坪)
1F/99.6㎡、2F/97.9㎡
主な内部仕上げ　床 ナラフローリング
壁 漆喰、天井 スギ化粧野地板t30露し
家族構成　夫婦＋子供3人
設計　アトリエ・ヌック建築事務所
施工　当麻工務店

戸で仕切られた家事室は、妻が籠れる居場所。本棚を造り付け、デスクの正面にはコルクボード

2つの玄関を持つ二世帯住宅

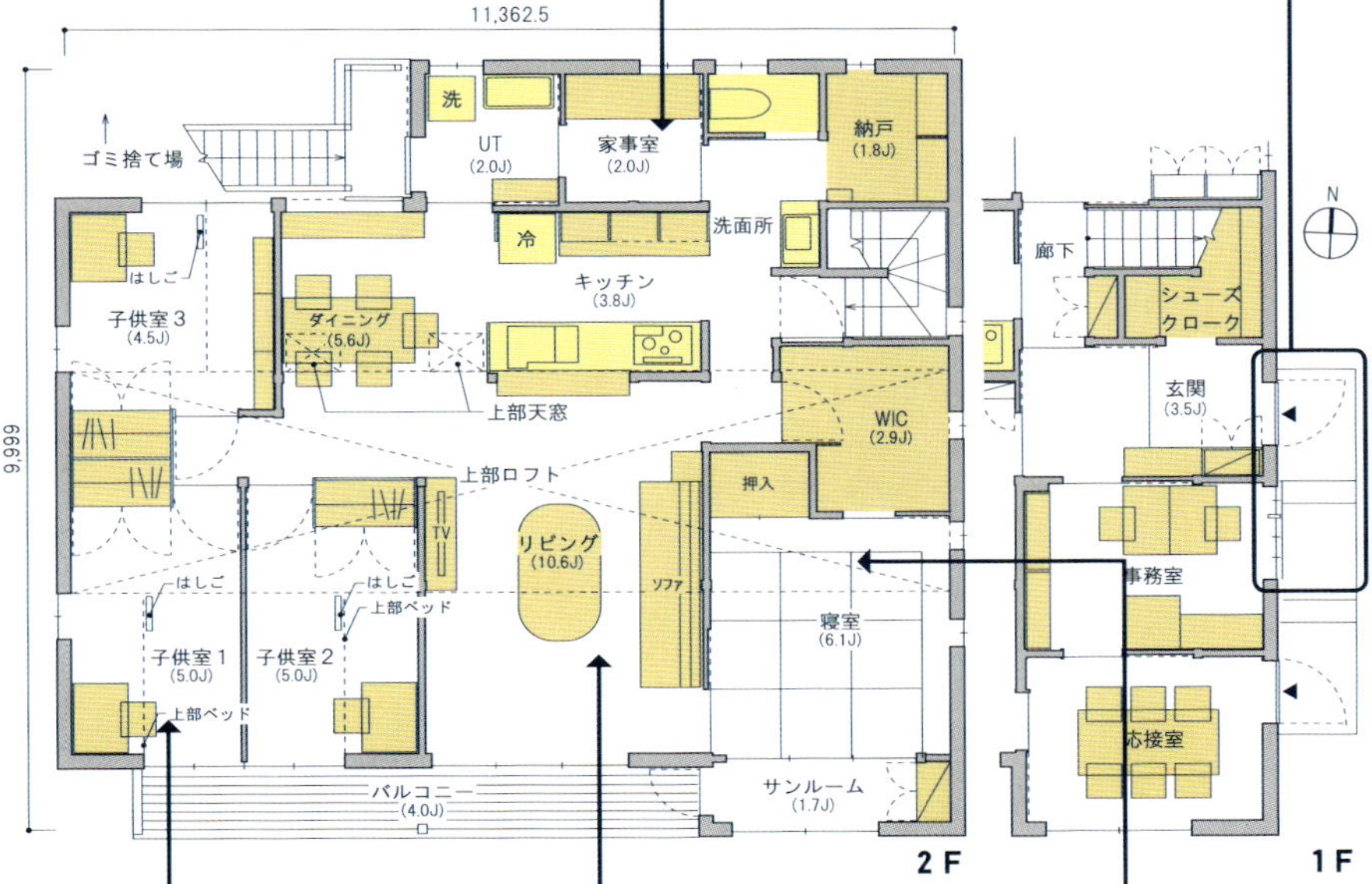

子供室にはそれぞれ2mの高さにベッドを造り付けている。ベッドからロフトに出入りできる

暮らしがスムーズに運ぶ部屋のつながりと家事動線

大型ロフトを遊び場と物置に分けて使用

LDK。南方向に自然が広がる

自然の風景を楽しむ畳リビング

家族が集まるリビングを、どのように設えてくつろぎの場とするかは、実にさまざまな方法がある。ここでは畳敷きのリビングにして、床座りの生活ができるようにした。ワンルームでありながら、畳とフローリングの境界や化粧柱によって緩やかに空間が仕切られ、家族はそれぞれの場所でくつろぐことができる。こだわりの木製キッチンは長さ4.5メートル。家具職人である建て主の友人が製作したもので、全てブラックチェリー材（硬くて丈夫な広葉樹。経年変化で色合いが濃くなる）でできている。

駅から近いとか通勤が便利というような、一般に気にするであろうことはちょっと置いておいて、家族は家の中で自然体の暮らしを大切にしている。

17

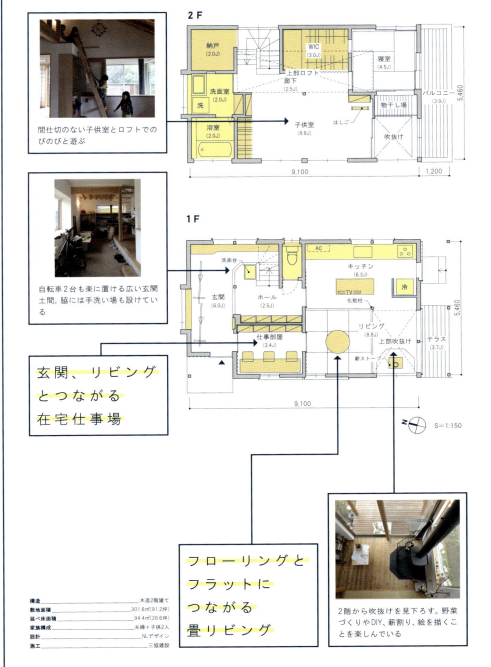

間仕切のない子供室とロフトでのびのびと遊ぶ

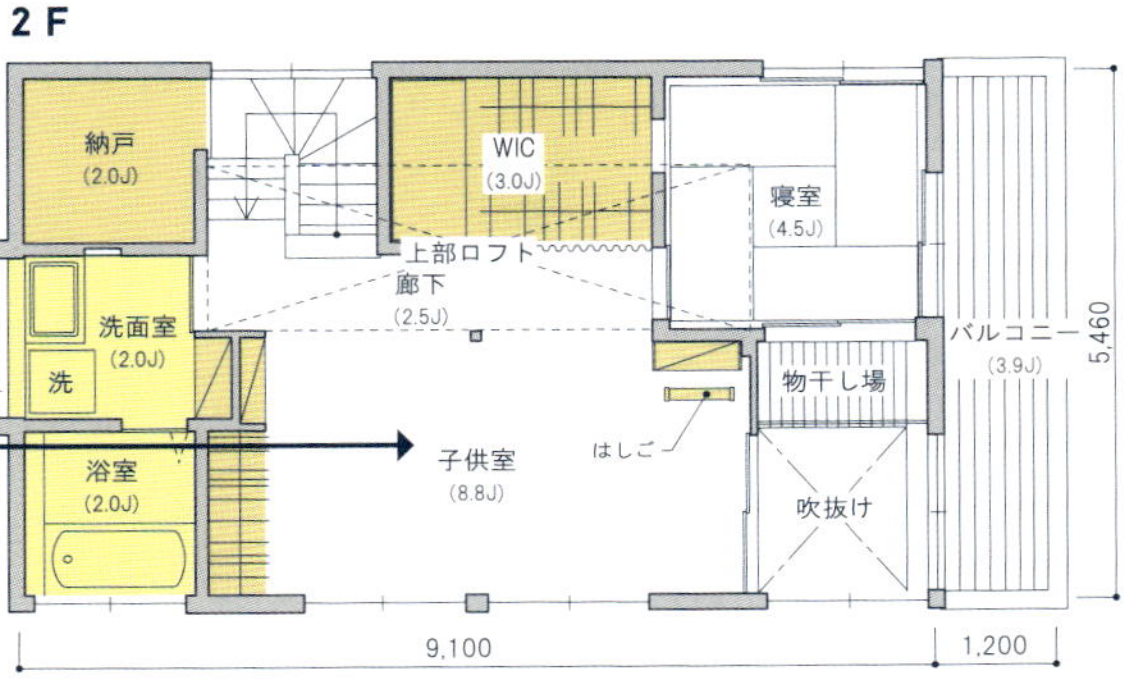
2F
納戸
(2.0J)
WIC
(3.0J)
寝室
(4.5J)
上部ロフト
廊下
(2.5J)
洗面室
(2.0J)
洗
バルコニー
(3.9J)
物干し場
はしご
子供室
(8.8J)
浴室
(2.0J)
吹抜け
5,460
9,100
1,200

自転車2台も楽に置ける広い玄関土間。脇には手洗い場も設けている

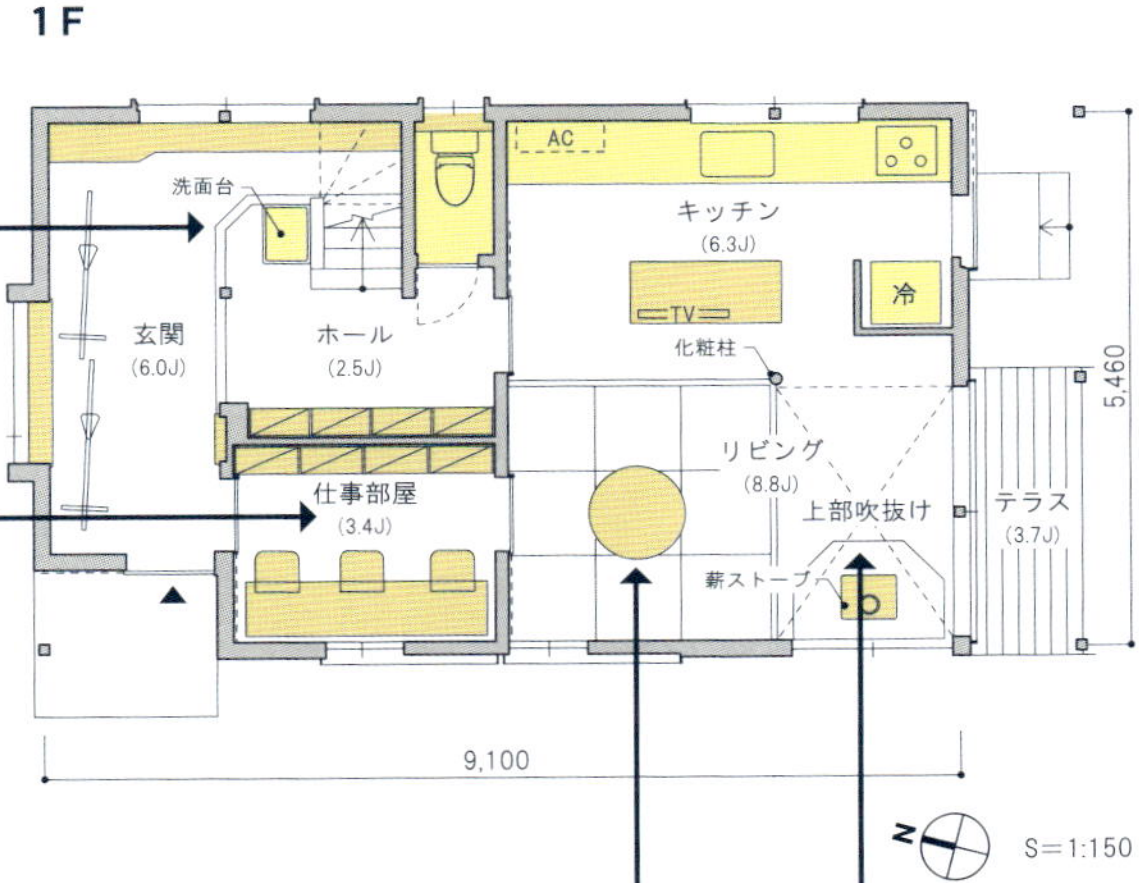
1F
AC
洗面台
キッチン
(6.3J)
冷
TV
玄関
(6.0J)
ホール
(2.5J)
化粧柱
5,460
リビング
(8.8J)
仕事部屋
(3.4J)
上部吹抜け
テラス
(3.7J)
薪ストーブ
9,100
N
S=1:150

玄関、リビングとつながる在宅仕事場

フローリングとフラットにつながる畳リビング

2階から吹抜けを見下ろす。野菜づくりやDIY、薪割り、絵を描くことを楽しんでいる

構造	木造2階建て
敷地面積	301.6㎡(91.2坪)
延べ床面積	94.4㎡(28.6坪)
家族構成	夫婦＋子供2人
設計	NLデザイン
施工	三協建設

庭とつながる開放的なダイニング・キッチン

人が集まる土間キッチン

たくさんの友人を招いて手料理を振る舞いたい夫と、静かな居場所も欲しい妻。そこで、LDKを離れにして人を招く特別な場所にする案が出た。しかし、LDKと寝室や浴室が分かれていると日常生活が不便になりかねない。2棟をつなげたり、重ねたり、いろいろな形を検討した結果、最終的に決まったのは庭とつながる土間のLDKだ。リビングの裏には籠れる客間もある。

直角三角形のLDKは、一番長い底辺部分が庭とつながり、まるで大きな庇の下にすっと引き込まれるように、キッチンの周りに気兼ねなく人が集まる。また、変形したキッチンのカウンターが、いくつもの立ち位置や居場所を生んでいる。すべての窓からは青々とした樹木が見える。

将来的な家族構成の変化に対応できるスペース。寝室も分割できるように引戸を2カ所設けている

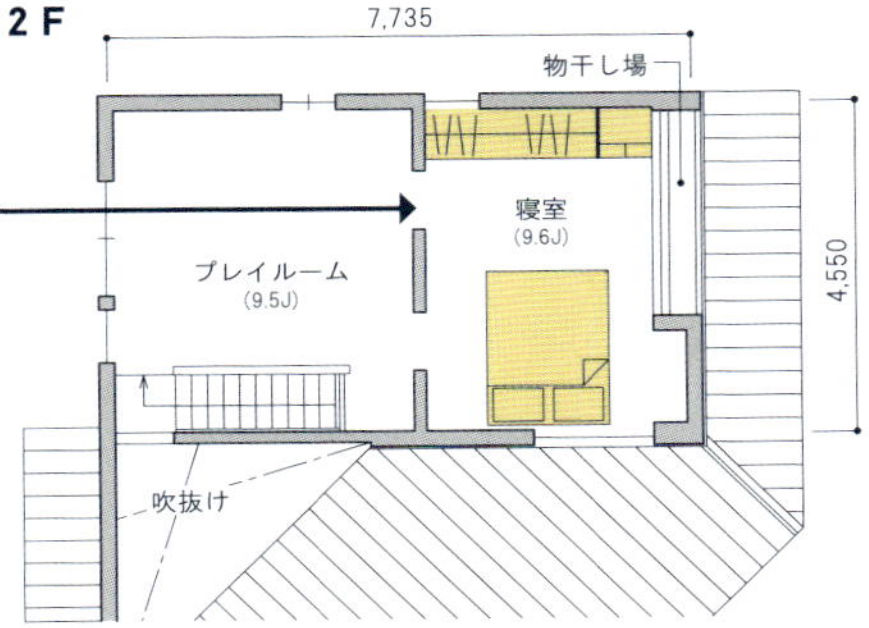

すべての水廻りを1階に集約

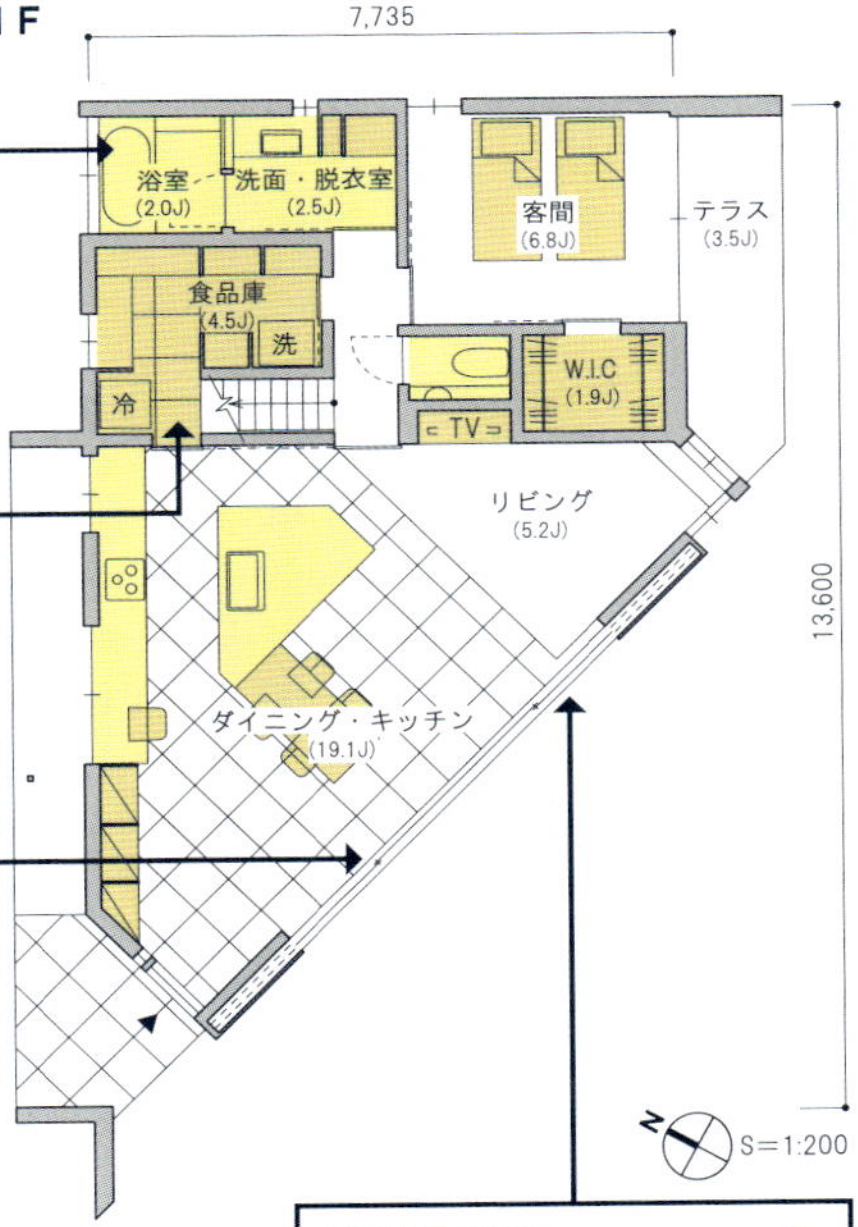

パントリーはスムーズに移動できる回遊動線。冷蔵庫と洗濯機をここに置いて、居住空間はすっきり

構造	木造2階建て
敷地面積	445.4㎡(134.7坪)
延べ床面積	109.7㎡(33.2坪)
主な内部仕上げ	床 磁器質タイル・ウォルナットフローリング 壁・天井 ビニールクロス・ラワン合板
家族構成	夫婦+子供1人+犬1匹
設計	向山建築設計事務所
施工	野中建設

庭とつながる土間のダイニング

窓と網戸を両側に引き込めば、6mもの幅が開け放てる。LDKと庭が一体となる

2階の南側は勾配天井。既存の丸太梁を露しとした

生活スタイルに合わせて間取り変更

古民家のような経年変化を楽しめる住まいを求め、土地付き中古住宅を全面改修した。路地の奥にある旗竿敷地ではあるが、周辺環境は比較的開けていたので、緑や空を家の中に取り込む計画をした。

既存の建物は1階がDK＋和室＋水廻り、2階が個室という間取りだった。これを家族の生活スタイルに合わせて、1階は個室＋水廻り、2階はワンルームのLDKに変更。南側のバルコニーは、半間（910㎜）程度しかなかった奥行きを1間（1千820㎜）弱にまで広げた。さらに北側にもサービスバルコニーを増設。南北が開放されることで、空間全体に安定した明るさと心地よい自然風が得られるようになった。開口部はすべて新しく交換し、断熱補強も行った。

19

構造	木造2階建て
敷地面積	117.3㎡(35.5坪)
延べ床面積	89.3㎡(27.1坪)
主な内部仕上げ	床 1階ナラフローリング・2階タモフローリング 壁 漆喰・広葉樹板張り、天井 漆喰・スギ板張り
家族構成	夫婦＋子供2人
設計	松本直子建築設計事務所
施工	金子双建

光と風を取り込む南北のバルコニー

キッチンを中心とした回遊動線

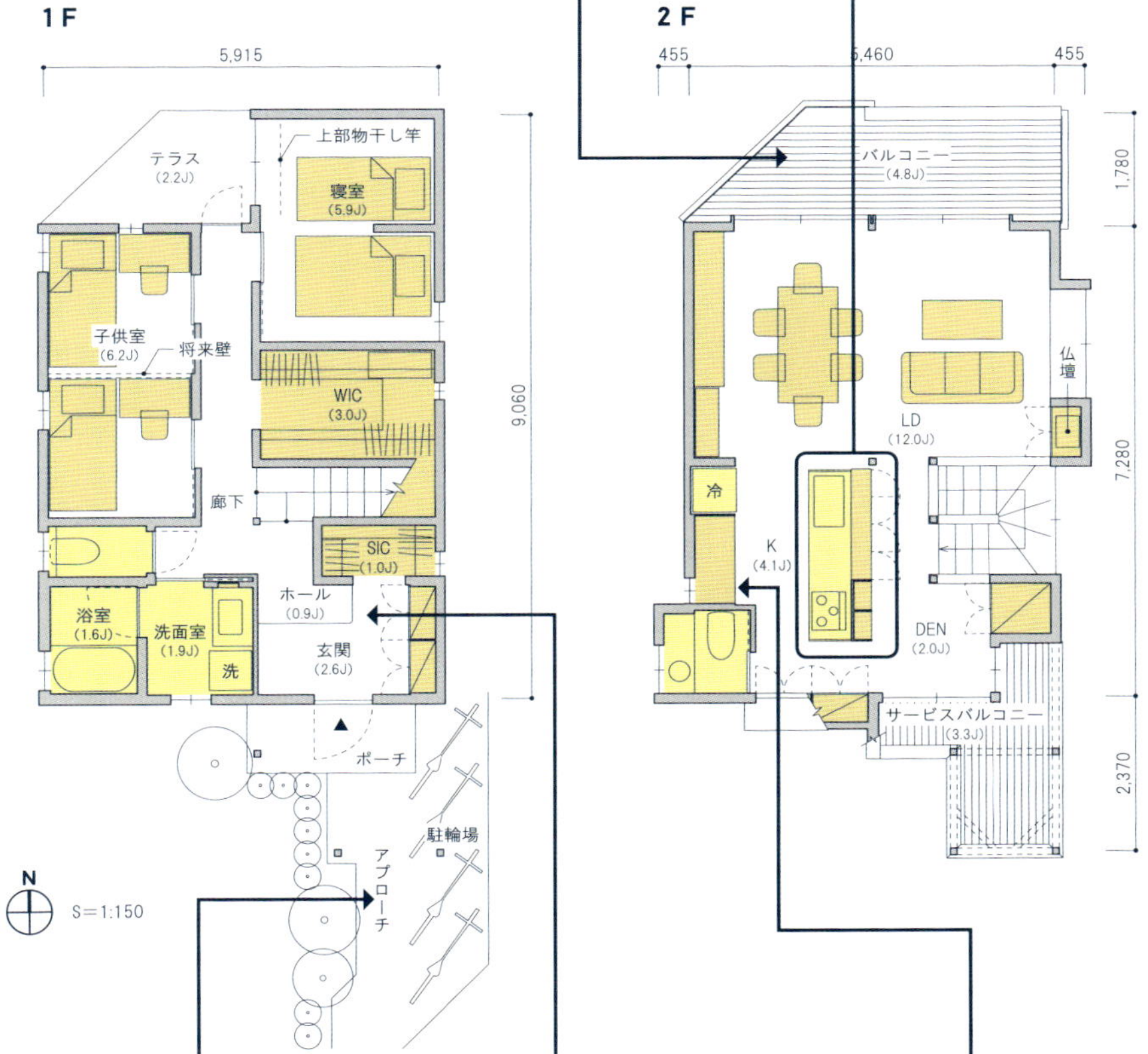

敷地の竿部分には植栽を施し、緑豊かな玄関アプローチに

改修で広くした玄関。階段下に玄関とつながる土間収納を確保

階段を上ったときに目に入るキッチンは、アクセントのタイル張り

コンパクトなリビング・ダイニング

間接照明で照らす吹抜け空間

夫婦と成人した子供2人の4人家族。食事の時間や就寝の時間が異なる家族のための間取りは、個室の広さが重視されている。その分LDKはコンパクトになっているが、リビングの大きな吹抜け、さらにロフトへとつながる縦方向の空間が広がりを感じさせる。

キッチンは、妻の居場所を作りたいという要望に応えて閉鎖的な空間になっているが、出入口を2カ所に設けて回遊動線を作ったり、大きな配膳カウンターを設けたりすることで、利便性も確保している。もちろんデスクスペースもある。夫用のデスクスペースも、リビングの吹抜けにつながるロフトにある。

洗面脱衣室の前には、なんと冷蔵庫とエアコン完備の休憩室がある。まるで温泉宿の風呂上がりだ。

20

間接照明で吹抜けの壁を照らすことで、高さ方向の広がりを演出

構造……木造2階建て
敷地面積……111.9㎡(33.9坪)
延べ床面積……94.6㎡(28.7坪)
主な内部仕上げ……床 ナラ無垢フローリング
壁・天井 珪藻土
家族構成……夫婦＋子供2人
設計……アトリエ椋
施工……渡邊技建

小屋裏収納にはリビングとつながる開口を設けている。足を下ろして机のように使える

家族が手伝いやすい大きな配膳カウンター

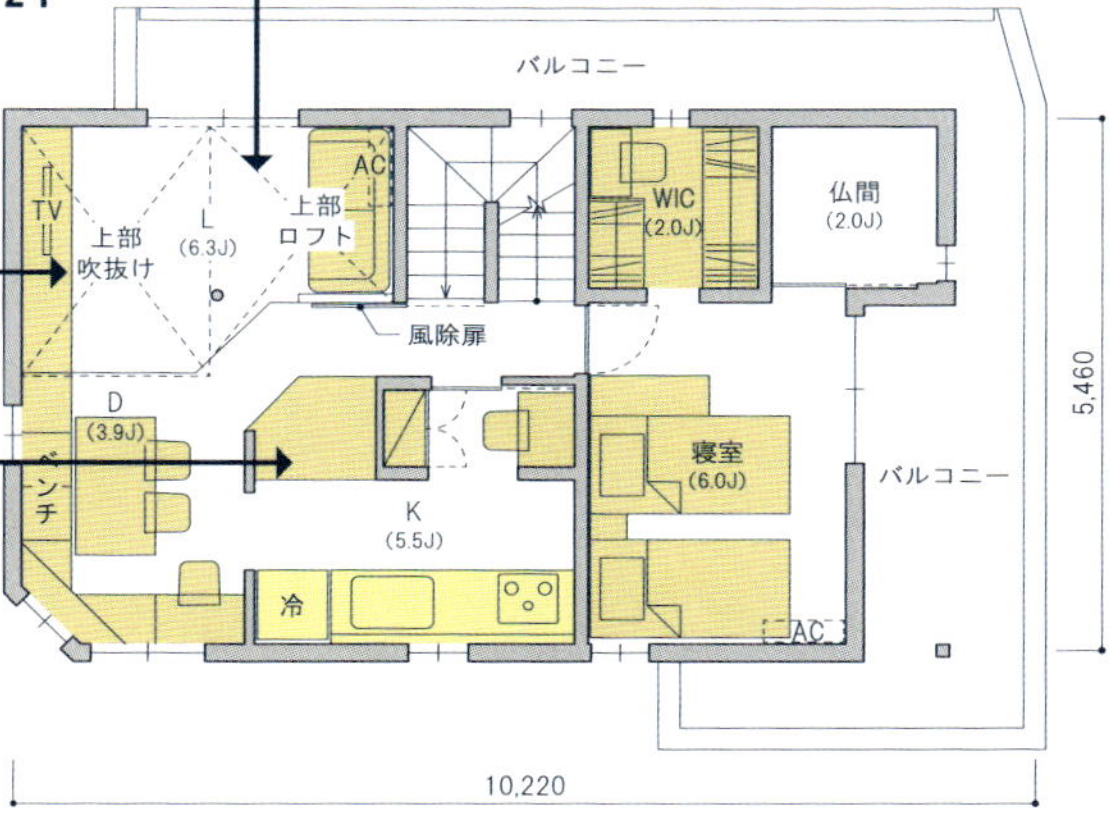

玄関の正面壁など突き当たりの壁をデザインすると、狭苦しさが消えてお気に入りの空間に変わる

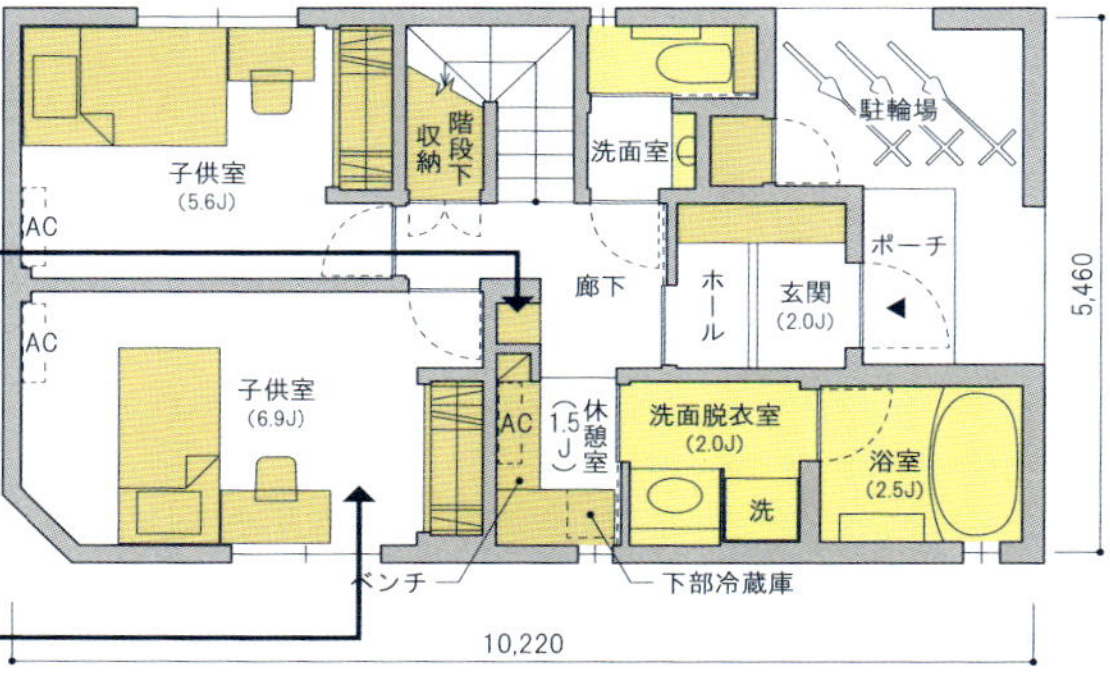

LDKは小さく、個室を広くした間取り

S＝1:150

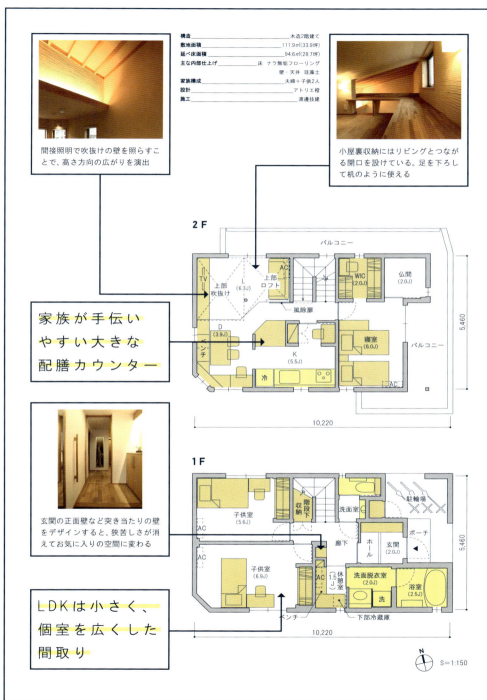

1階リビング。浴室などを2階に配置することで、1階が広くなる

家の中を自在に巡る回遊動線

寝室と子供部屋のほか、浴室、洗面脱衣室、物干し場などのプライベート空間をすべて2階にまとめることで、1階にゆとりができる。この住宅の1階には、収納壁を中心とした回遊動線と、キッチンを中心とした回遊動線がある。2つが組み合わさってできる八の字回遊は、家の中を自在に巡れるレベルの高いプランニングと言える。玄関から家族動線（裏動線）と来客動線に分かれているのもうれしいポイントだ。

キッチンともリビングともつながる小上がりにも注目したい。小上がりは家事をしながら小さな子供の世話ができ、パソコン作業や勉強用のデスクスペースとなり、来客時には客間にもなる。3畳とコンパクトながら、この家の間取りの格になっている。

プライベートな空間を2階に集約

寝室に近い洗面脱衣室と浴室。ホテルや海外住宅のような間取りに憧れる人は多い

2F

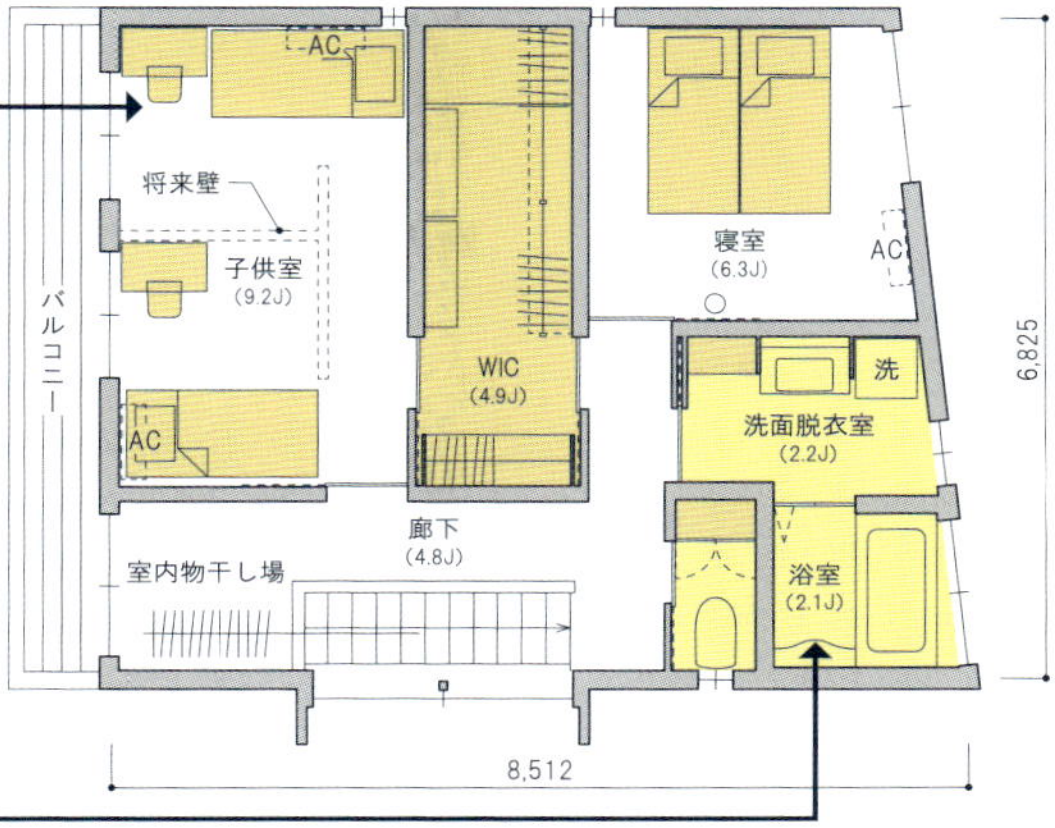

小上がりは壁側を掘り下げてデスクスペースに

1F

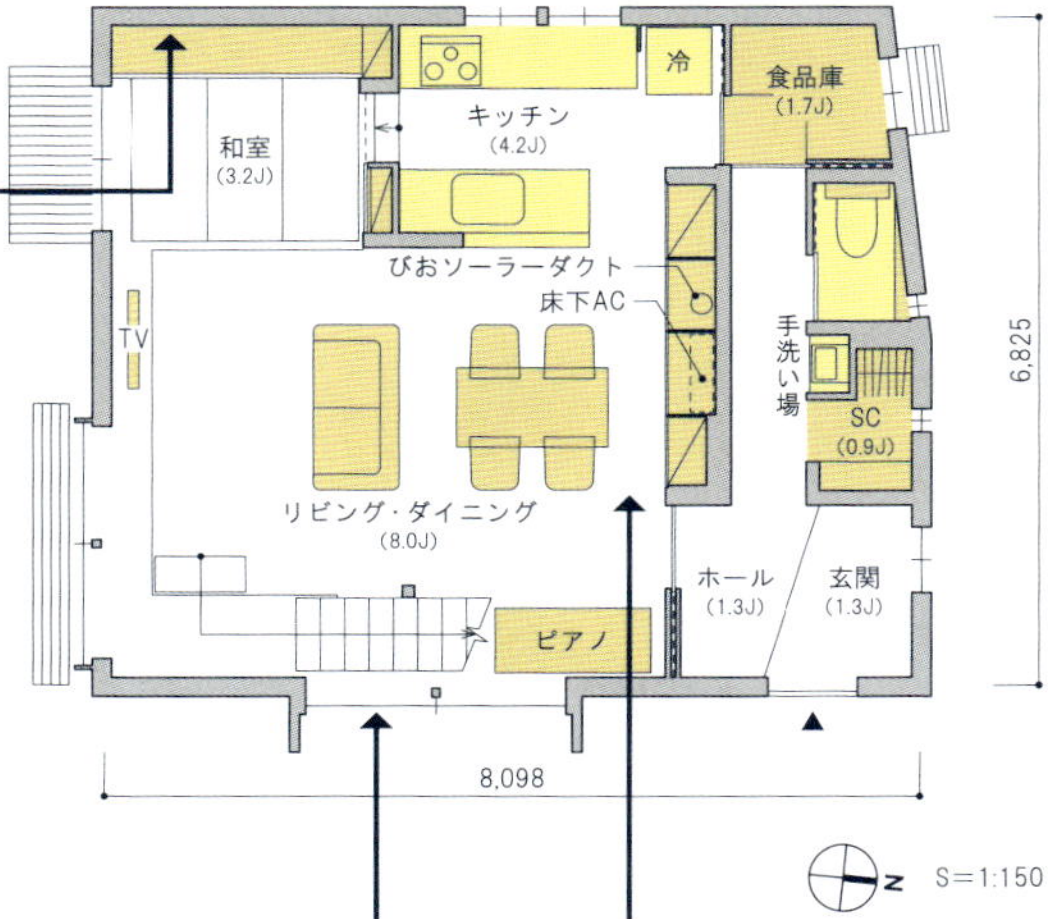

準防火地域で使える木製サッシ窓は、熱貫流率1.33(W/m2・K)、結晶化ガラスで視界を妨げない

構造	木造2階建て
敷地面積	100.0㎡(30.3坪)
延べ床面積	116.3㎡(35.2坪)
主な内部仕上げ	床 チークフローリング 壁 漆喰、天井 ラワン合板
家族構成	夫婦＋子供2人
設計	鈴木アトリエ
施工	山田建設

ハの字の回遊動線で暮らしがスムーズ

高窓からの光に包まれる明るいリビング

寝室とリビングを同階に配置

道路斜線により低く抑えた北側と、隣家の影にならないように高くした南側。高い部分は、リビング上の吹抜けと寝室上のロフトにした。このロフトに上がる階段が間取りのポイントになっている。階段を中心に、リビング、ダイニング、寝室、デスクコーナーへと回遊できるのだ。日常生活において、時間帯ごとに使う部屋の切り替えがスムーズにでき、家事の動きを妨げない。

リビングと同階に畳敷きの寝室を配置したのは、小さな子供の世話をしやすくするため。隣接して広めの収納室があり、危ないたんすなどを置かなくてもいいように配慮している。

階段脇の小さなスペースはデスクスペースに。夫婦共用のパソコンスペースで、雨の日や外出時の室内物干し場にもなる。

22

構造	木造2階建て
敷地面積	168.7㎡(51.0坪)
延べ床面積	90.9㎡(27.5坪)
主な内部仕上げ	床 カラマツフローリング 壁 漆喰、天井 和紙クロス
家族構成	夫婦＋子供2人
設計	アトリエ・ヌック建築事務所
施工	笹森工務店

階段を中心とした回遊動線

友人が集まって食事をすることが多いので、大人数でも座れるベンチを出窓に設えた

寝室とリビングを近づけて育児をしやすく

リビング階段。安全対策として引き戸を設け、ロフトへ上がる階段は持ち上げている

将来は２部屋に分割可能な子供部屋。密集地の中で天窓から採光を確保

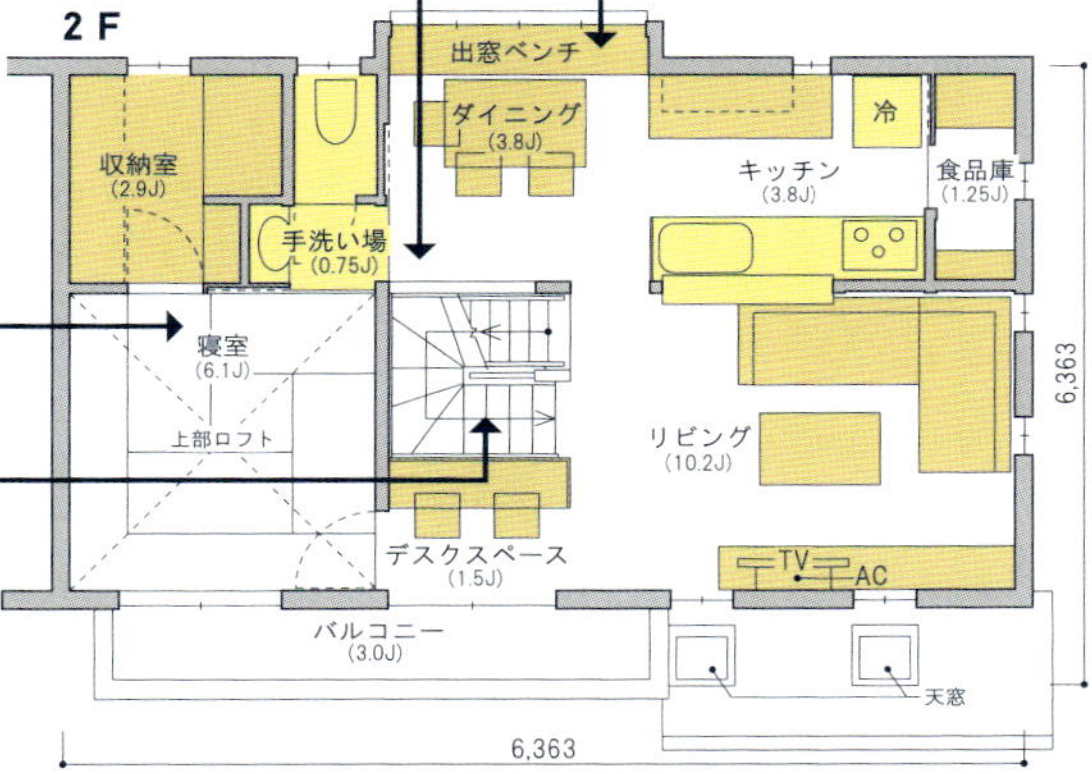

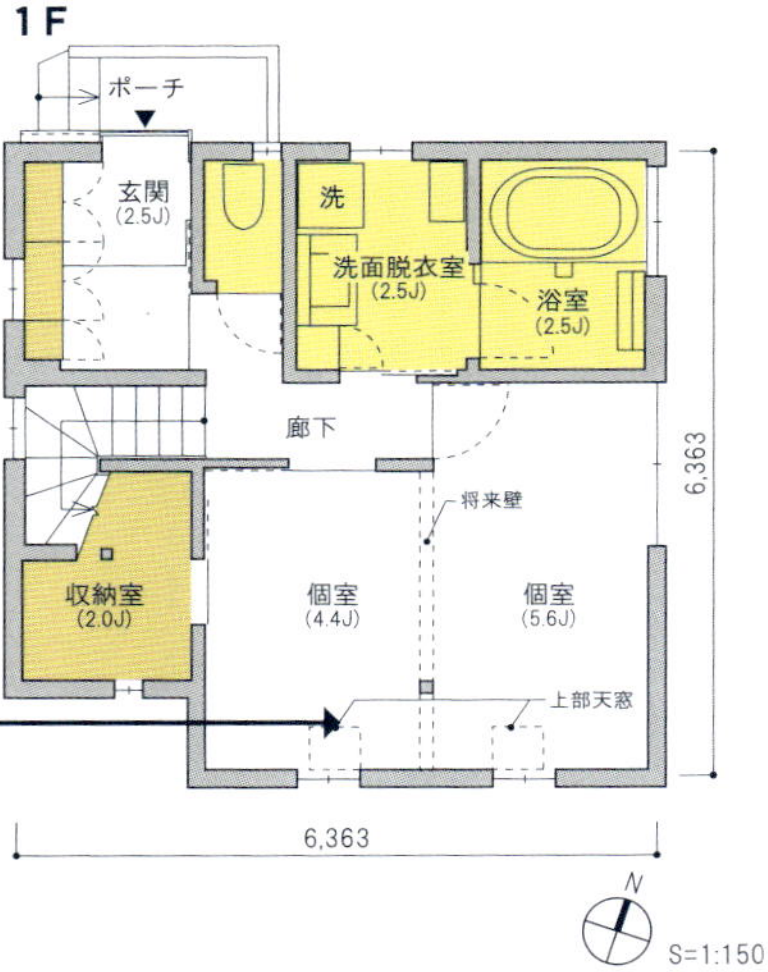

庭に向かって下がる下がる床

いつでも庭を身近に感じる

「家」では窓を開け放してゆっくり過ごしたい」という要望から、内と外をどのようにつなげるかが最大のポイントとなった。そこで、庭をより身近なものとするために、キッチン・ダイニングから段を下りて庭に向かっていく空間構成とした。足が伸ばせる正方形のデイベッド、ペレットストーブを置いて、特別な居場所をつくりだしている。段差の「段」、ペレットストーブの「暖」、家族団らんの「団」。この「だんの間」のデイベッドに座ると、心地よい包まれ感と、庭への開放感が同時に味わえる。2階に洗濯機と家事室があるので、洗う、干す、畳む、片付けるが2階だけで完結する。1階の「だんの間」はくつろぎの場所としてすっきりとした空間を保つことができる。

23

構造	木造2階建て
敷地面積	100.9㎡(30.6坪)
延べ床面積	80.6㎡(24.4坪)
主な内部仕上げ	床　スギフローリング 壁　薩摩中霧島壁・ルナファーザー、 天井　ルナファーザー
家族構成	夫婦＋子供2人
設計	しまだ設計室
施工	大工高野建築工房

屋根付き
アプローチで
勝手口と玄関の
移動も安心

階段に引戸を設けて空調に配慮。ガラスの框戸は、収納棚の戸にもなる

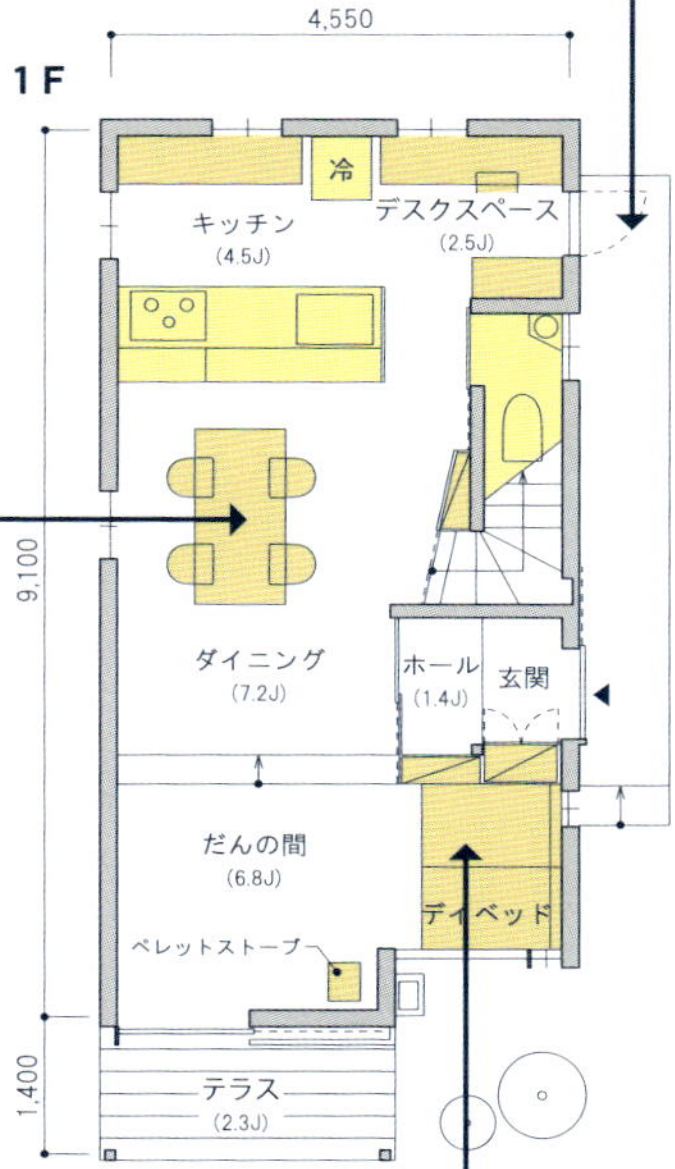

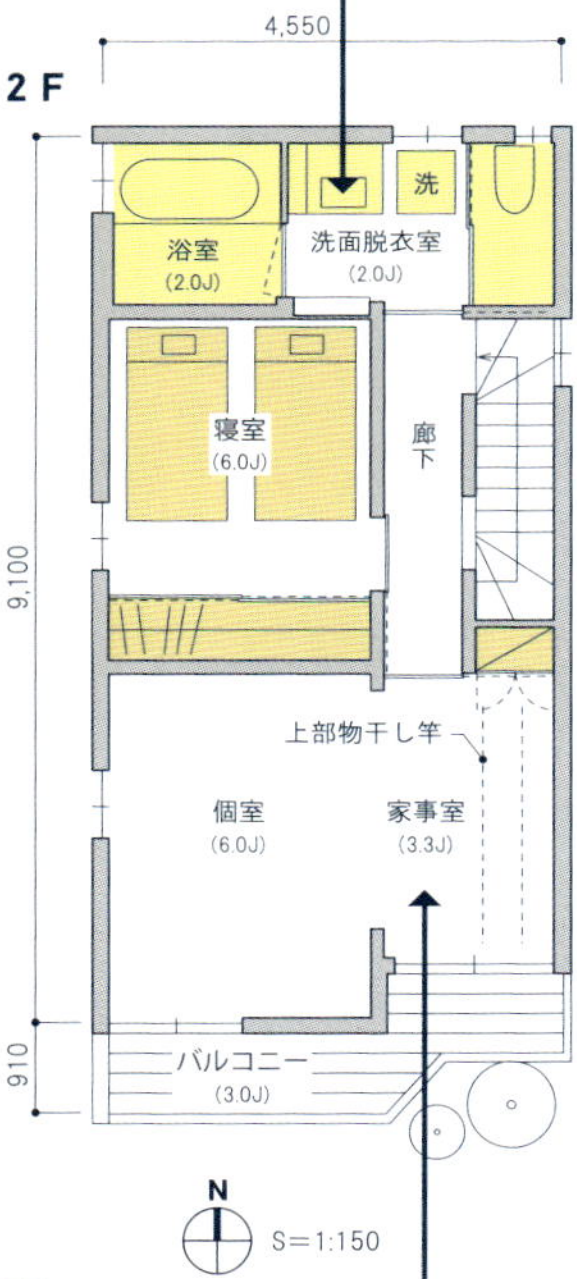

対面式キッチンは、ダイニング側を食器などをたっぷり仕舞える収納棚にしている

床が低く、庭に近いだんの間のデイベッド。家で一番くつろげるスペース

広めの家事室を
設ければ
部屋はすっきり

間取りの見ドコロ 2

収納がほしい

いつまでもすっきり美しい部屋を保つ秘訣は何だろうか。
それはやる気ではなく、使い勝手のよい収納と間取りかもしれない。

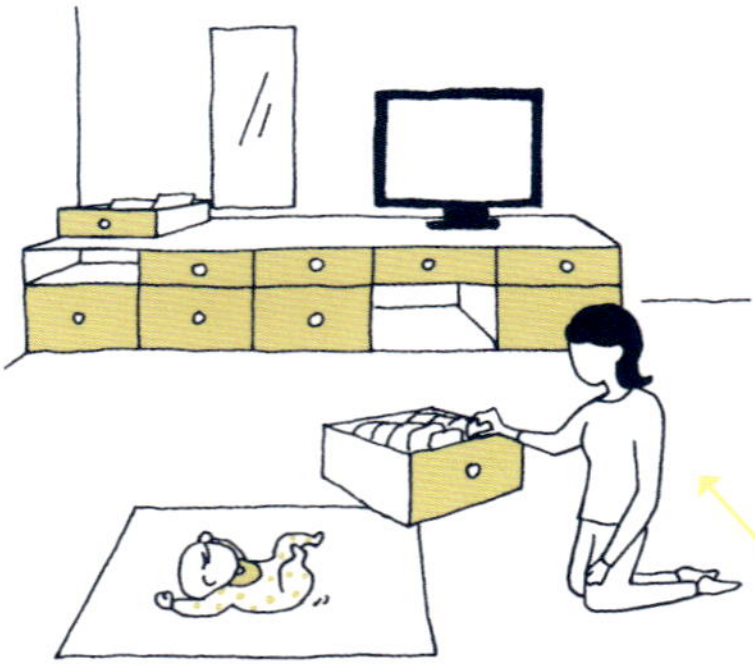

リビング収納

使う場所の近くに収納を設けることが片づく家の基本。しかし、リビングは思いのほか使う物が多いにも関わらず、広さを確保するために、収納がほとんどないと言うことも少なくない。くつろぎながらすぐに手が届く位置、たとえばテレビ台やソファの下に、収納棚があるとうれしい。こだわりの収納家具を使う場合は、その置き場所をきちんと確保したい。

テレビ台に大小の棚を設けて収納ボックスを入れて使う。
ソファ下や小上がり下の引出しも便利

家族共用クロゼット

衣類は一般的に、家族それぞれの部屋のクロゼットやたんすに仕舞って管理することが多いが、家事動線をよくしたり、個室を広くするために、家族全員の衣類を 1 か所にまとめる手もある。着替えもできるように十分な広さを確保し、姿見や、冬に備えて暖房設備もあるとさらに使いやすい。

収納の奥行きと通路幅（着替えに必要な幅、
人がすれ違える幅）に余裕があると快適

玄関収納

近年、間取りに占める割合が広くなってきているのが玄関収納だ。納戸、クローク、シューズ・イン・クロゼットなど種類はさまざま。荷物を持って頻繁に利用する場所なので、どん詰まりではなく通り抜けできるスムーズな動線を確保したい。

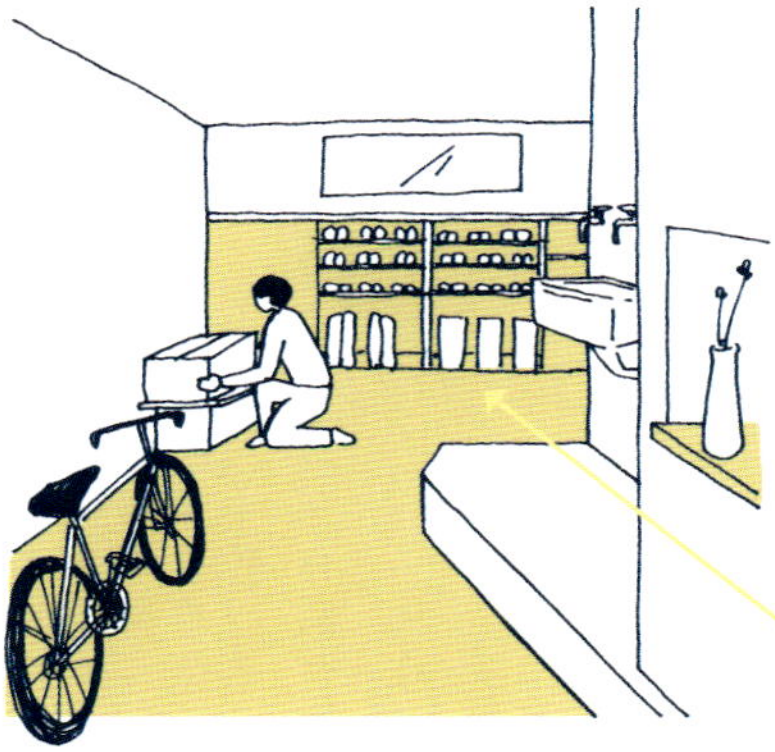

玄関には靴はもちろん、服、自転車、野菜、防災用品なども置けると便利。物が増えると作業も多くなるので、明るさも確保したい

廊下収納

ストレスなく片付けやすいのがこの廊下収納。生活動線上にあることで、「片付けに行く手間」を感じにくくなるようだ。天井いっぱいの壁面収納は容量も抜群。場所にもよるが、日用品のストックや掃除道具、小物かごやファイルボックスなどを仕舞うのに向いている。奥行きはあまり物が前後に重ならないよう浅めにして、出し入れしやすくすることが大切。

棚板の枚数を多めにすれば容量がアップする。廊下をいかして幅を広くとるとよい

大切な奥行き

最後に、使い勝手のよい収納の決め手は奥行きにある。物を前後に置かなくても済むように、物に合わせて奥行きを設定したい。収納戸の有無や種類（引戸、開き戸、カーテン、そしてそれらの重みや動きの滑らかさなど）によっても片づけやすさは変わる。

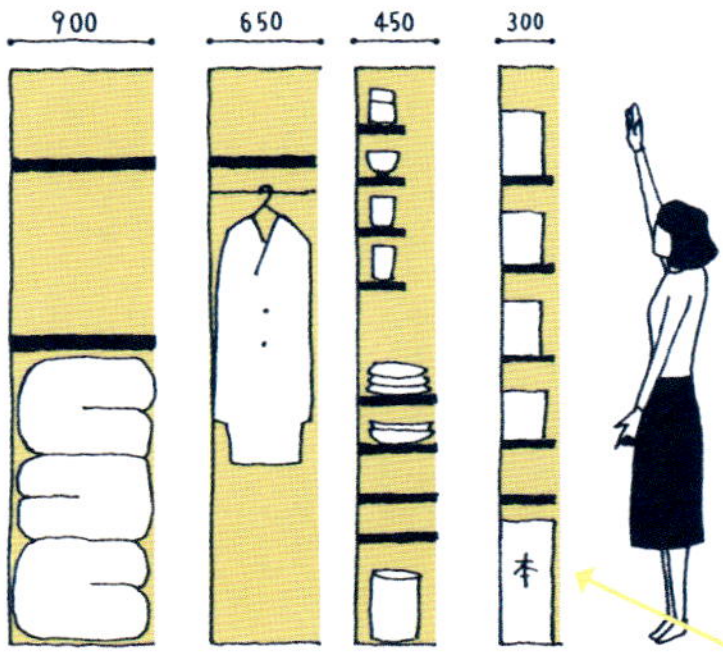

収納する物と奥行きの関係

春の東側外観

24

一面の菜の花畑を自分のものにした家

春になったら、一面の菜の花畑に満開の桜の木が1本。毎年家からこんな風景が見られるなんて、なんて贅沢なのだろう。建て主は、もともと緑地公園の近くに家を建てたいと考えていたが、条件のよい敷地はなかなか見つからなかった。諦めかけていたときに、ついに見つけたのがこの敷地だった。

西側が低くて東側が高いという、高低差のある敷地だったので、徐々に床の高さを上げるスキップフロアとして、リビングや寝室から公園の緑を望めるようにした。リビングは、ソファと薪ストーブを設置した特等席。このスペースだけを見ると、4畳程度と決して広くはないが、吹抜けと外部につながるテラスによって広がりを感じられる。家族4人と犬2匹が一緒に緑を楽しんで暮らしている。

共有クロゼットですっきり片付く

2F

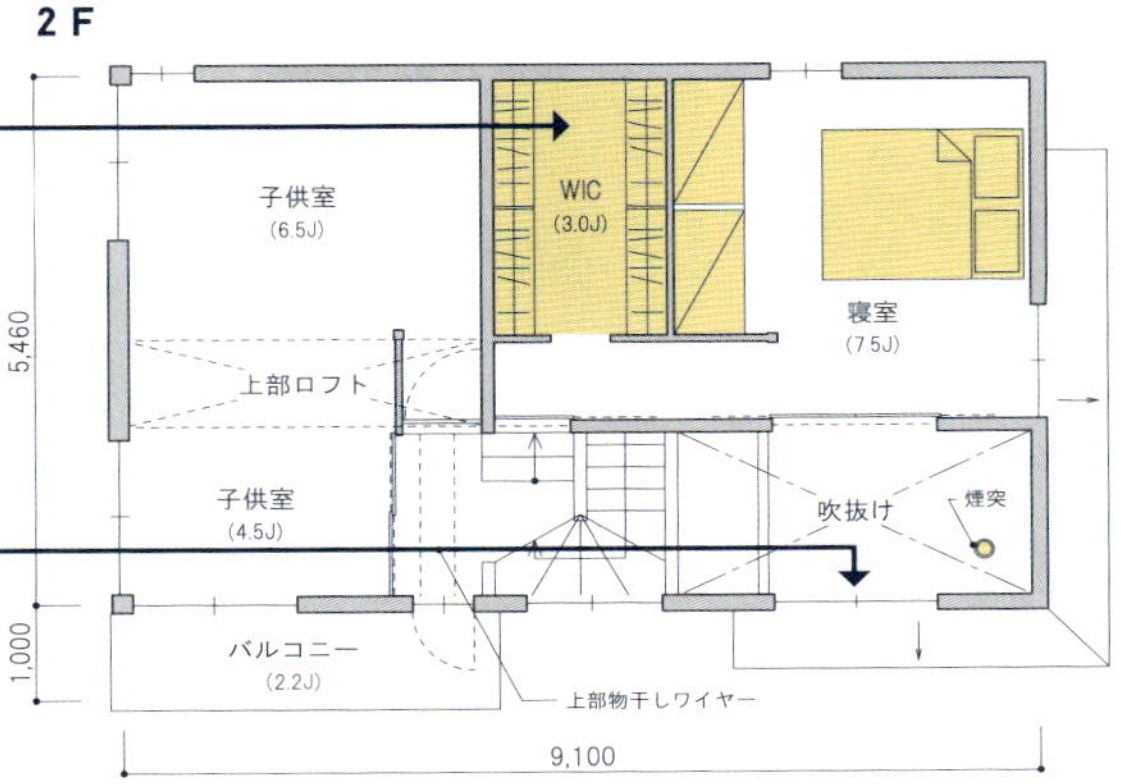

窓の位置はプライバシーに配慮して何度も検討を重ねた

1F

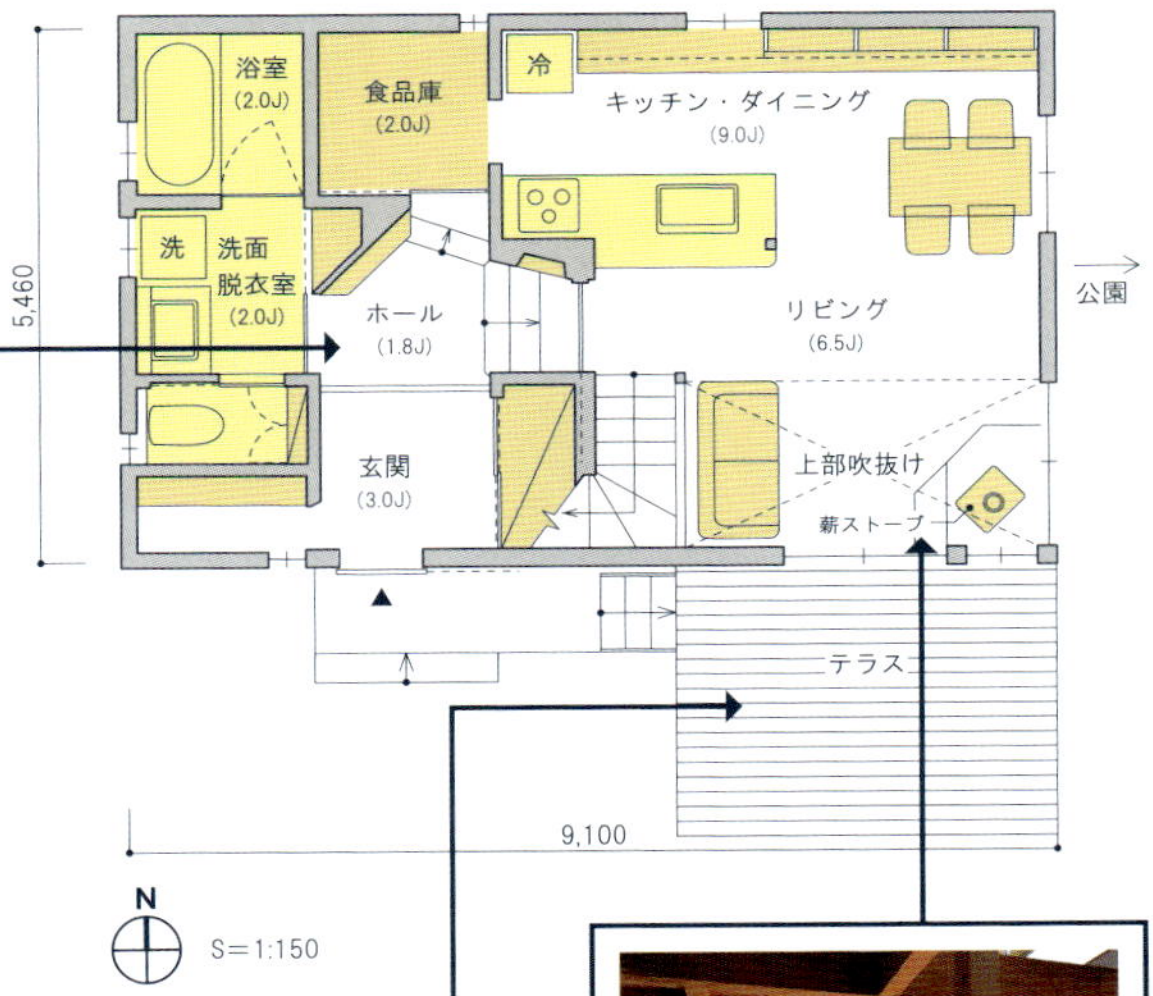

個性的な五角形の玄関ホール。飾り棚を設けて、家のなかでも季節の変化を楽しめるように

構造	木造2階建て
敷地面積	200.0㎡(60.6坪)
延べ床面積	96.4㎡(29.2坪)
家族構成	夫婦＋子供2人＋犬2匹
設計	NLデザイン
施工	中野工務店

リビングには薪ストーブを設置。暖気は吹抜けを介して2階まで循環し、家中暖かい

天気のいい日にはテラスから公園を楽しむ

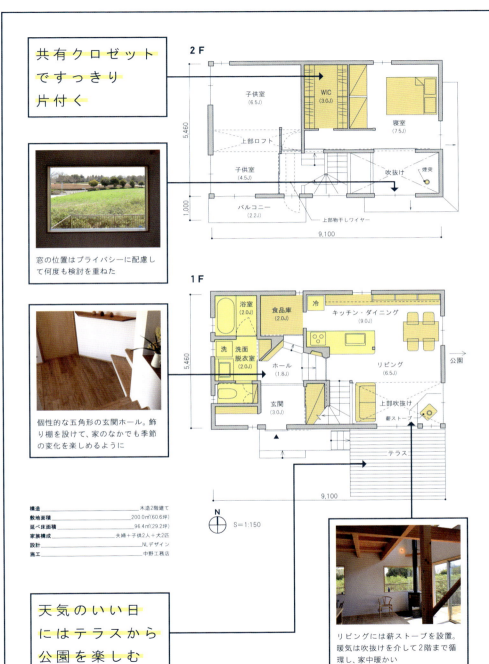

室内の延長として使えるテラス

25

広いテラスと計算された収納計画

広い母屋《おもや》の敷地の一角に建てられた家だ。母屋に面した南側の窓は、プライバシーを気にしなくてよいので、思いきり開放できる引込み窓にしてテラスとつなげた。広いテラスは戸建て住宅の憧れのアイテムといえるだろう。しかし、せっかくのテラスが物干し場になってしまっていることも多く、それではもったいない。ここでは、室内とテラスの床をフラットにつなぐことでテラスが室内の延長として活用されるようにした。

間取りは、居住空間だけでなく収納計画も重要だ。玄関の靴、キッチンの食器・調理家電、サニタリーの掃除道具など、各部屋に必要不可欠な収納は十分か。また、家族の成長やライフスタイルの変化によって流動する衣類収納や本棚の設け方も適切か見極めたい。

ライフスタイルの変化に対応できる個室

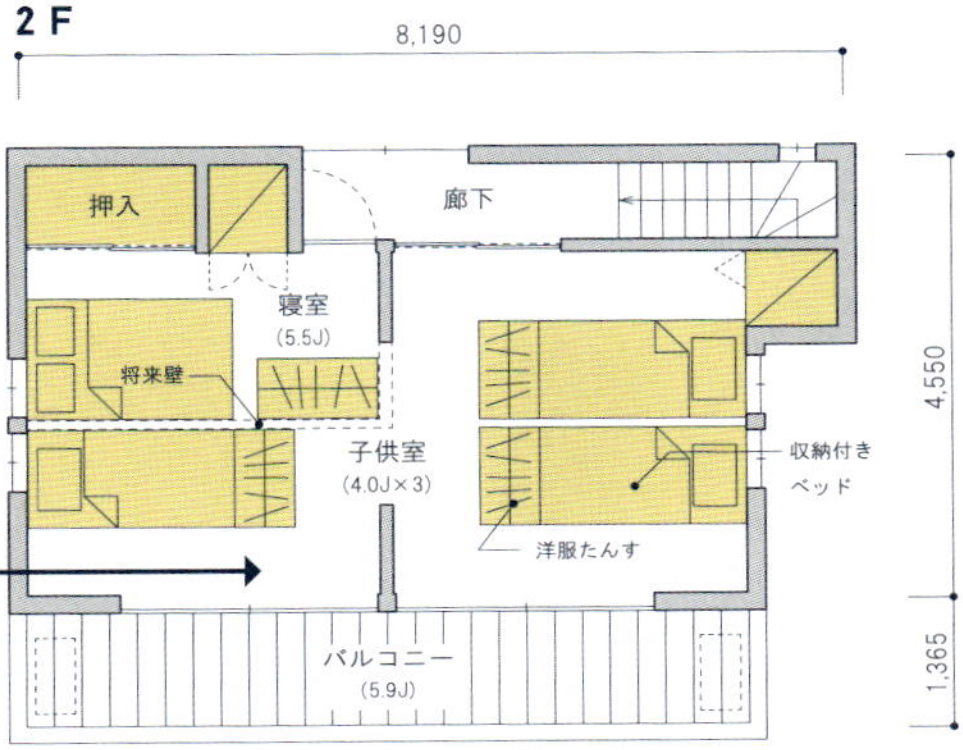

壁面収納は見せる収納に。建て主が自由にアレンジできるように可動棚としている

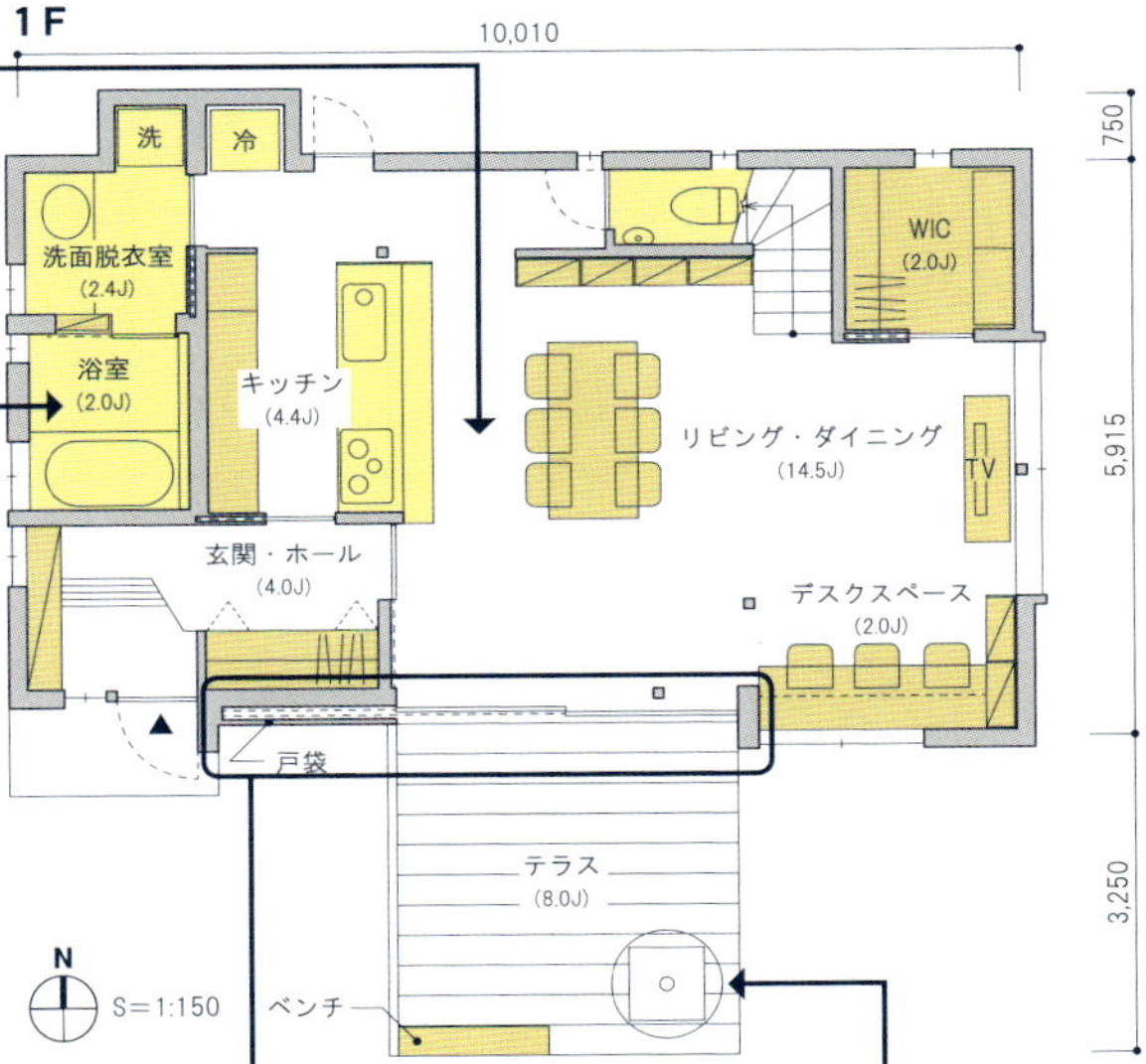

在来工法の浴室は、床・壁をタイル仕上げ、天井を木仕上げとした

植栽とウッドデッキは建物の表情をつくる。外からの視線が気になる場合は手摺壁などを設ける

全開放できる引込み窓でテラスをつなぐ

構造	木造2階建て(改修)
敷地面積	—
延べ床面積	96.7㎡(27.4坪)
主な内部仕上げ	床 カラマツ無垢フローリング 壁・天井 クロス
家族構成	夫婦+子供2人
設計	リオタデザイン
施工	堀尾建設

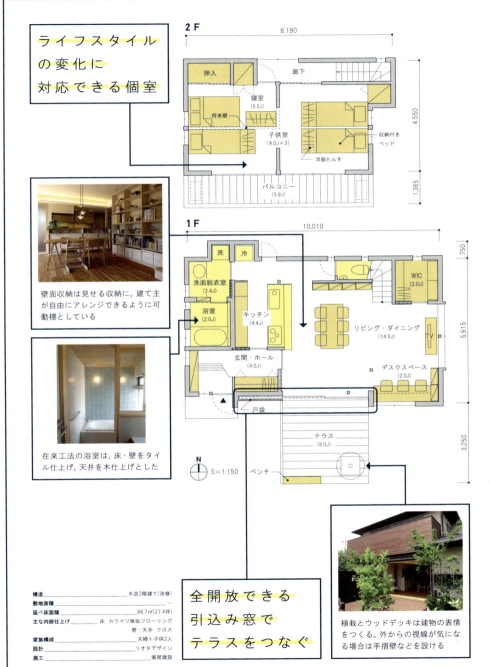

中庭を建物でぐるりと囲む

スキップフロアで庭を囲む

26

高低差のある敷地だったので、できるだけ掘削せずに済むようにスキップフロアとした。家の中心に中庭をつくり、その周りに部屋を配置。夫婦と子供2人の4人家族が、どこにいても中庭を介して気配を感じることができる。廊下で兄弟がサッカーをしたり、中庭にも階段があったり、家中が公園のような雰囲気だ。中庭から光を採り入れることで家中が明るく、植栽によって自然や四季の移ろいを身近に感じられる豊かな暮らしができるようにした。

低コストのためのアイデアもいっぱいだ。壁は基礎コンクリートをそのまま露《あらわ》し、天井は仕上げと構造を兼ねた建材を使っている。造作家具の材料のほとんどは安い集成材だが、統一感が出てうまくまとまっている。

中庭を回る リズム感のある 間取り

構造＿＿木造2階建て
敷地面積＿＿127.8㎡(38.7坪)
延べ床面積＿＿104.6㎡(31.7坪)
主な内部仕上げ＿＿床 ナラフローリング
壁 クロス・一部モルタル、
天井 1階クロス・2階木質断熱複合板
家族構成＿＿夫婦＋子供2人
設計＿＿ノアノア空間工房
施工＿＿栄伸建設

洗面脱衣室からバルコニーを見る。掃出し窓から光を採り込む。また、洗濯機からすぐに洗濯物を干すこともできる

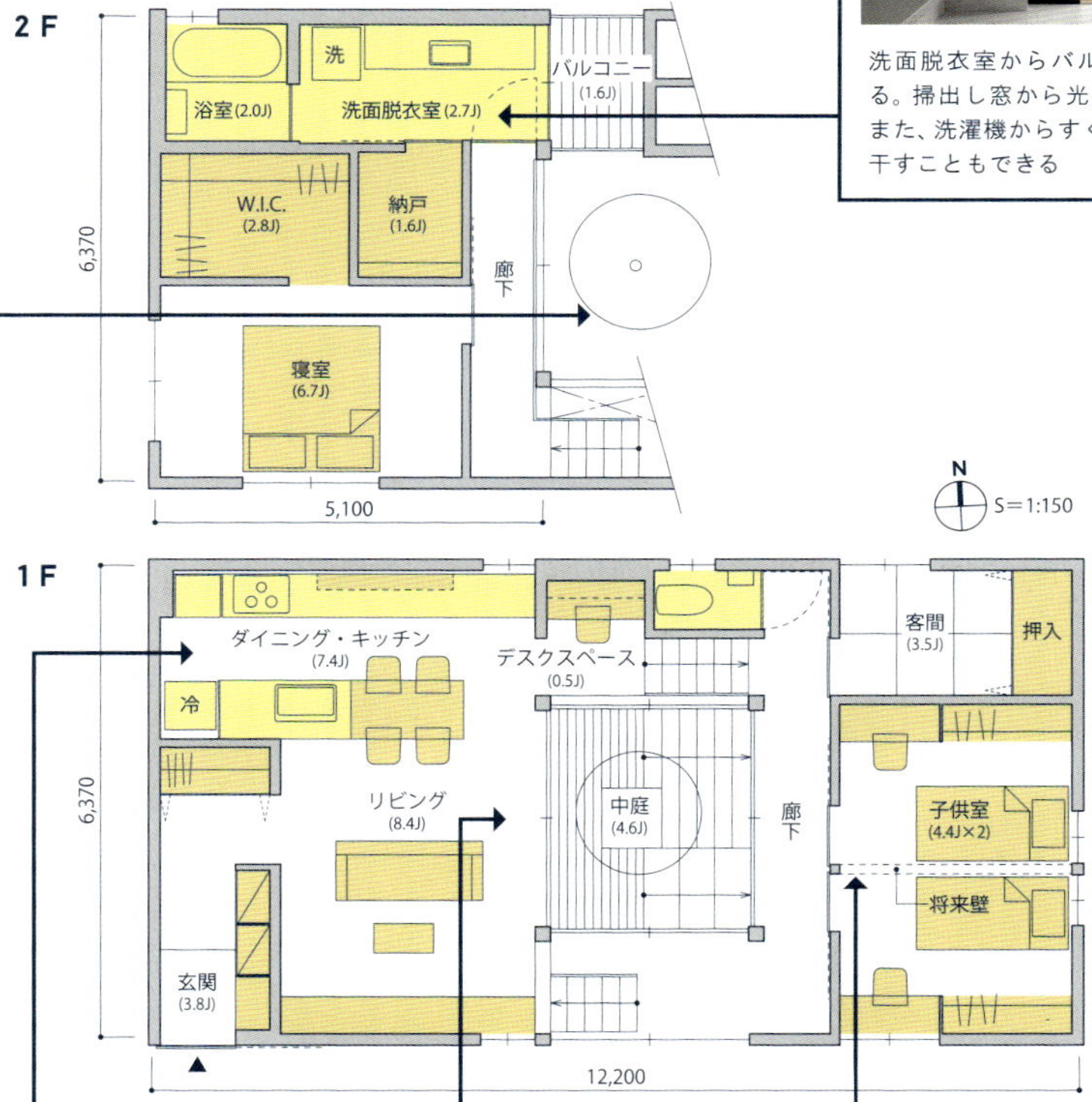
2F
浴室(2.0J)
洗
洗面脱衣室(2.7J)
バルコニー
(1.6J)
W.I.C.
(2.8J)
納戸
(1.6J)
廊下
寝室
(6.7J)
6,370
5,100
N
S＝1:150
1F
ダイニング・キッチン
(7.4J)
デスクスペース
(0.5J)
客間
(3.5J)
押入
冷
リビング
(8.4J)
中庭
(4.6J)
廊下
子供室
(4.4J×2)
将来壁
玄関
(3.8J)
6,370
12,200

キッチンと テーブルを横に 並べると 料理動線が◎

基礎コンクリートにモルタルを薄塗りして仕上げのコストを抑えている

天井は木質断熱複合板を張り、仕上げと構造を兼ねて低コストに仕上げた

室内とつながるウッドデッキの中庭

27

住宅密集地でも風通しをよくする

敷地は南北に細長く、北側の道路以外の三方は隣家が迫っている。このような環境は風通しの確保が難しい。設計者は中庭を設け、冬期の日射取得と夏期の日射遮蔽を検討。さらに通風シミュレーションを利用して窓の位置を決定した。屋上に出られる窓を設けることで、建物内の全体に大きな上下の風が流れるようにした。これまでに夏を2度過ごしたが、冷房はほとんど使っていないという。

中庭はプライバシーが守られた戸外の居間だ。ガラス戸は引き込まれ室内と一体となる。シンボルツリーはもみじ。中庭は、隣家の存在を忘れさせてくれ、見上げれば切り取られた青空が美しく見える。延床面積は26坪と決して広くはないが、大きな空間が楽しめる住まいだ。

屋根の上に設けられたウッドデッキ。隣家越しに公園の緑が見える

中庭向きの浴室窓でリラックス

ロフトの窓（写真左側）から中庭（写真右側）へ風が通り抜ける

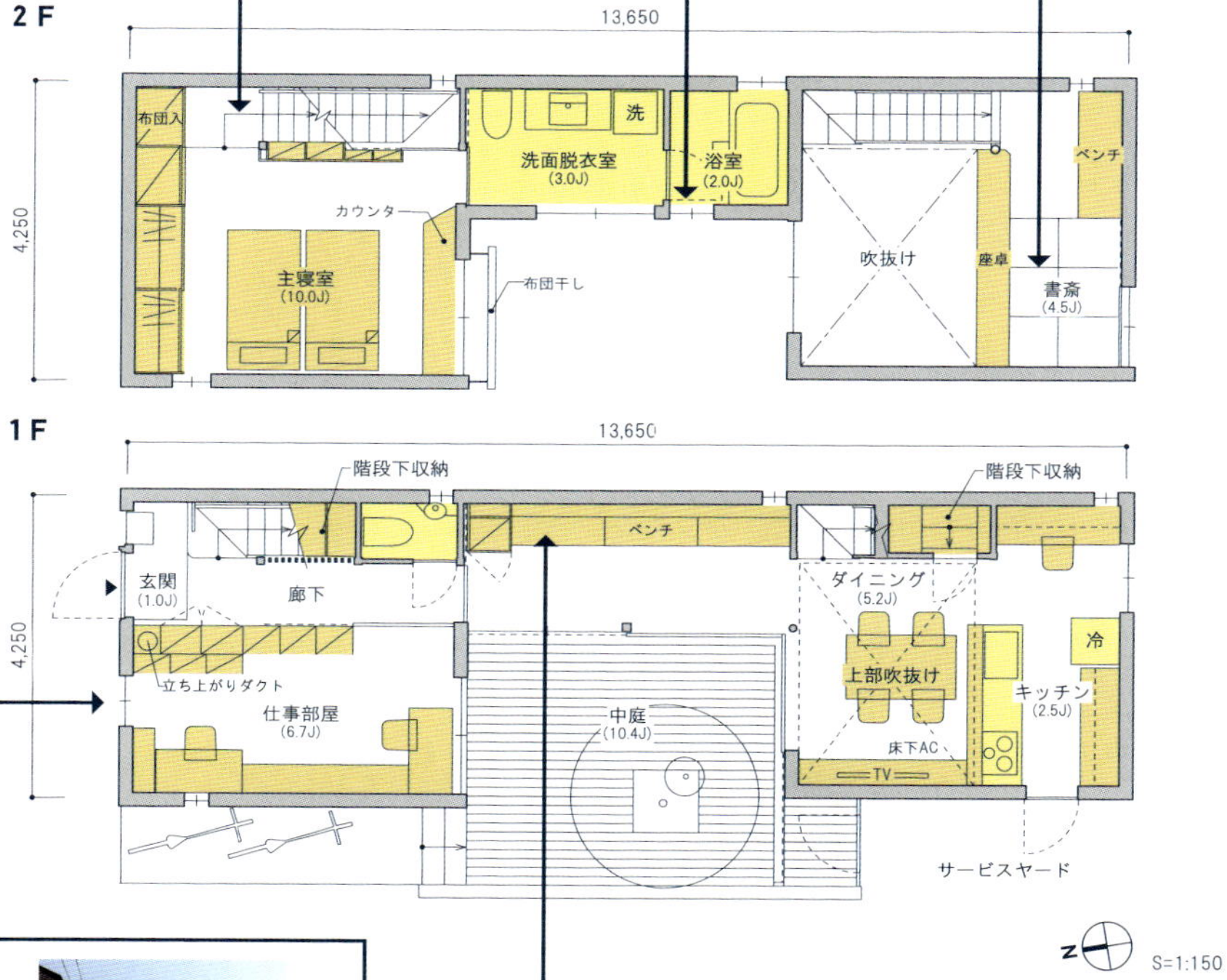

建物を南に寄せて中庭を設けることで、プライバシーのある外部空間を確保した

ベンチに座って中庭を眺めるほっとする時間

構造	木造2階建て
敷地面積	115.7㎡(35.1坪)
延べ床面積	86.3㎡(26.2坪)
主な内部仕上げ	床 スギフローリング 壁・天井 土佐和紙
家族構成	夫婦＋子供2人
設計	半田雅俊設計事務所
施工	河合建築

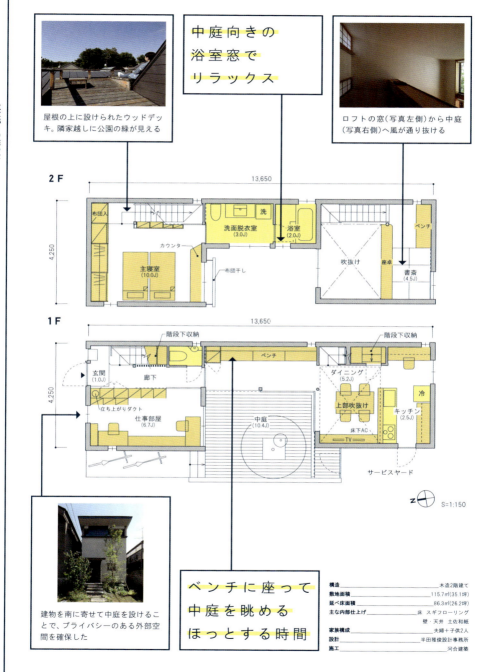

南面で明るいリビング。窓から中庭のヤマボウシが見える

28

大開口を設けてプライバシーも守る

細長狭小敷地でリビングを南面させ、同時に外からの視線を避けるため、コートハウスとした。建物は北東方向にかかる斜線制限をかわした片流れ屋根で、キッチン・ダイニングは高さが抑えられ、リビング・小上がりは吹抜け状の高天井となっている。2階キッチンの不便さを緩和するためにパントリーとサービスバルコニーが設けられ、水廻りは日当りのよい南側に配置。いつも明るくカラリと乾いて気持ちいい。

妻は家で過ごす時間が長く、冷え性だったので、暖かい2階に居室を希望した。そこで、LDKとつなげて畳敷きの小上がりを設け、寝室としても茶の間としても使えるようにした。襖《ふすま》の建込み位置を変えることで、自在に部屋をつなげたり閉じたりできる。

部屋の外の廊下にクロゼットを配置。動線上にうまく配置すれば使用に不自由はない

廊下は中庭に面して日当たりがよい。階段手摺を利用した本棚があり、室内物干し場の役割も持つ

キッチンから小上がりを見る。夜は襖を閉じて妻の寝室に、昼は開放して家族の茶の間になる

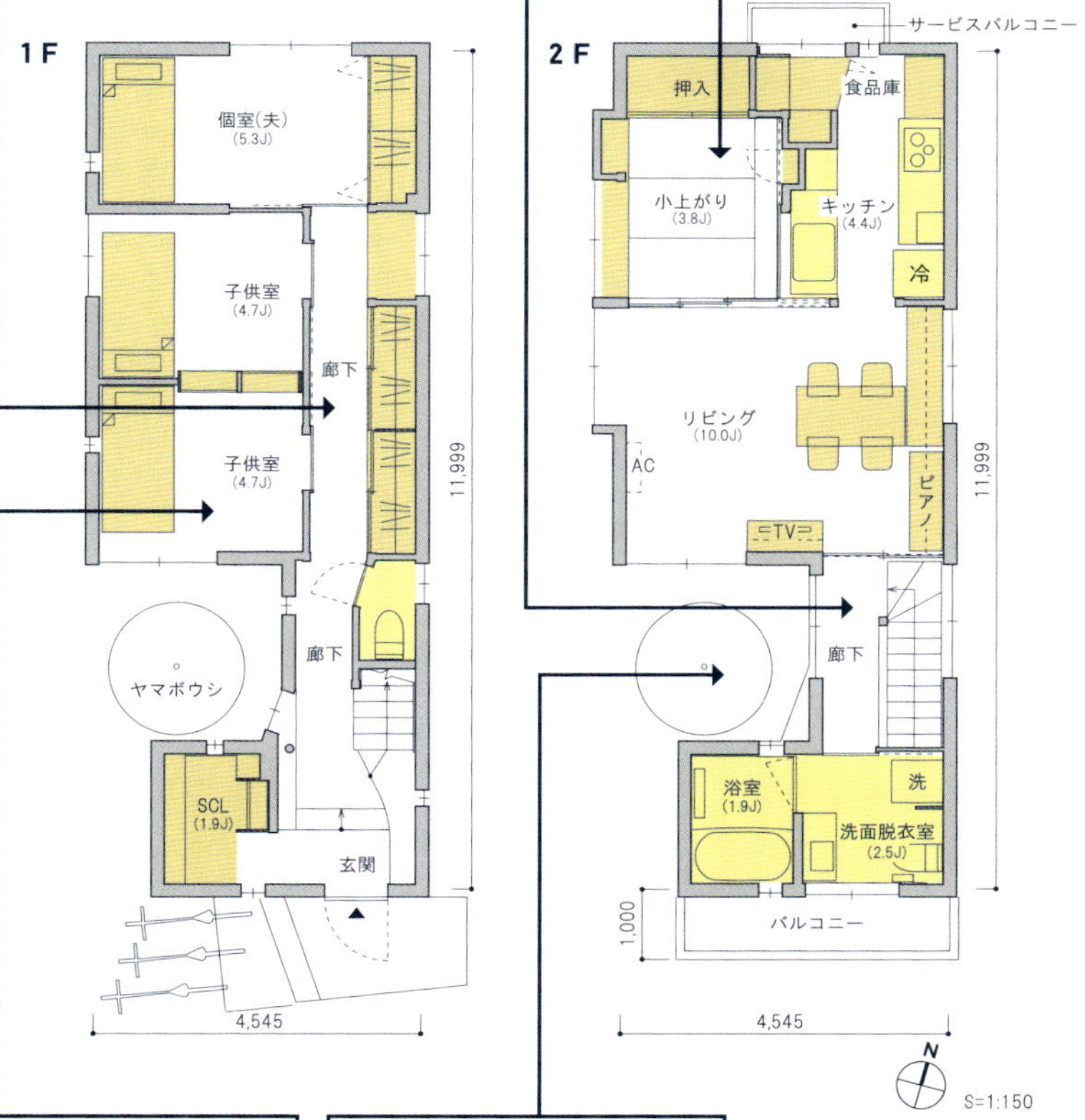

大人4人家族がそれぞれ個室を持つ間取り

メリットの多い狭小敷地のコートハウス

構造	木造2階建て
敷地面積	90.9㎡(27.5坪)
延べ床面積	90.6㎡(27.4坪)
主な内部仕上げ	床 カラマツフローリング 壁・天井 漆喰
家族構成	夫婦＋子供2人
設計	アトリエ・ヌック建築事務所
施工	当麻工務店

2階から大開口と吹抜けを見る

大開口と吹抜けの組み合わせ

南面に大開口を設け、外部を積極的に室内に取り込む計画だ。さらに開口部と吹抜けの組み合わせによって伸びやかな空間をつくり、冬の日当たりを確保する。夏は大きな庇とシンボルツリーで日射をコントロールする。南側にテラスとシンボルツリーを、北側にも小さな植栽を設けて、風と視線が南北に抜けるように配置した。

断熱性能と耐震性能はともに住宅性能表示制度の最高等級を確保。大きな余震の繰り返しに備えて制震ダンパーも組み込んでいる。建物の外周部で耐力壁を確保しているので、耐震上室内に間仕切壁は必要ない。将来間仕切壁を足して個室を増やすことも、外してワンルームとすることも、耐震性能を変えずに可能である。

構造	木造2階建て
敷地面積	119.9㎡(36.2坪)
延べ床面積	89.4㎡(27.0坪)
主な内部仕上げ	床 スギフローリング 壁・天井 土佐和紙
家族構成	夫婦
設計	半田雅俊設計事務所
施工	リメックス

北側の緑化は隣家からのプライバシーを守るとともに、室内に涼しい風を呼び込む

耐震等級4！
耐震上
間仕切壁も不要

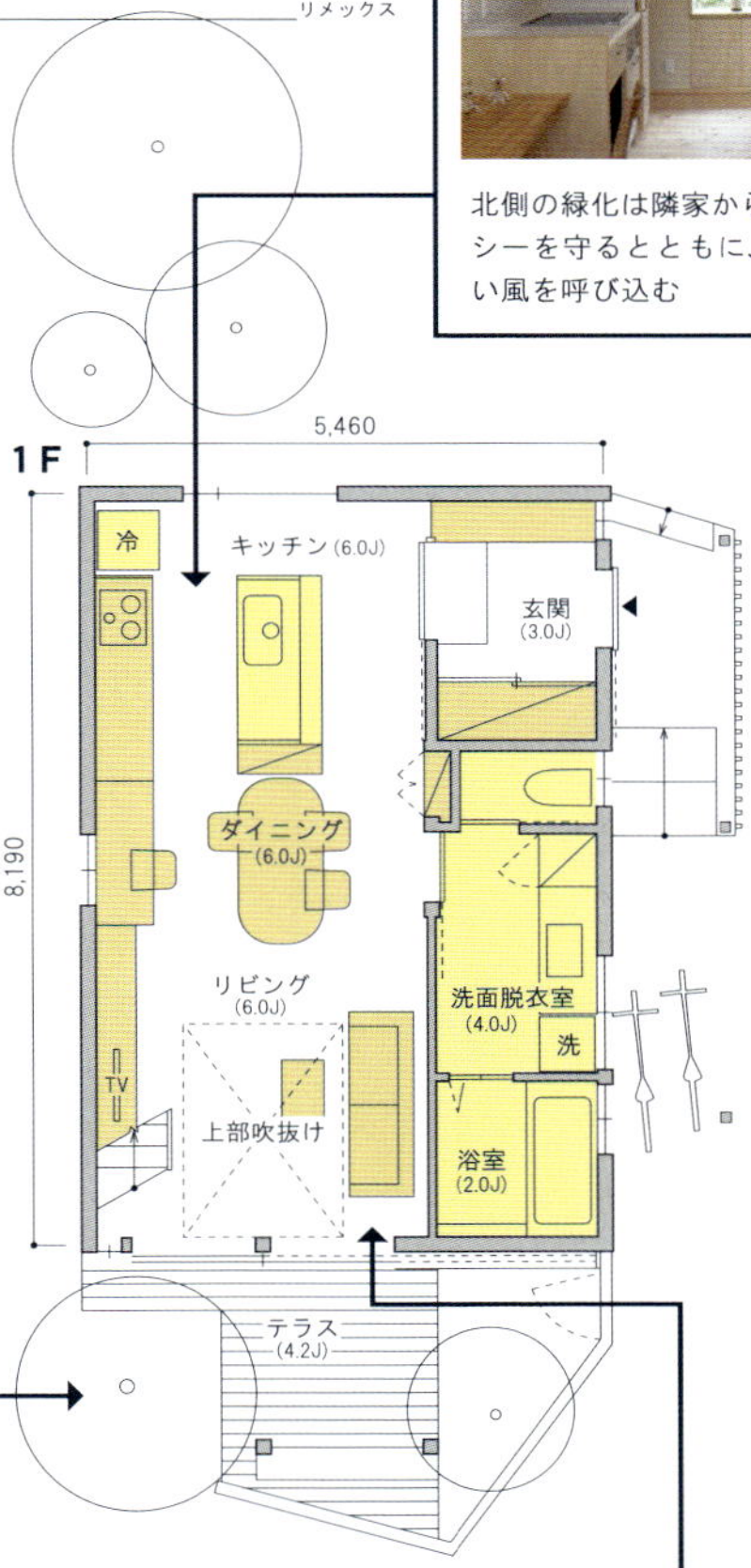

1F
5,460
8,190
冷
キッチン(6.0J)
玄関
(3.0J)
ダイニング
(6.0J)
リビング
(6.0J)
TV
上部吹抜け
洗面脱衣室
(4.0J)
洗
浴室
(2.0J)
テラス
(4.2J)

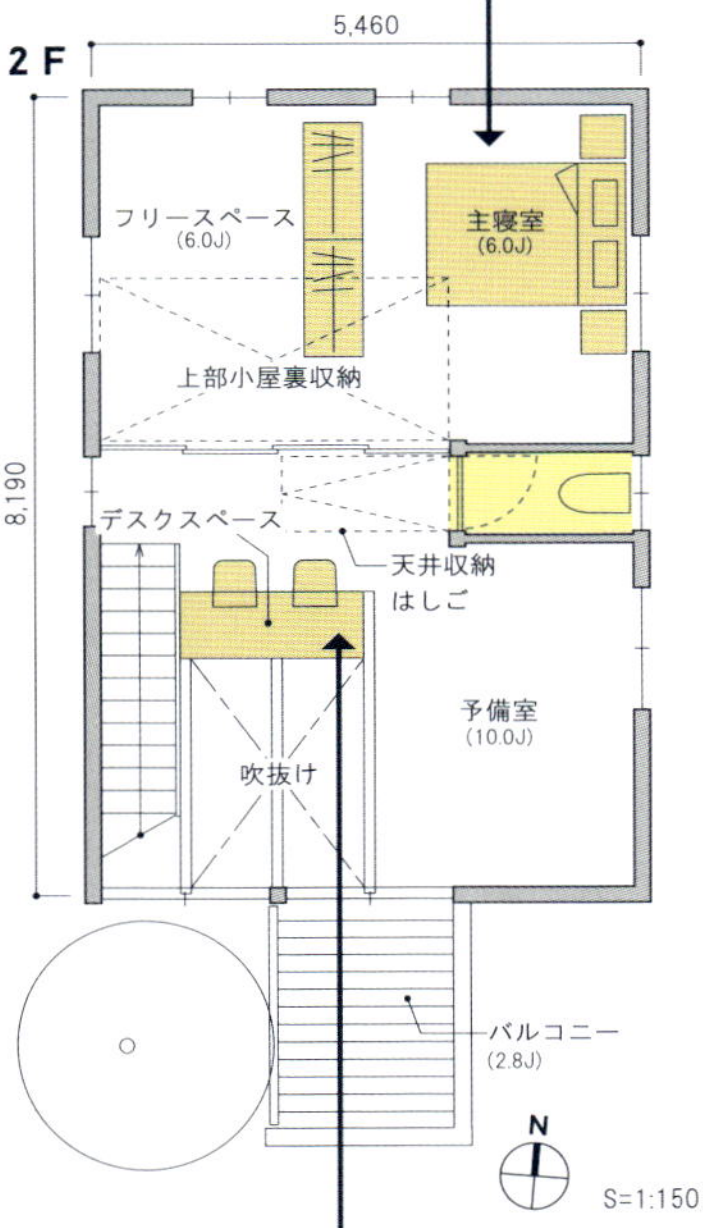

2F
5,460
8,190
フリースペース
(6.0J)
主寝室
(6.0J)
上部小屋裏収納
デスクスペース
天井収納
はしご
予備室
(10.0J)
吹抜け
バルコニー
(2.8J)
N
S=1:150

植栽は室内からの眺めがよいだけでなく、街の緑化にも寄与する

2層の大開口によって内と外がつながる。屋根付きのテラスはアウトドアリビングになる

吹抜けに面した
明るい
デスクスペース

ダイニングと畳リビング

どの部屋からも庭を眺められる

南側の開口を大きくして日当たりを確保するのは間取りのセオリーだ。しかし、この敷地は南側に隣家が迫っていたため、南側の開口は最小限にしぼり、その代わりに眺めのよい東側を開くことにした。2階ダイニングのコーナー窓は引込み窓。開け放てばサッシがすっきり隠れて、空間に実際以上の広がりが生まれる。障子は高断熱で耐久性に優れる2重のポリカーボネートを使用している。

リビングは畳敷きとし、今は小さな子供と赤ちゃんの世話をする場所になっている。キッチンから目も届きやすい。

視線が抜ける東側と日当りのよい西側に、2つの庭を設けており、1階・2階すべての部屋から植栽を眺めることができるようになっている。

構造	木造2階建て
敷地面積	105.3㎡(31.9坪)
延べ床面積	83.3㎡(25.2坪)
主な内部仕上げ	床 ナラ無垢フローリング 壁 珪藻土、天井 和紙
家族構成	夫婦＋子供2人
設計	木々設計室(2019年松原正明建築設計室を改称)
施工	内田産業

植栽は、緑そのものも見る人の心を楽しませるが、壁に移ろう陰影も美しい

明るい南側の広い洗面室。庭とバルコニーによって隣家と距離をとっている

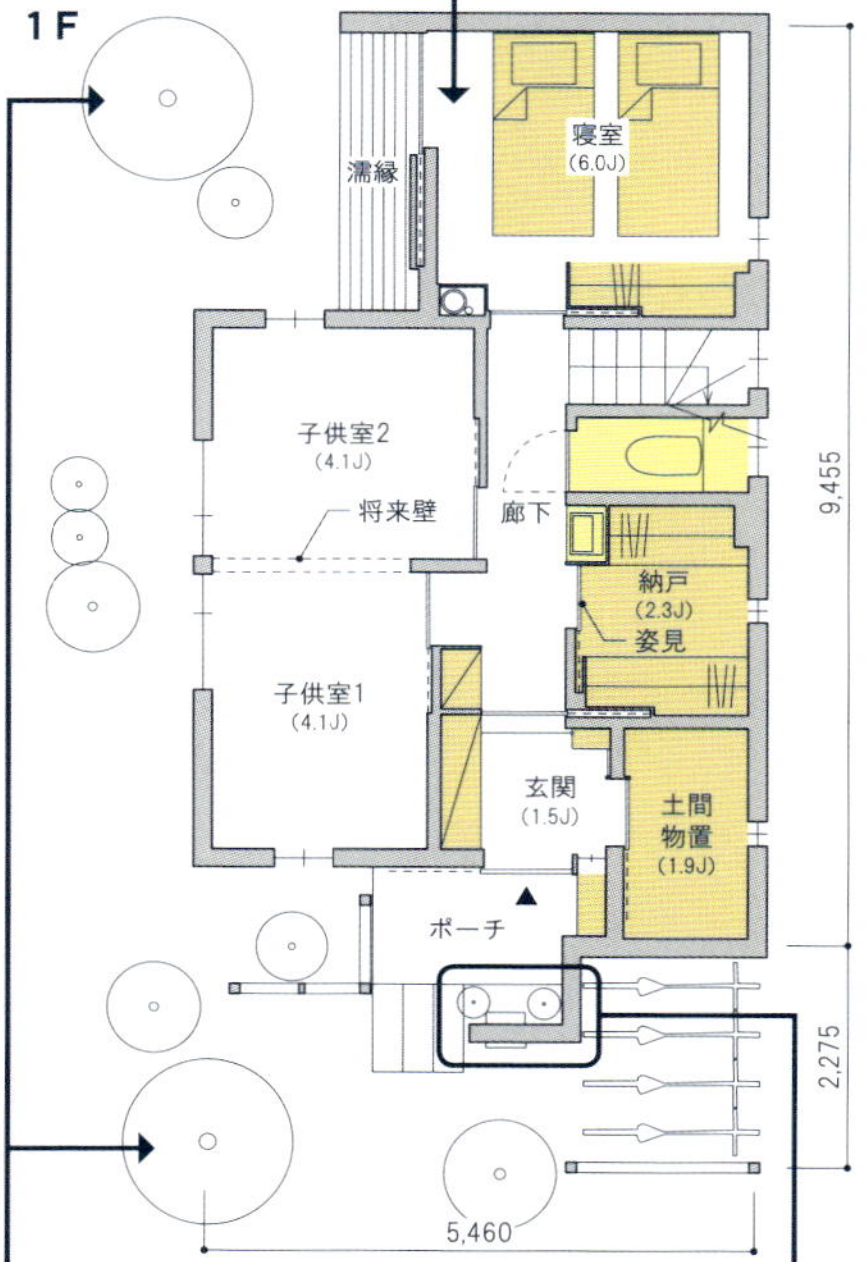

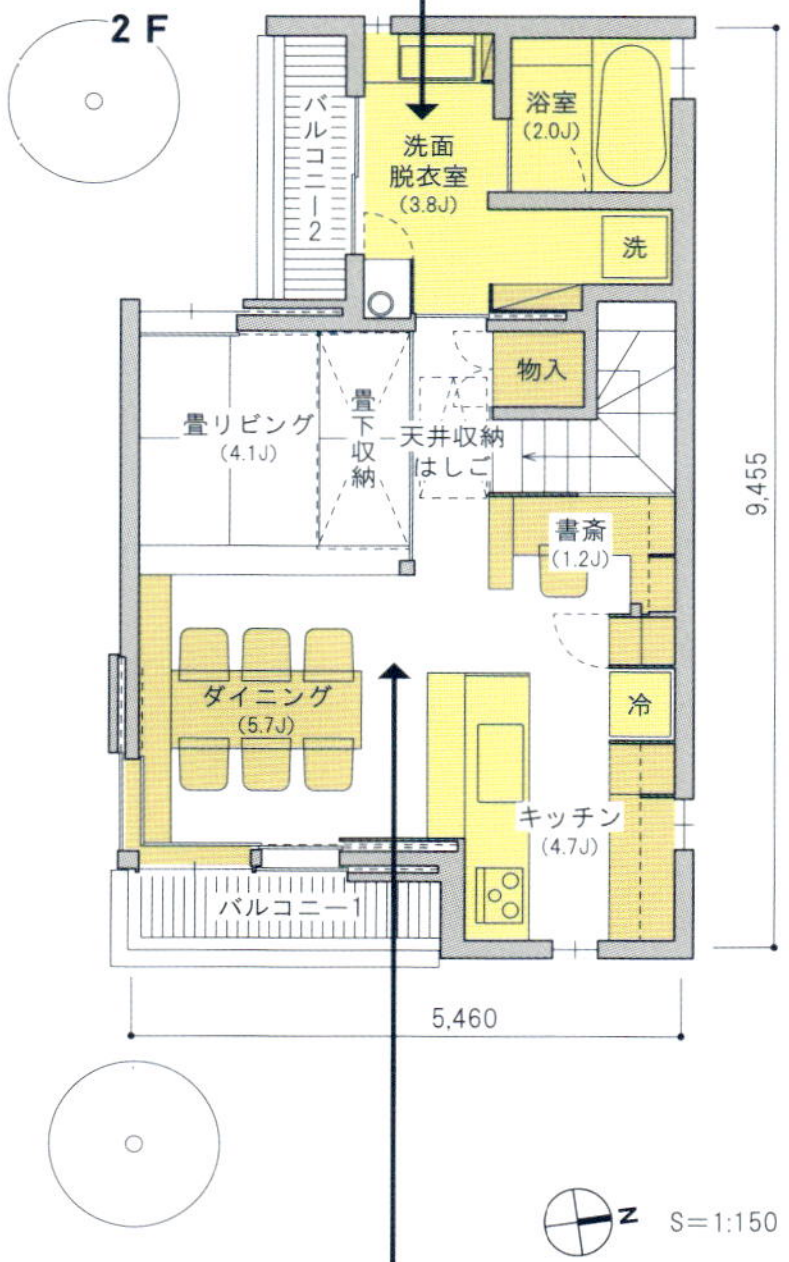

毎日目に入るポスト下の小さなスペースにも、植栽(オタフクナンテンなど)を

どの部屋からも見える東西2つの庭

ワンルーム空間で簡潔な生活動線

昔ながらの「蔀戸」を建て込んだサンルーム

31

光と温熱環境を詳細にコントロール

佐賀の夏は暑い。西側は水路越しに隣家の緑が広がっていたため、その景色を生かして窓を設けたが、問題は西日対策である。ここではサンルームをつくり、木製ルーバーによる蔀《しとみ》戸《ど》を設置した。ルーバーの角度を変えられる簡単な仕掛けで、日差しを遮りながら風も視界も抜くことができる。1階はこの大きなコーナー窓と吹抜けのあるワンルームが特徴だ。冬はキッチンの奥まで日が差し込む。外部には奥行きのあるテラスを設けて、木陰でのんびり楽しめる場所になった。また、地方で暮らすには車が最低2台必要になる。来客のことを考えると駐車場は3台分欲しくなる。この広さをコンクリートなどで舗装してしまうと夏の照り返しがきつくなりすぎるので、帯状に緑化して緑の面積を増やしている。

ソファでも床座でも似合うリビング。ここにいるとサンルームへ視線が抜ける

植栽に囲まれた奥行きのあるテラス。ベンチを設けて大人数でのアウトドアリビングを楽しめる

サンルームは木漏れ日のような心地よさ

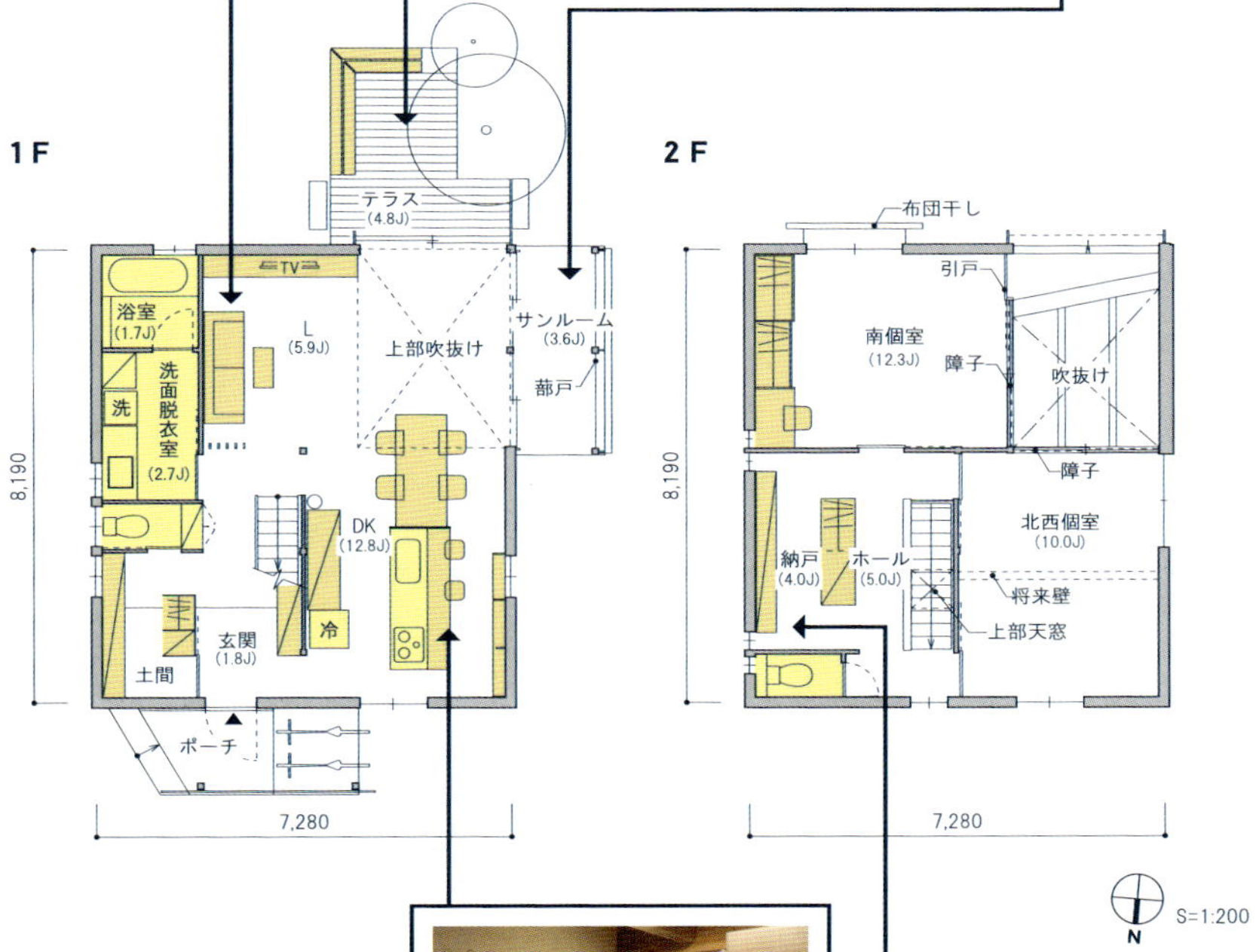

朝食などに便利なカウンターキッチン。キッチンの正面の窓からはアオダモを眺められる

納戸を通ってから個室に入る便利な収納動線

構造	木造2階建て
敷地面積	264.5㎡(80.1坪)
延べ床面積	119.2㎡(36.1坪)
主な内部仕上げ	床 スギフローリング 壁 土佐和紙、天井 スギ板
家族構成	夫婦＋子供2人
設計	半田雅俊設計事務所
施工	住工房＋α

切妻大屋根のファサード

32

巨大ベンチのある切妻大屋根の家

高気密・高断熱のセオリー通り、南側に窓を設けて日照を確保。さらに、公園の眺望を最大限に取り込むため、2階東側の間口いっぱい（9m）に横連窓とウッドデッキを設けた。デッキは室内のベンチと同じ高さでつながり、窓際に人の居場所をつくり出している。

屋根は、平面の長辺方向を妻側とした大きな切妻屋根だ。妻側のけらばと袖壁を連続させて半間（910㎜）張り出し、「家型」のシルエットを強調している。妻面上部に見える小屋裏収納の窓はデザインの肝となるので、何度も検討を重ねたという。最終的には十字付きの大きい正方形の窓が象徴的に配置された。もちろん、この窓からも緑豊かな公園を望める。妻側の外壁は、レッドシダーのシングルパネルが採用されている。

小屋裏収納の格子壁を抜けて北側にも光が届く

9mの横連窓とウッドデッキの開放的なつくり

3 F

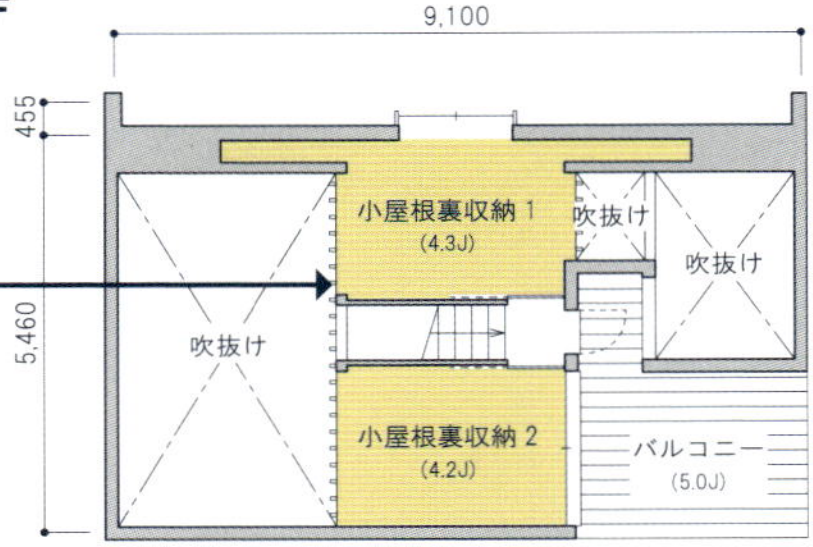
9,100
455
5,460
小屋根裏収納 1
(4.3J)
吹抜け
吹抜け
吹抜け
小屋根裏収納 2
(4.2J)
バルコニー
(5.0J)

2 F

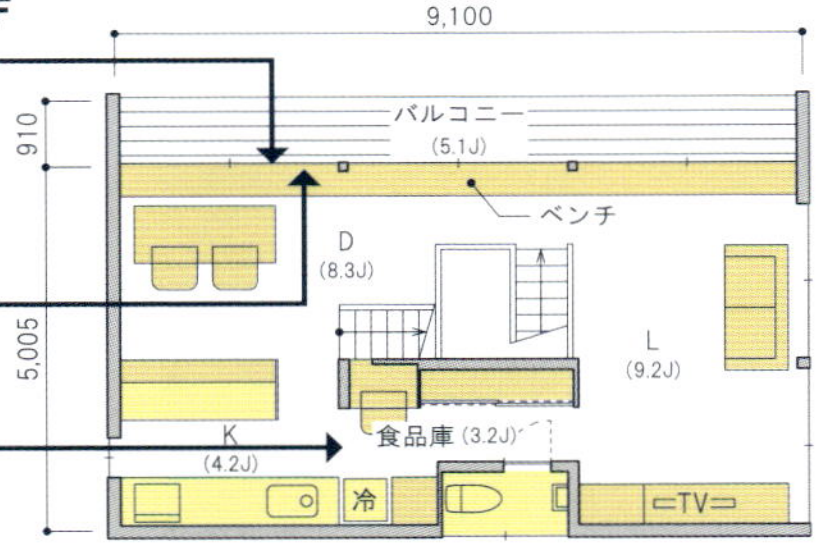
9,100
910
5,005
バルコニー
(5.1J)
ベンチ
D
(8.3J)
L
(9.2J)
K
(4.2J)
食品庫 (3.2J)
冷
TV

1 F

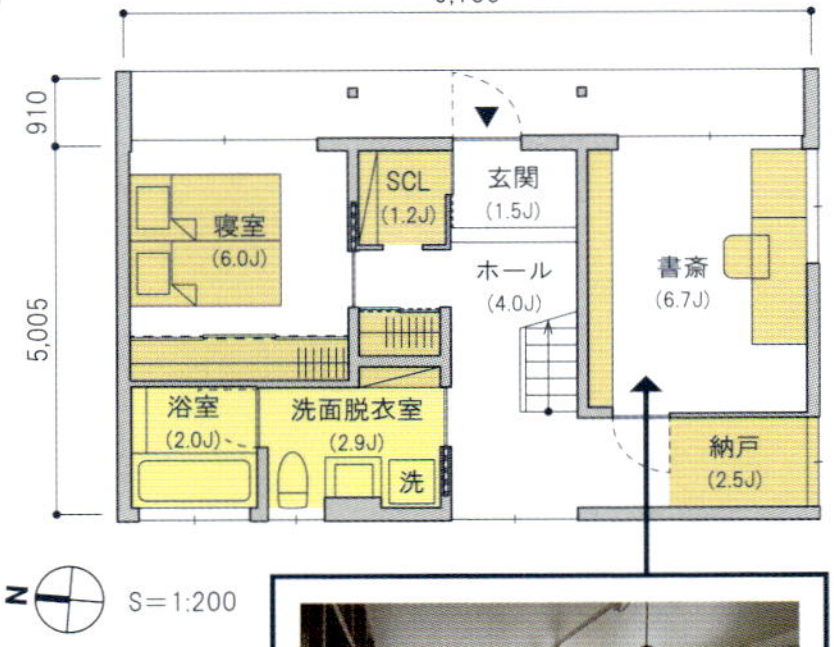
9,100
910
5,005
SCL
(1.2J)
玄関
(1.5J)
寝室
(6.0J)
ホール
(4.0J)
書斎
(6.7J)
浴室
(2.0J)
洗面脱衣室
(2.9J)
洗
納戸
(2.5J)
N
S=1:200

大開口には横型ブラインドを取り付け、室内からの眺望は得ながら、地上からの視線を遮る

キッチンからデスクスペースを見る。キッチンからリビングへのアクセスも良好だ

ヘリンボーンの床が特徴の書斎。夫が何度もレイアウト変更して、この形に落ち着いた

構造	木造2階建て
敷地面積	119.6㎡(36.2坪)
延べ床面積	89.5㎡(27.1坪) ＋小屋裏収納16.6㎡
主な内部仕上げ	床 オーク無垢フローリング 壁・天井 エコクロス
家族構成	夫婦＋子供1人
設計	i+i設計事務所
施工	榊住建

張り出したバルコニーに植栽が立ち伸びる

空中バルコニーに植栽を貫通させる

2間（3千640㎜）角のボリュームをL字型に3つ組み合わせ、隅部の余白に大きな「空中バルコニー」を設けている。住宅密集地のため、日照確保の目的からリビングは2階に配置。2階リビングは生活が地面から離れてしまうので自然を感じにくくなることがある。ここでは、地上に植えた高さ約6mのシマトネリコをバルコニーに貫通させることで、2階にいても枝葉や梢を楽しめるようになっている。また、ほぼワンルーム空間でありながら、随所にくつろぎの場がある。家族が過度に干渉し合うことなく、思い思いの時間や空間を共有できる。一方1階は、4畳の個室2つと8畳の寝室に分かれている。わずか24坪の床面積に4人家族分の個室と領域がバランスよく確保されている。

キッチンからバルコニーを見る。床を下げて着座時の視線を低くすることで、より外部とのつながりを強めた

立体を駆使し、収納を分散することで、余すところなく住宅の気積を使い切った

田の字で緩やかに区切られたワンルーム

植栽が突き抜ける空中バルコニー

2F

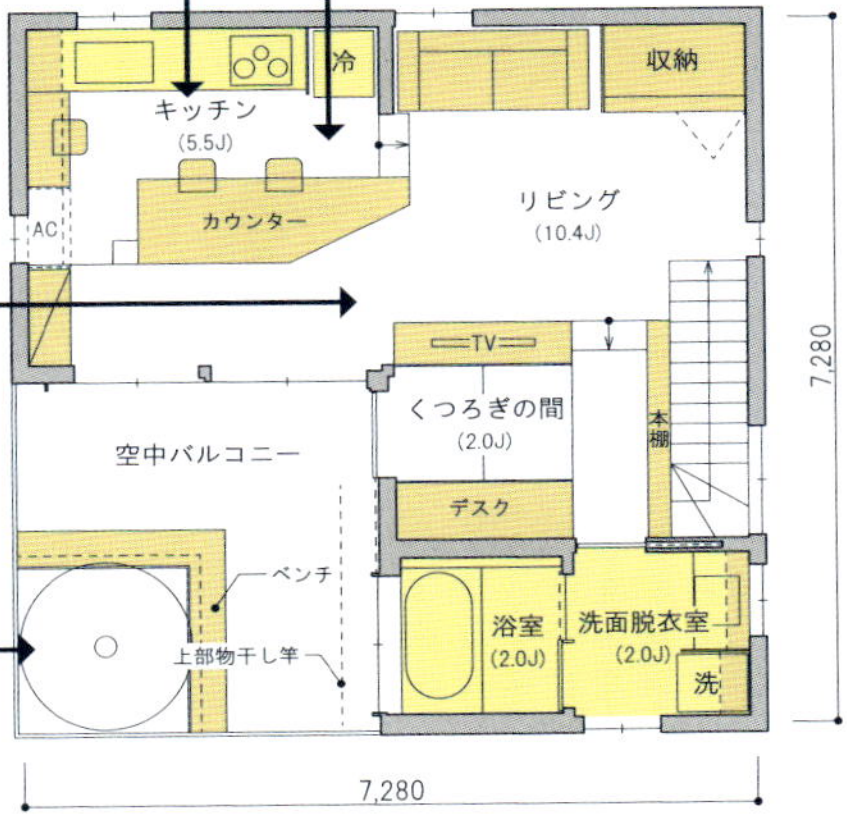
冷
収納
キッチン
(5.5J)
カウンター
AC
リビング
(10.4J)
TV
くつろぎの間
(2.0J)
本棚
空中バルコニー
デスク
ベンチ
上部物干し竿
浴室
(2.0J)
洗面脱衣室
(2.0J)
洗
7,280
7,280

1F

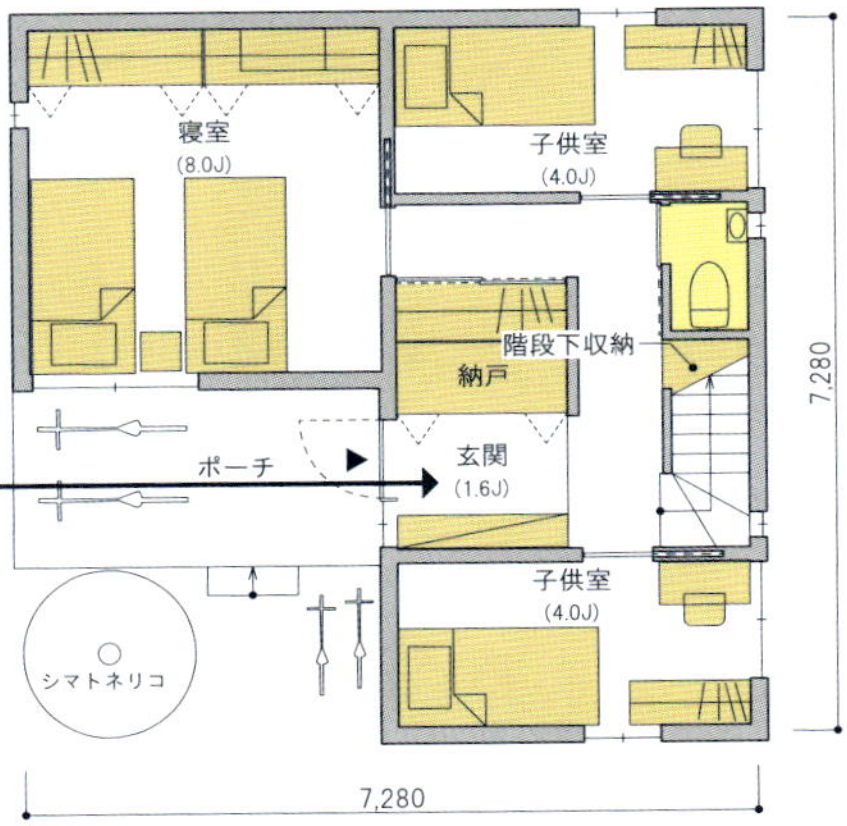
寝室
(8.0J)
子供室
(4.0J)
階段下収納
納戸
ポーチ
玄関
(1.6J)
子供室
(4.0J)
シマトネリコ
7,280
7,280

N　S=1:150

構造	木造2階建て
敷地面積	102.0㎡(30.9坪)
延べ床面積	79.4㎡(24.0坪)
主な内部仕上げ	床　ナラ無垢フローリング 壁・天井　クロス
家族構成	夫婦＋子供2人
設計	リオタデザイン
施工	ニート

玄関から階段方向を見る。右に個室、左に個室と主寝室がつながる

ダイニングから水庭を見る

夏にはテラスが水庭に早変わり！

工務店で働いている夫には、自分の家にも夢があった。「庭に大きな水盤をつくりたい！」と宣言したときには、妻も設計者も一瞬絶句したそうだ。できあがった家には、暑い夏と寒い冬の両方に楽しめる仕掛けがある。

まずは家の名前にもなっている水庭。普段はタイル張りのテラスが、水を張ると水盤になる。水面のきらめきがダイニングの天井に映り込む光景も楽しめる。冬は薪ストーブが待っている。炎のゆらめきを囲んで、ピザや煮物などの温かい料理を家族で楽しんでいるのだろう。

キッチンを中心に玄関、階段、ダイニングを周りに配置することで、家事をしながら子供3人としっかりコミュニケーションがとれる間取りになっている。

構造	木造2階建て
敷地面積	172.2㎡(52.2坪)
延べ床面積	129.0㎡(39.1坪)
主な内部仕上げ	床 アカマツフローリング 壁 漆喰・ルナファーザー、天井 ルナファーザー
家族構成	夫婦＋子供3人
設計	しまだ設計室
施工	相羽建設

中心の階段から各個室へスムーズに移動

ワンルーム空間のLDKだが、本棚を間仕切りのように置いて、個人の空間をゆるく分けている

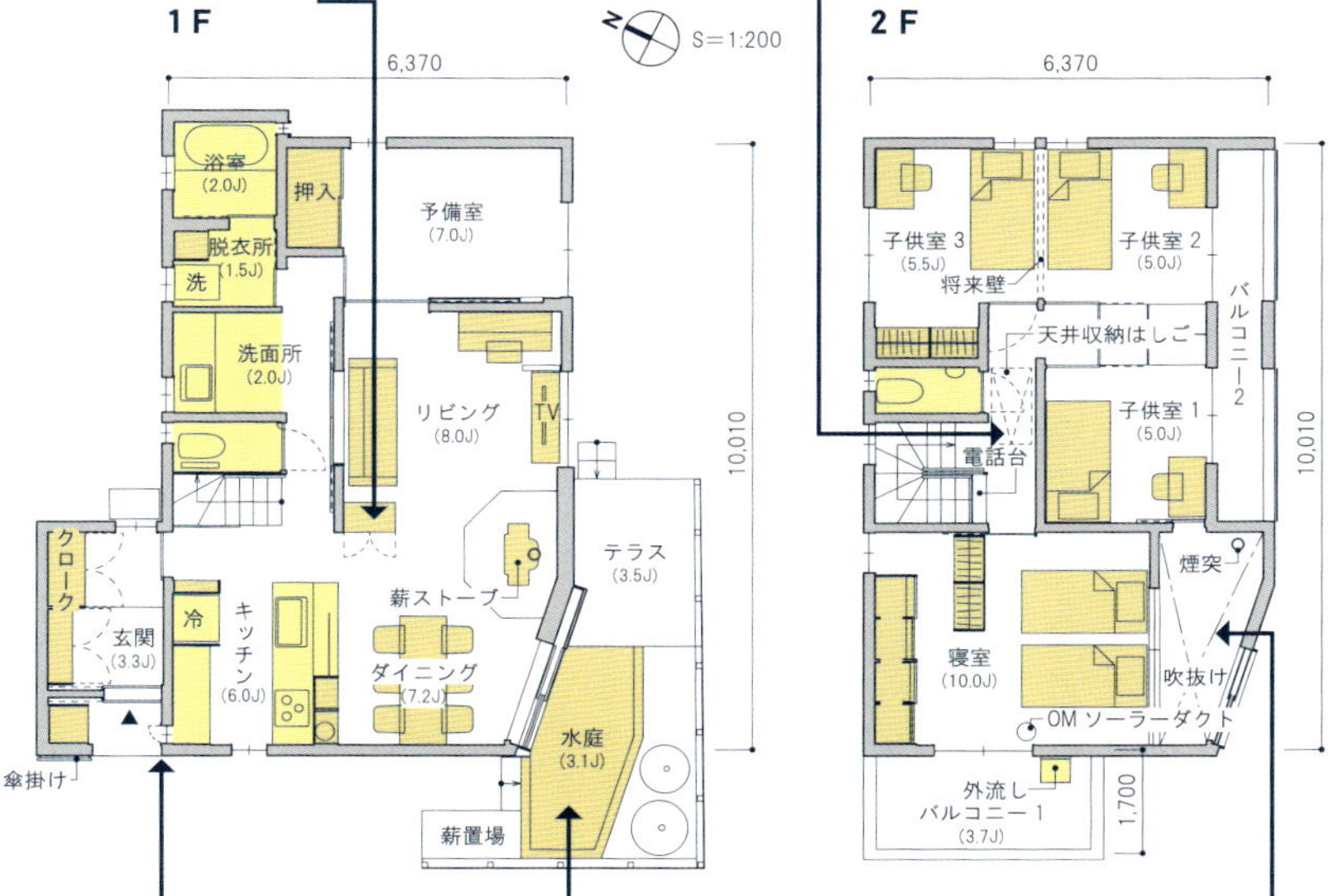

家の中に様々な色・模様のすりガラスを使っている

深さ90㎜の水を張れるタイル仕上げの水庭

小さな吹抜けは空が見えるだけでなく、薪ストーブの暖気の通り道になる

間取りの見ドコロ 3

動線を見極める

家の中で、人は起きているあいだ、じつによく動いている。
間取りが自分の日常生活の動きをスムーズにしてくれているか、要チェック！

回遊動線

忙しい家事を効率よくこなすには、家の広さに関係なく、無駄なく移動できることが求められる。一般的に動線の短縮になるのは回遊動線だ。たとえばキッチン、リビング、ユーティリティーをコンパクトに回遊できる動線は、家事を担う人を助けてくれる。

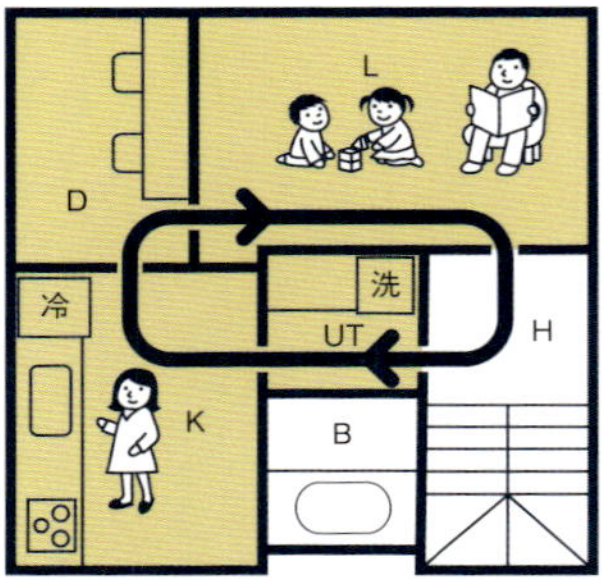

家事動線を回遊に！
小さな家の回遊動線は狭さの解消にもなる

回遊動線いろいろ

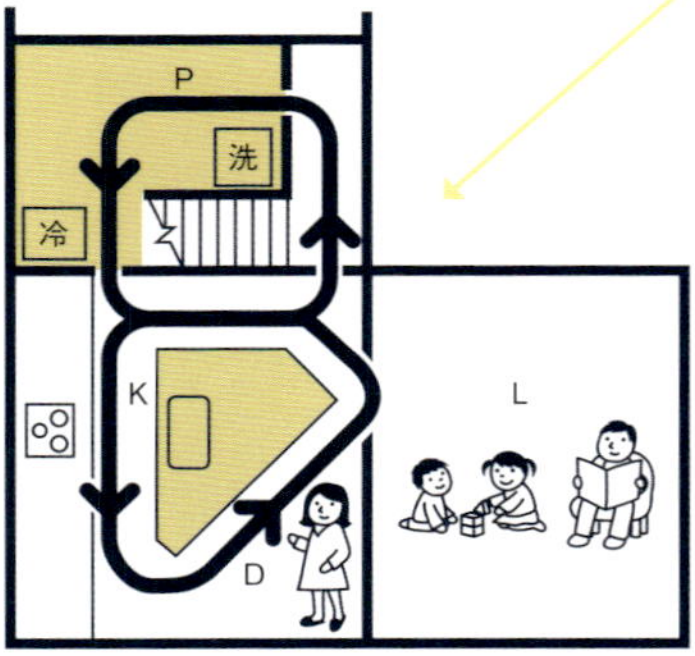

料理動線を回遊に！
配膳や片付け、複数人での調理も楽になる

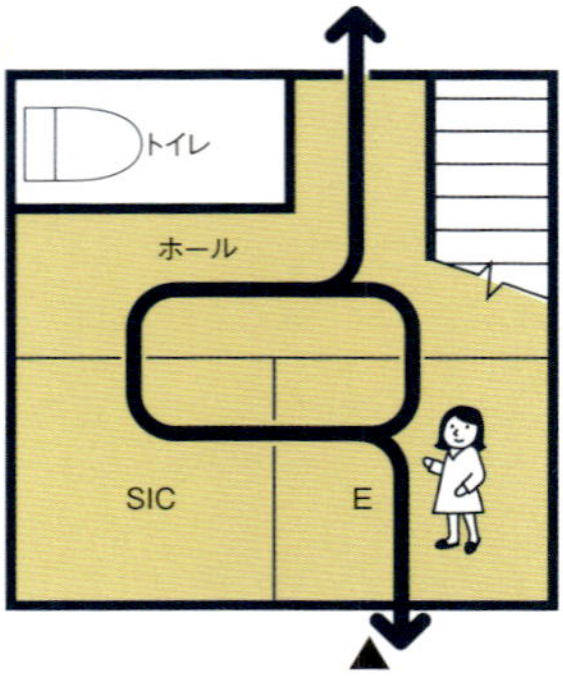

帰宅・外出動線を回遊に！
荷物が多くても玄関はすっきり

COLUMN

勝手口動線

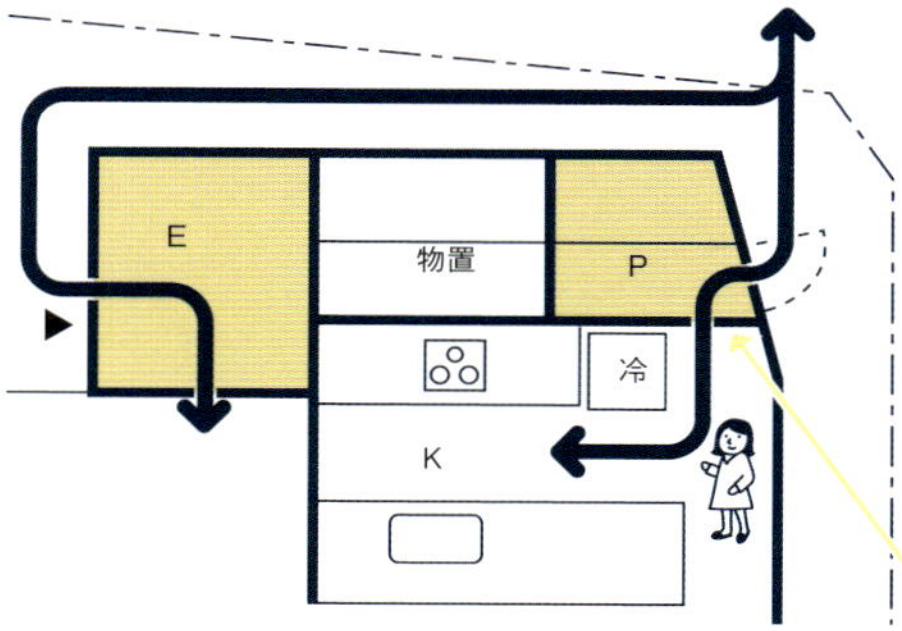

買い物から帰ってきて直接キッチンに入りたいとき、ごみを捨てに行くとき、庭の手入れをするときなどに、表の玄関ではなく勝手口があると、汚れを気にせず移動できる。それが近道になっていたらなおうれしい。暗くなりがちなキッチンに、勝手口の窓から光を採り入れることも期待できる。

キッチンとの間にパントリーを挟むと
冬の寒さ対策にもなる

洗濯動線

脱ぐ、洗う、干す、畳む、仕舞う。ひと口に洗濯といっても、その作業は多く、家族の洗濯物が多いと一日に何度も繰り返す家事だ。洗濯動線はできるだけ短い直線にしたい。洗濯動線が練られていると、洗濯物が干しっぱなし置きっぱなしになることなく、部屋をきれいと保つことができる。

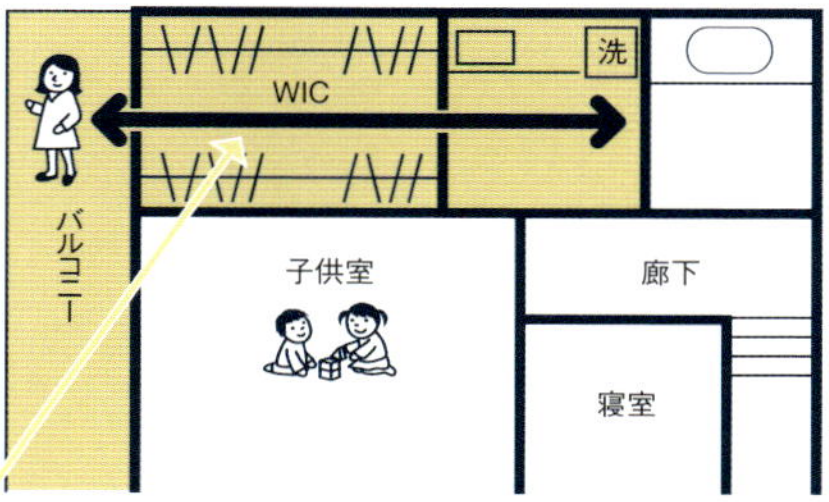

洗面脱衣室、クロゼット、バルコニーをつなげると
洗濯動線も身支度もスムーズに！

来客動線

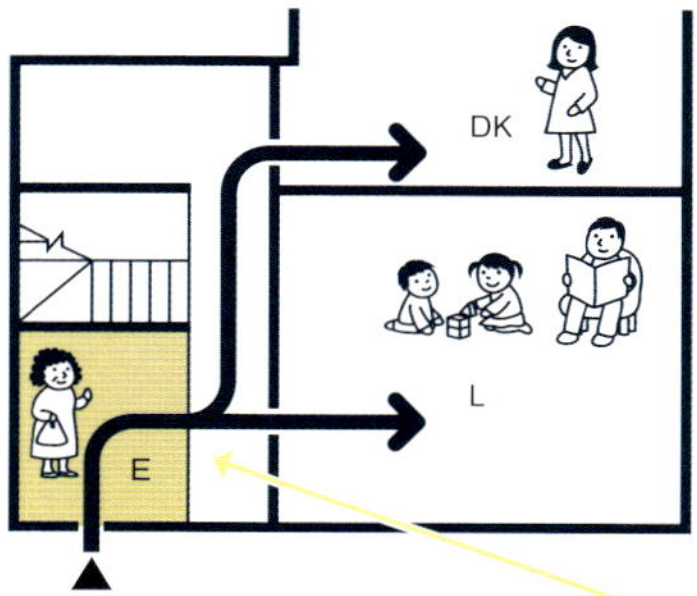

家には玄関やリビングなどのパブリックゾーンと、個室や水廻りなどのプライベートゾーンがある。家族の生活動線とは別に、玄関から直接パブリックゾーンへ移動できる「来客動線」があれば、心おきなく人を招待できるだろう。これは間取りだけでなくフロア配置（118 頁）の考え方にも関係してくる。

玄関から 2 つの動線をつくる！

2階北側バルコニー

南と北の両方を開く

通常、南と北では環境の性質が異なるので、建物の開き方が変わる。しかしこの敷地は南北とも好条件だったので、両者を等価に扱い、それぞれ大きく開いた。外部もそれぞれ壁で囲われたバルコニーを設けている。南側は外部からの視線を遮り、北側は北西風を軽減する役割を持たせている。方位や各部屋の関係性から建物形状が対称になることはめずらしいのだが、ここでは東と西、南と北の環境を等価に扱うことで、対称的な建物形状となった。そして、よい意味で各部屋間にプライオリティを感じさせない間取りになっている。内部は収納階が2層設けられていて、仕事と趣味の大量の物が収納できる。建て主の持ち物が大切にしまいこまれ、そこで建て主なりの生活が営まれる、鳥の巣箱のイメージだ。

機能や質の差を感じさせない対称な間取り

構造＿＿＿木造2階建て
敷地面積＿＿＿152.2㎡(46.1坪)
延べ床面積＿＿＿128.9㎡(39.1坪)
主な内部仕上げ＿＿＿床 オーク無垢フローリング
壁 漆喰、天井 構造材露し
家族構成＿＿＿夫婦
設計＿＿＿no.555
施工＿＿＿巧匠建設

おしゃれな置き型浴槽。浴室の床はモルタル仕上げ、壁はFRP防水

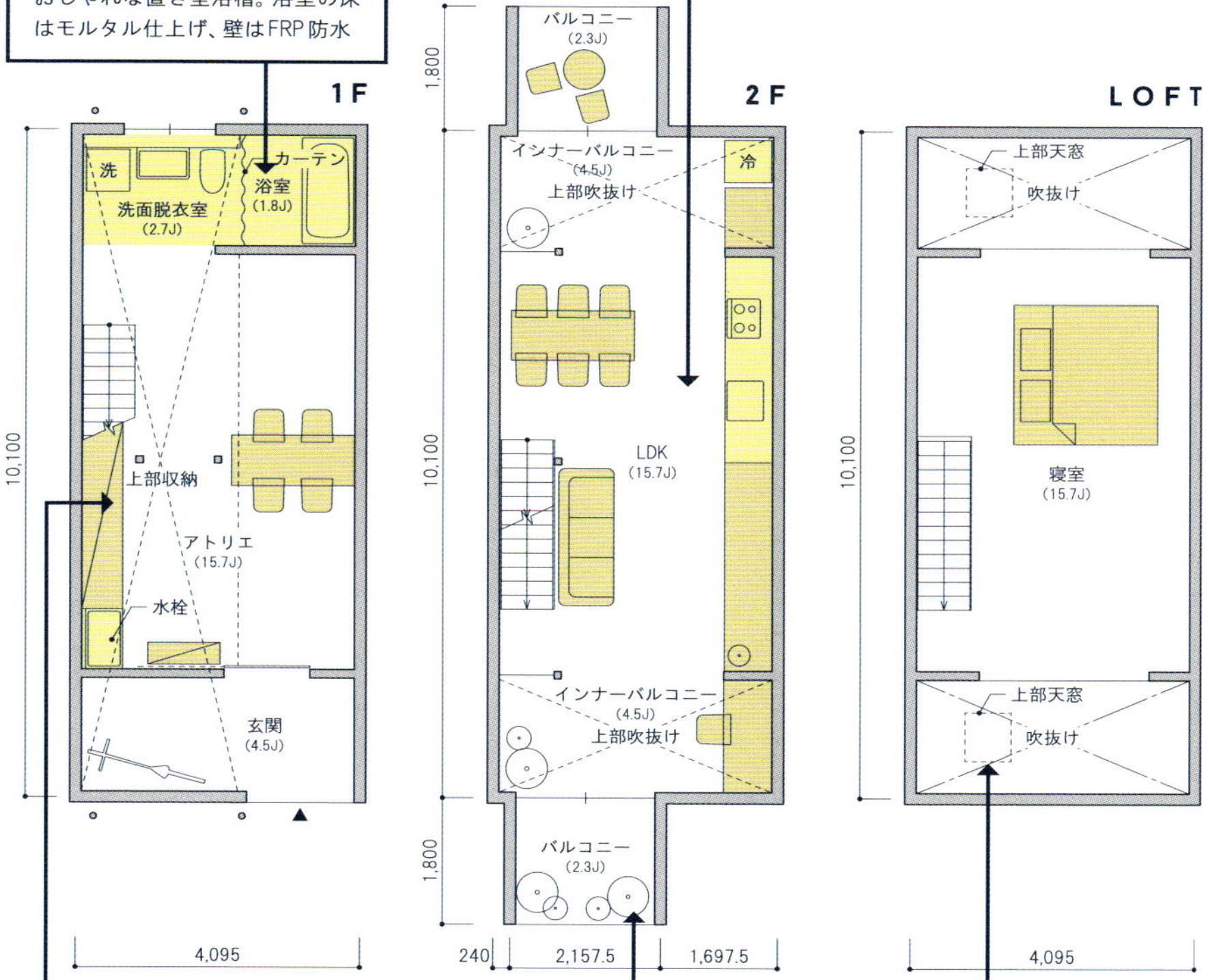

N
S=1:150

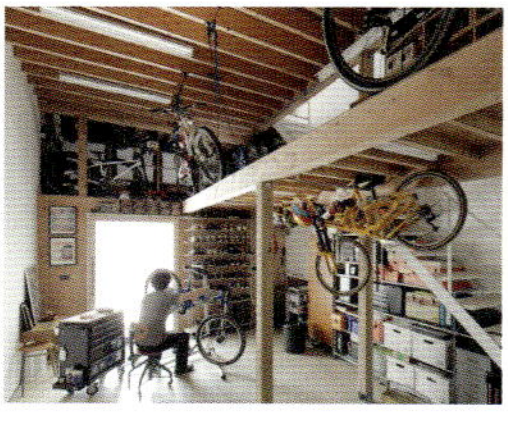

趣味の自転車を楽しむアトリエ。階段と天井裏収納の位置を重ねることで、収納の稼働率が高まる

鳥の巣箱のようなバルコニー。外壁は平滑に仕上げ、バルコニーをより印象的に見せている

下階まで光を落とす吹抜けと天窓

視線が抜ける2階インナーバルコニー

小さくても視線が抜けて広い家

間口の狭い敷地における、2階建て＋半地下のスキップフロアの間取り。玄関から半階上がると、ダイニング、バルコニーの外へと視線が一気に抜ける。家族が集まるリビング・ダイニングは袖壁をなくし、間口いっぱいの広さを確保した賜物だ。細長い平面は構造上、長辺方向に加わる風圧力に対して弱くなりがちなので袖壁が欲しくなるのだが、ここではSE（金物）工法を採用して柱幅を大きくしたりすることで解決した。高台に位置し、東側が開けているので、いつでもカーテンを閉めずに暮らすことができる。

キッチンとダイニングは階段を挟んでコミュニケーションが取れる。慌ただしい朝の時間などは、ダイニングに着席しなくても家族4人分のカウンターで手早く食事ができる。

36

階段と吹抜けを組み合わせて天窓から地階まで光を落とす

2F

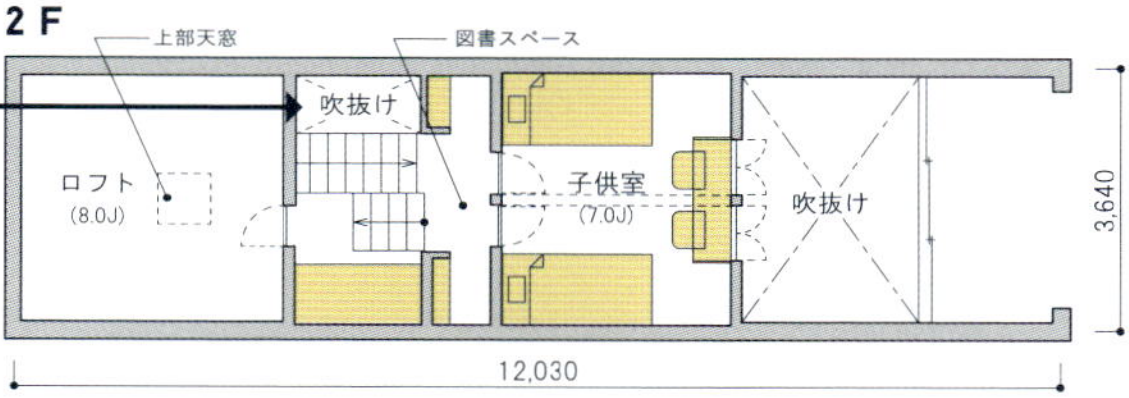
上部天窓
図書スペース
吹抜け
ロフト
(8.0J)
子供室
(7.0J)
吹抜け
3,640
12,030

吹抜けのインナーバルコニー

1F

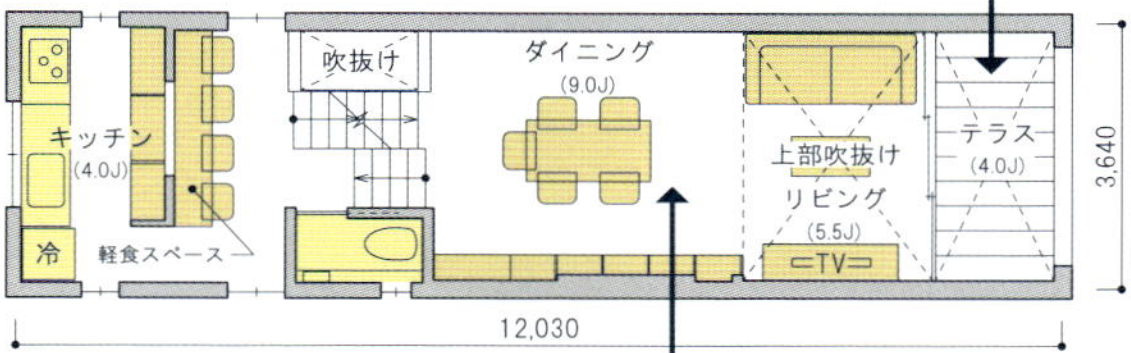
吹抜け
ダイニング
(9.0J)
キッチン
(4.0J)
冷
軽食スペース
上部吹抜け
リビング
(5.5J)
TV
テラス
(4.0J)
3,640
12,030

袖壁がなくすっきりとした家族フロア。大容量の壁面収納は、一部をガラス扉にして圧迫感を軽減する

BF

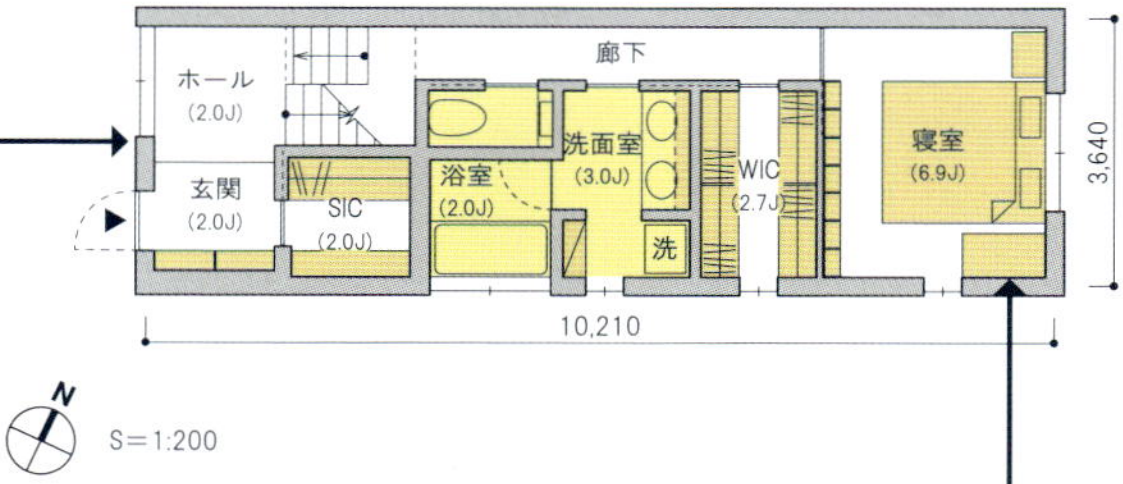
廊下
ホール
(2.0J)
玄関
(2.0J)
SIC
(2.0J)
浴室
(2.0J)
洗面室
(3.0J)
洗
WIC
(2.7J)
寝室
(6.9J)
3,640
10,210
N

S=1:200

北側斜線に合わせ、南側の屋根も削って、印象的な急勾配(約50°)の切妻屋根ができた

構造	木造地階＋地上2階建て
敷地面積	91.0㎡(27.6坪)
延べ床面積	125.7㎡(38.1坪)
主な内部仕上げ	床 ウォルナットフローリング 壁 石膏ボードパテ処理EP、天井 チャフウォール
家族構成	夫婦＋子供2人
設計	彦根建築設計事務所
施工	渡邊技研

細長い建物をSE（金物）工法で耐力確保

外観のイメージを超える室内の広がり

中庭やバルコニー、屋上も持ち合わせる都市型のコートハウスだ。ビルトインガレージには2台の車と趣味のオートバイが収容される。室内は、一部ステップする床や、傾斜天井、外部とのつながりによって多様な空間が生まれ、それぞれ異なる居心地を享受できる。準防火地域の木造3階建ては、開口部の大きさや素材の種類が限定されるが、住宅密集地でも室内にいるときの開放感を大切にして、開き方や納まりが工夫されている。

北側外観は、車の多い道路に面していたので開口部を設けず、折り紙を折ったような面構成に。同じく3階建てが立ち並ぶ街並みのなかで、ささやかに主張する。耐震等級3の建物に制震工法を付加することで、木造住宅としては最高スペックの耐震建物となった。

37

子供室からルーフバルコニーを見る。外からの視線が気にならない窓がちりばめられている

小さな中庭が家に広がりをもたらす

ダイニング・キッチンは勾配天井で、高窓から採光を得ている。小さな面積ながらも広がり感がある

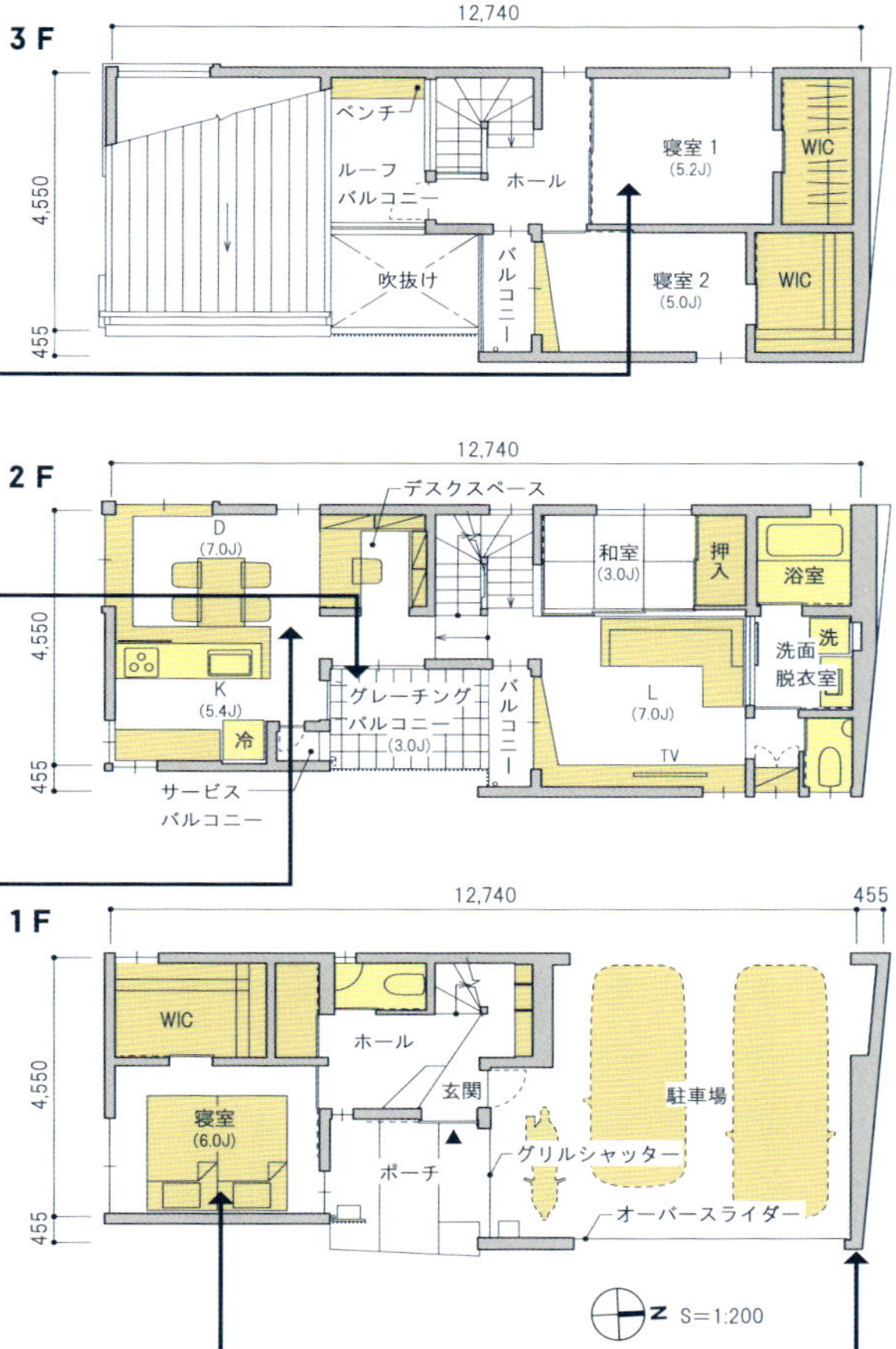

1階寝室
2階LDK
3階子供室
の間取り

構造	木造3階建て
敷地面積	83.1㎡(25.1坪)
延べ床面積	142.0㎡(43.0坪)
主な内部仕上げ	床 ホワイトアッシュ 壁・天井 珪藻土クロス
家族構成	夫婦＋子供2人
設計	充総合計画
施工	江中建設

昔は屋根が街並みの風景をつくっていたが、都市部では外壁が街並みをつくる

吹き抜けの3階ダイニング

家族フロアの小粋な配置

建て込んだ街中でも、家族で空や月を眺めたかった。勾配天井で広さを確保した3階を家族フロアとし、南東角には植栽を施したバルコニーを設け、暮らしの中で自然を感じられるようにした。リビング、ダイニング、デスクスペースの位置は斜めの関係にあり、家族がつかず離れずの距離感を保てる。

2階の個室フロアには、家族6人の朝の身支度に対応できるよう2つの洗面台を配置。洗面室と脱衣室は一部屋にまとめることが多いが、ここでは洗面室と室内物干し場を一緒にした。バルコニーに面しているので、朝は明るい自然光のもとで身支度ができ、洗濯物も乾きやすい。すぐ隣の脱衣室に洗濯機が置いてあるので、服を脱ぐ→洗濯する→干す→子供室へ片付ける、が2階で完結できる。

適度な距離感をつくる部屋の配置

リビングからバルコニーを見る。3階でも植栽を楽しめる

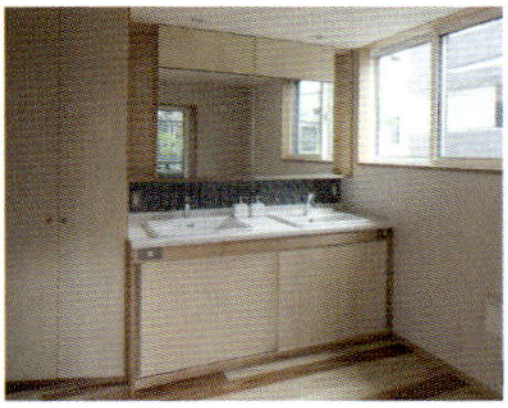

広々とした洗面室で朝の身支度もゆったりとできる

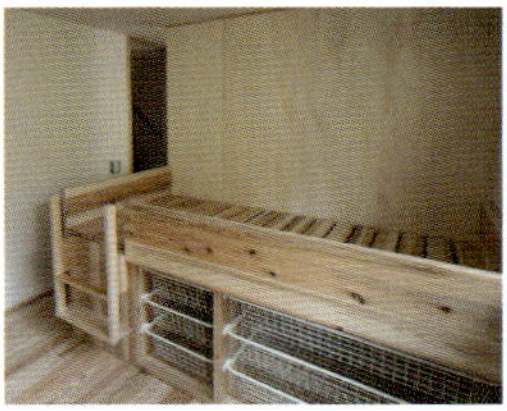

子供室はベッド下に引出しをたくさんつくってスペースを有効利用

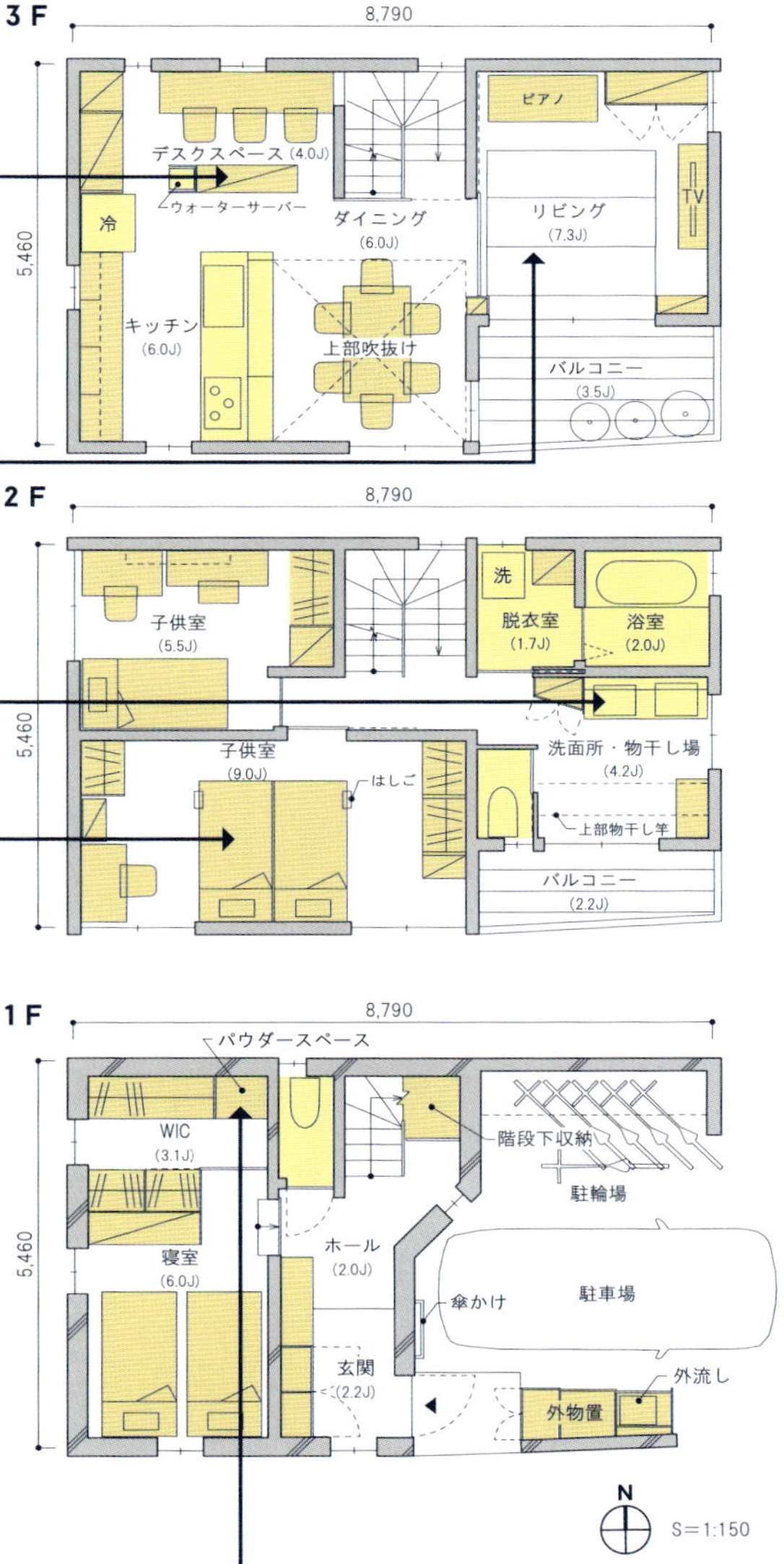

3F
8,790
5,460
ピアノ
デスクスペース（4.0J）
ウォーターサーバー
冷
ダイニング（6.0J）
リビング（7.3J）
TV
キッチン（6.0J）
上部吹抜け
バルコニー（3.5J）
2F
8,790
5,460
洗
子供室（5.5J）
脱衣室（1.7J）
浴室（2.0J）
子供室（9.0J）
はしご
洗面所・物干し場（4.2J）
上部物干し竿
バルコニー（2.2J）
1F
8,790
5,460
パウダースペース
WIC（3.1J）
階段下収納
駐輪場
寝室（6.0J）
ホール（2.0J）
傘かけ
駐車場
玄関（2.2J）
外流し
外物置
N
S＝1:150

寝室のWICにはパウダースペース付き

構造	1階RC造＋2階・3階木造
敷地面積	73.3㎡（22.2坪）
延べ床面積	116.2㎡（35.2坪）
主な内部仕上げ	床 スギフローリング・ナラフローリング 壁 漆喰・紙クロス、天井 紙クロス
家族構成	夫婦＋子供4人
設計	しまだ設計室
施工	創建舎

和室から半階低いダイニングを見る

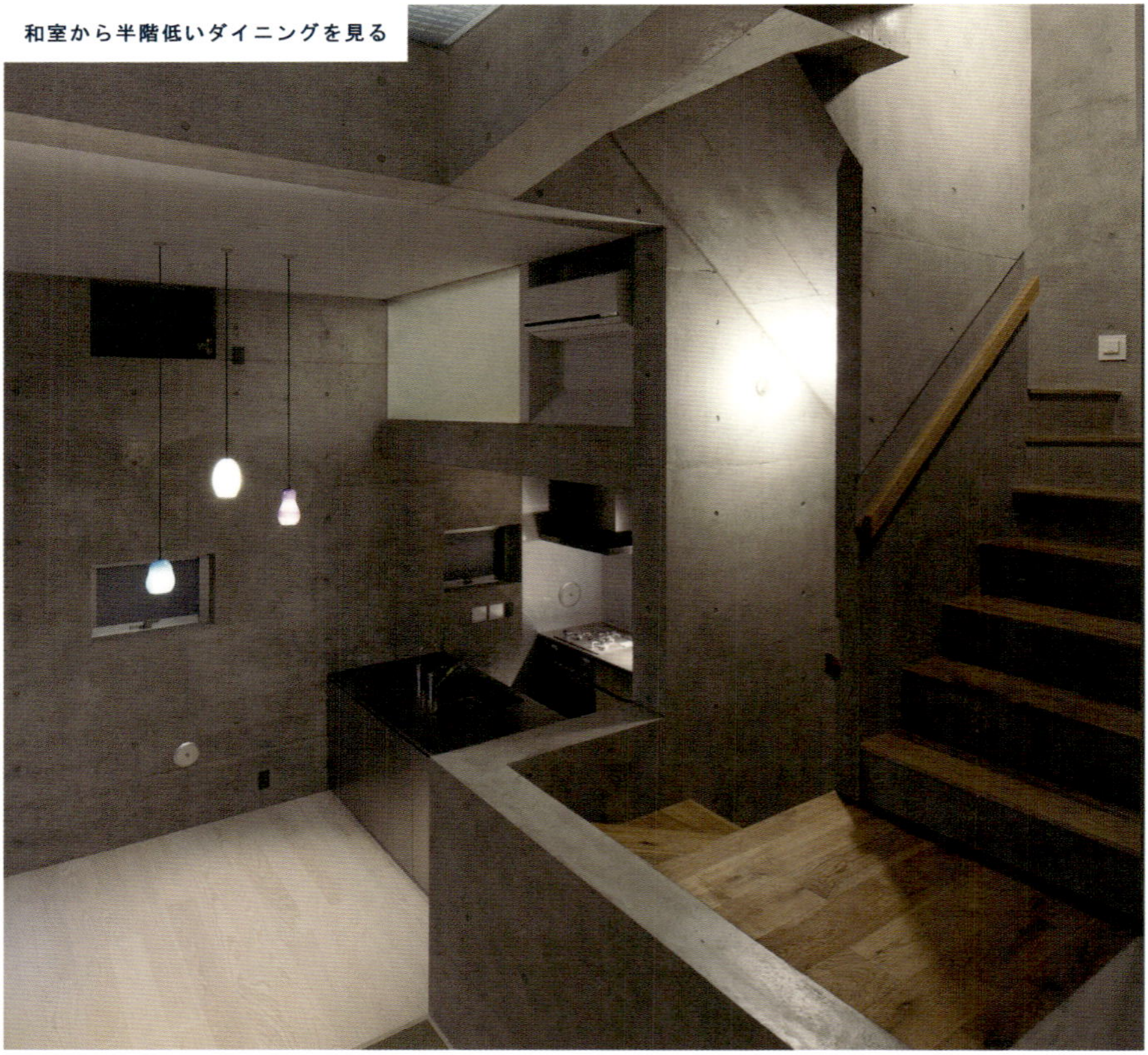

スキップフロアで立体的に空間を使う

約18坪の小さな敷地は、周囲を高層マンションやビルに囲われていた。それでも家にはやはり、広がりや奥行き、そして明るさが欲しい。吹抜けや、異なる床レベルと天井高による立体的な構成とすることで、狭さを感じさせない広がりを持たせ、心地よさを実現している。限られたビルの隙間に向かって大胆に開けた開口部や、大きな天窓など、都市住宅ならではの開口部からの光が印象的な内部空間をつくる。内部はコンクリート打ち放し仕上げ。コンクリートの家は寒いと思われがちだが、外断熱工法によって断熱性能等級4という高い断熱性能を満たしている。

四角い建物が立ち並ぶ周辺環境の中で、外観のルーバーのピッチを調整することで、街並みに柔かい表情を与えている。

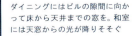

FRPグレーチングの床は、密集地でも下階まで光を落とすことができる

ロフトベッドの必要最低限の子供室

屋上まである立体的な空間構成

3F
ロフトベッド
WIC
室2
(6.6J)
室3
(7.0J)
バルコニー
5,000
8,350
RF
屋上
(9.0J)
屋根
天窓
吹抜け
2F
冷
K(4.6J)
D
(4.5J)
和室
(2.4J)
洗
浴室
TV
L
(6.3J)
5,000
8,350
中2階
収納
2,000
4F
ロフトベッド
室4
(6.6J)
小屋裏
収納
(8.0J)
屋根
上部
天窓
バルコニー
5,000
8,350
BF・1F
WIC
納戸
トイレ・
洗面室
室1
(5.4J)
玄関土間
ポーチ
蓄熱暖房
5,000
8,350
N
S=1:250

ダイニングにはビルの隙間に向かって床から天井までの窓を。和室には天窓からの光が降りそそぐ

構造	RC造地下＋4階建て
敷地面積	58.2㎡(17.6坪)
延べ床面積	145.5㎡(44.0坪)
主な内部仕上げ	床 ホワイトアッシュ 壁 コンクリート打放し（外断熱）、 天井 ルナファーザー
家族構成	夫婦＋子供3人
設計	充総合計画
施工	江中建設

ルーバーの間隔を両端は狭く、中央は広くすることで、曲面のような印象になる

アレイの上には大きな天窓がある

建物に囲われた安心できる路地

空を眺めるのが好き、という素敵な言葉が建て主の夫婦ふたりから出た。せわしなく行き交う電車、交通量の多い道路、大型マンション……そんな周囲の雑踏を忘れて、落ち着いた気持ちで自然に空を眺められた幸せだろう。

そんな要望をかなえるため、普段使いの部屋と、それほど日常的に使わない部屋をゾーン分けし、間に路地（アレイ）を設けた。細長い三角形をしていて、寺院や宮殿などで見られる奥行きのある回廊がイメージだ。そこでバーベキューをしたり、お茶をしたり。大きな天窓からは光がふりそそぎ、南北に心地よい風が流れる。屋根があるので雨の日の通行も安心だ。天窓に落ちる雨水の光景も情緒がある。そこには、いつもきれいにトリミングされた空がある。

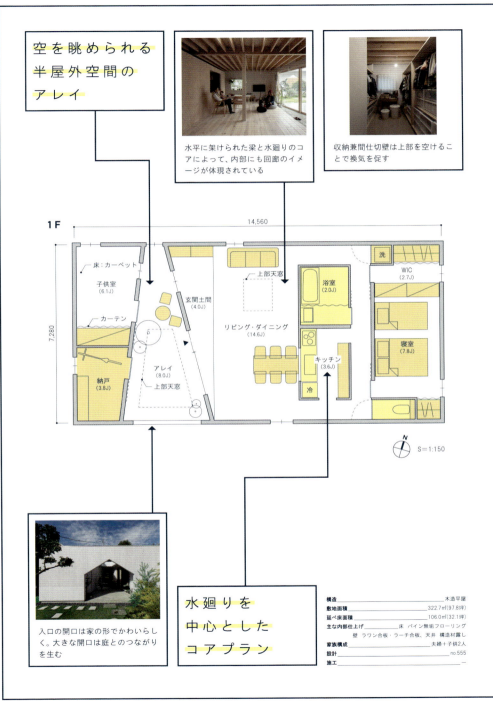

空を眺められる半屋外空間のアレイ

水平に架けられた梁と水廻りのコアによって、内部にも回廊のイメージが体現されている

収納兼間仕切壁は上部を空けることで換気を促す

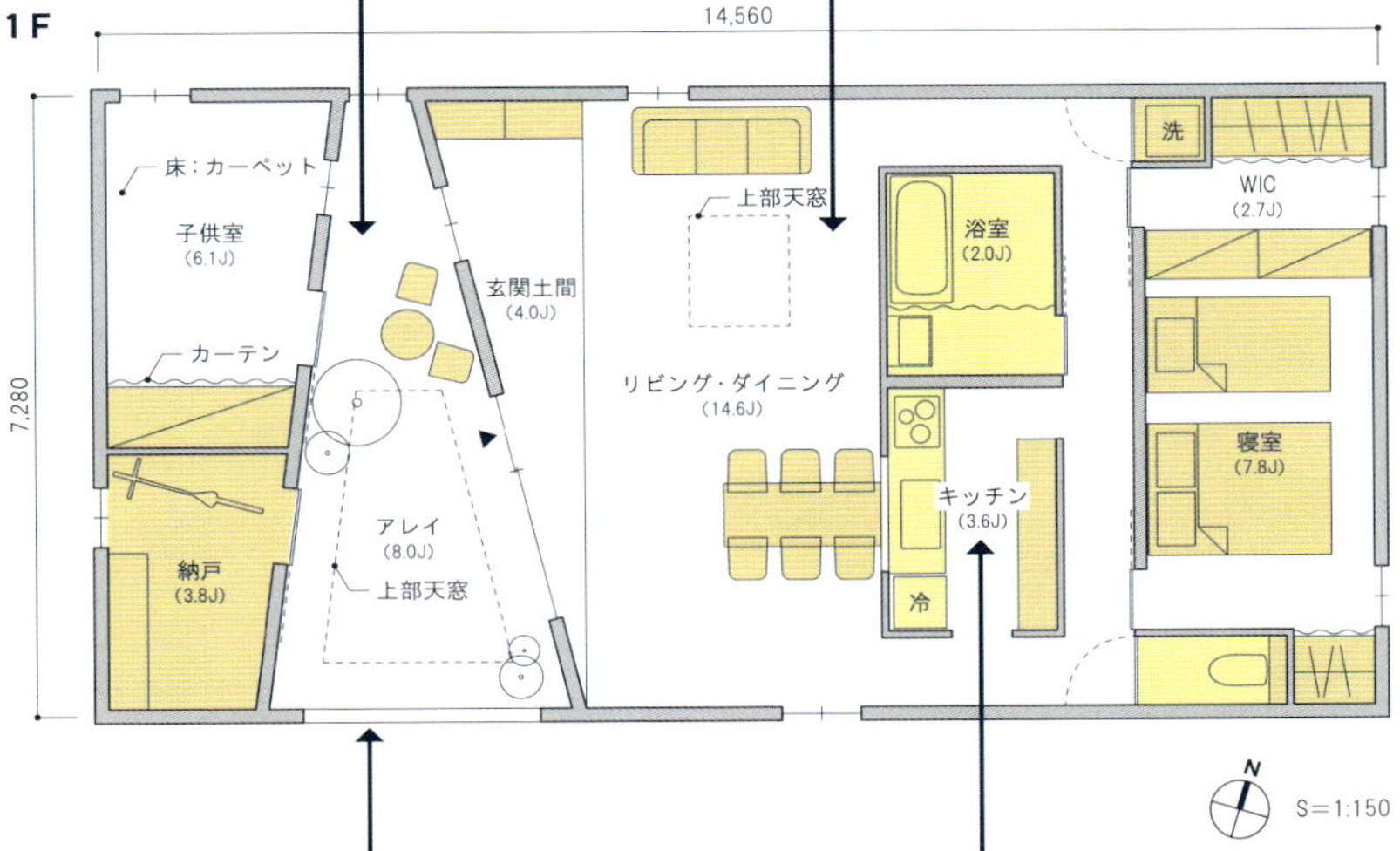

1F
14,560
7,280
床：カーペット
子供室
(6.1J)
カーテン
納戸
(3.8J)
玄関土間
(4.0J)
アレイ
(8.0J)
上部天窓
上部天窓
リビング・ダイニング
(14.6J)
浴室
(2.0J)
キッチン
(3.6J)
冷
洗
WIC
(2.7J)
寝室
(7.8J)
N
S=1:150

入口の開口は家の形でかわいらしく。大きな開口は庭とのつながりを生む

水廻りを中心としたコアプラン

構造	木造平屋
敷地面積	322.7㎡(97.8坪)
延べ床面積	106.0㎡(32.1坪)
主な内部仕上げ	床　パイン無垢フローリング 壁　ラワン合板・ラーチ合板、天井　構造材露し
家族構成	夫婦＋子供2人
設計	no.555
施工	—

森の緑を大きく切り取る

森とつながる平屋の別荘

今は都市部で働きながら月に1回程度週末をこの別荘で過ごす建て主だが、ゆくゆくはこちらに定住するつもりだそう。特に優れた景観が得られ、プライバシーも確保できる環境では、内と外が一体に感じられるように全開口を設けるとよい。ここでは建物の長辺、つまり北側のリビング・ダイニングと寝室を全開口とした。さらに露《あらわ》しの垂木（38×235㎜、455㎜ピッチ）をテラスまで延長し、自然と視線が外へと誘導される。キッチンや子供室、趣味室を南側に寄せて配置することで、リビング・ダイニングを見せたい景色に広く開くことができた。

キッチン横には妻と夫の趣味室がそれぞれ設けられている。友人が大勢泊まりにきたときには、ロフトで寝られるようになっている。

全開口で内と外をつなぎ景色を取り込む

構造	木造平屋
敷地面積	960.0㎡(290.4坪)
延べ床面積	120.2㎡(36.4坪)
主な内部仕上げ	床 アメリカンブラックウォルナットフローリング 壁 垂木露し、天井 チャフウォール
家族構成	夫婦
設計	彦根建築設計事務所
施工	新津組

森と相性のよい墨色に染色した板張りの平屋。高床式の基礎は、伏流水が多い土地で、基礎周りの湿気対策である

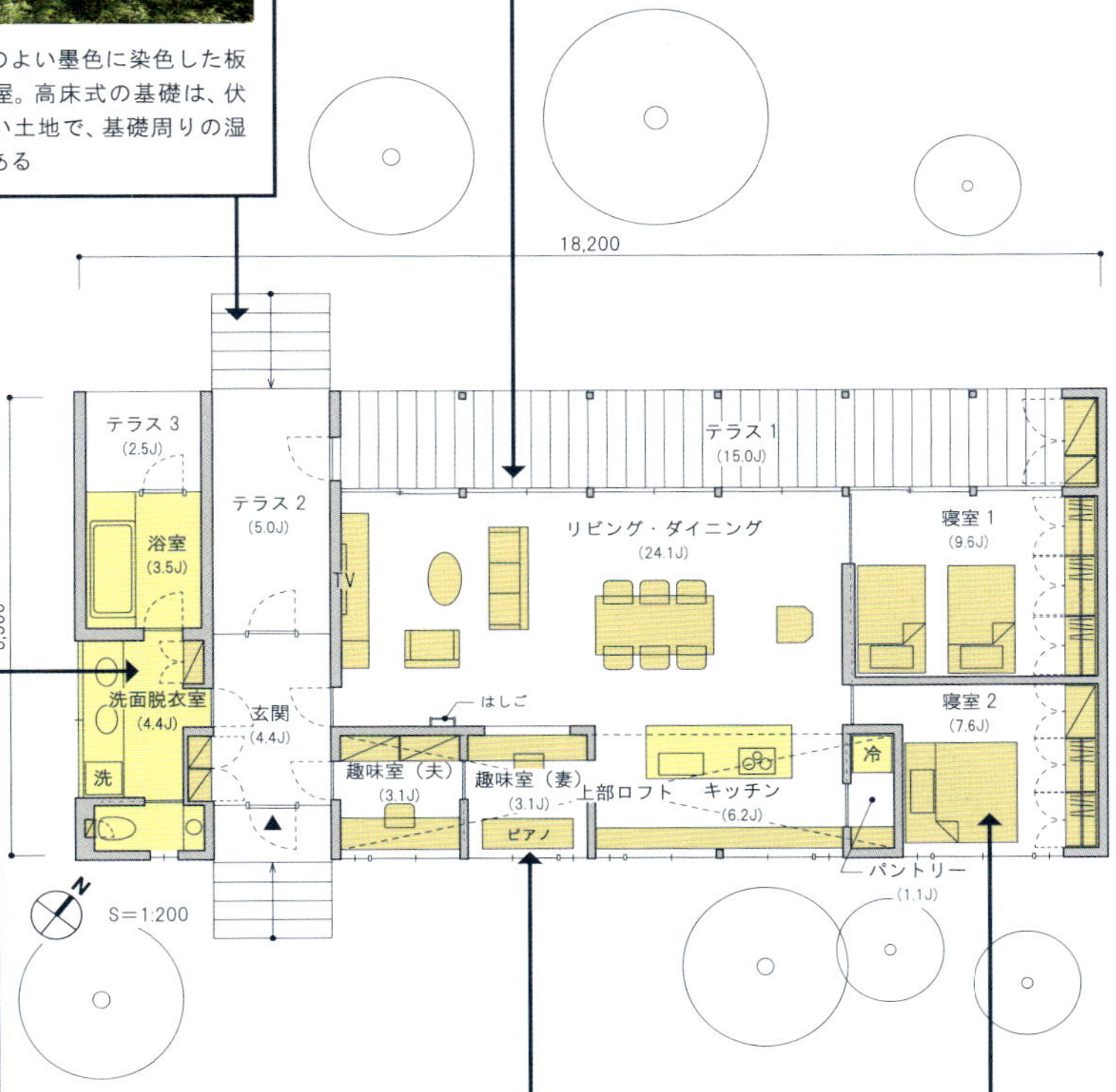

サニタリーは、玄関土間を介して他の居室から独立させることで、離れのような存在としている

開放的な間取りの中でもプライベート空間をつくる

寝室2。外壁と同じように、室内も黒壁によって緑が映えるようにしている

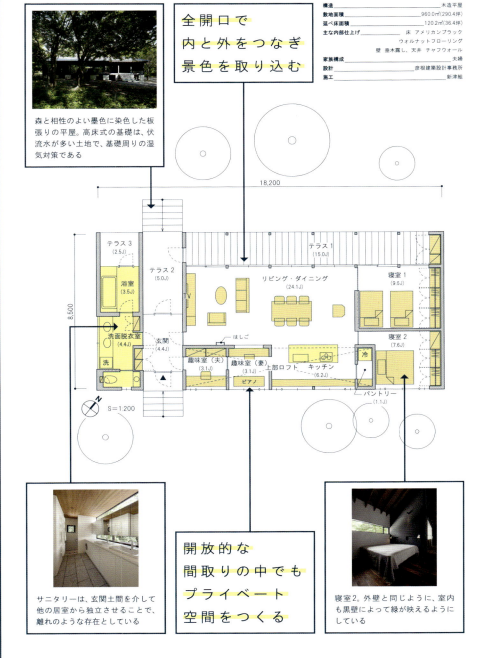

南東角の植栽の隙間から中庭を見る

42

いろいろな角度から庭を楽しむ

LDKの棟と個室の棟を渡り廊下でつなげた平屋だ。中庭、アプローチの植栽、バスコートなど、敷地の四周を使いきってさまざまな植栽を植えている。正面に中庭を見られるようにキッチンやソファを配置。子供を外の中庭で遊ばせても目が届くので安心だ。密度の高い植栽の中で、眺望のよい南東角だけは開き、抜けをつくっている。また、個室棟の角度を振ることで、いろいろな方向から緑を見ることができる。

玄関廻りの間取りにも細やかな配慮がなされている。平面の一部を凹ませたようなポーチは、帰宅した際に自分の家の中に引き込まれる感覚が強まる。玄関をあがってすぐのキッチンは、引戸で閉じることで雑多な物が見えないようにしている。

渡り廊下をデスクスペースと兼ねる。両側に窓があり、どちらも庭が見える

ソファで庭と薪ストーブの炎を眺める

キッチンから玄関も勝手口も近い便利な動線

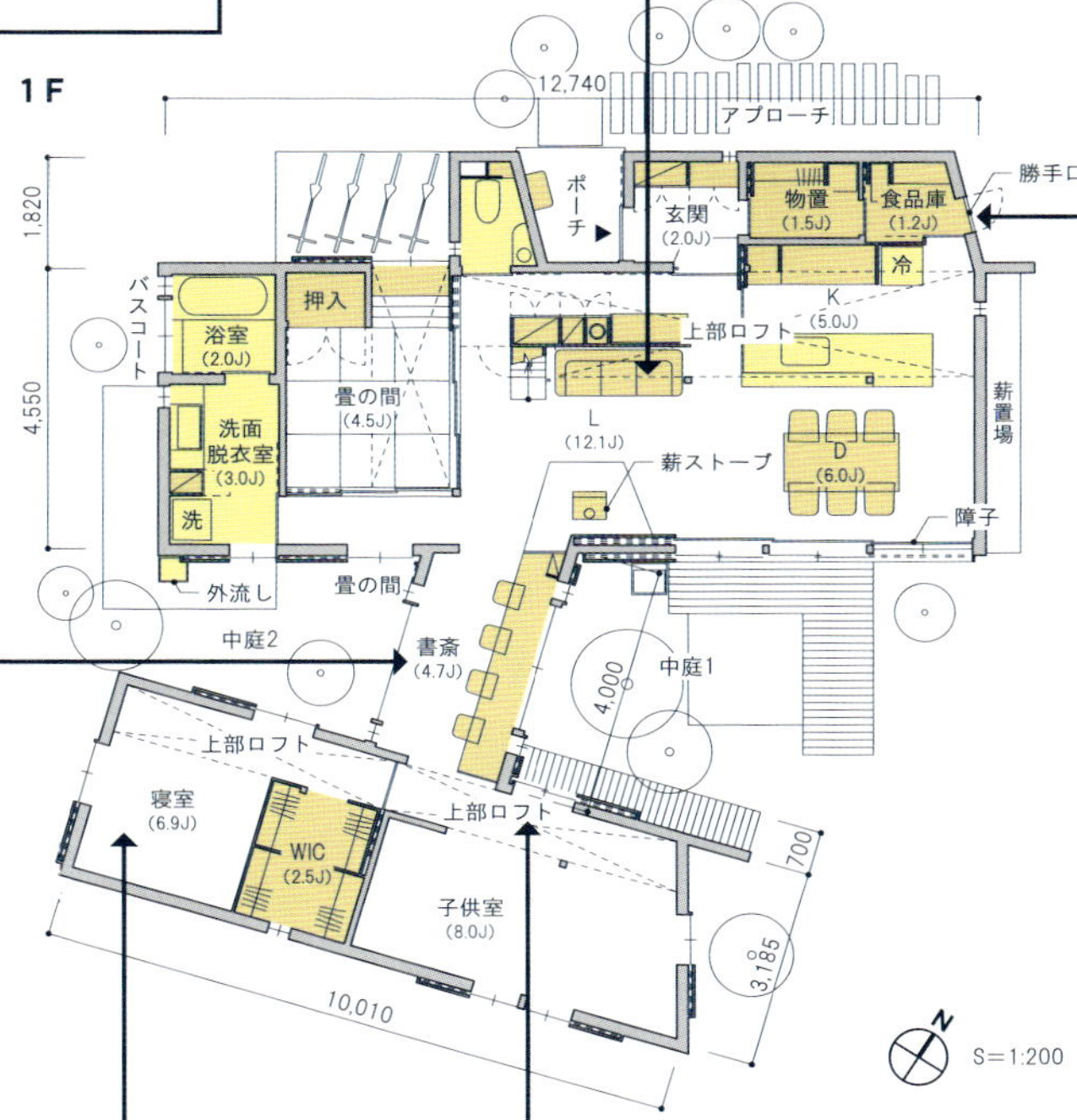

寝室は、プライバシーを確保するため、他の部屋からは中が見えない腰窓と地窓にしている

竣工時は子供室と廊下との間の壁をなくし、庭とつながる掃出し窓を設けている

構造	木造平屋
敷地面積	307.8㎡(93.3坪)
延べ床面積	107.8㎡(32.7坪)
主な内部仕上げ	床 スギ無垢フローリング 壁 漆喰、天井 石膏ボード
家族構成	夫婦＋子供2人
設計	木々設計室(2019年松原正明建築設計室を改称)
施工	かしの木建設

「スペース1」のリビング

43

大・中・小の広さを選んで自由に暮らす

食べる＝ダイニング、料理する＝キッチン、くつろぐ＝リビング、寝る＝寝室などと、家には人の行動に合わせて機能が与えられる。しかし、固定された機能性は、住む人の暮らし方を限定してしまいかねない。もっと自由な間取りにできないものか？　この家には、高さ方向の空間も使った大・中・小のスペースがたくさんある。たとえば、子供が小さいうちは大きなスペース1をリビングにして、のびのびと動き回れるようにする。家族団らんで見ることが少なくなったテレビは、キッチン近くに小型を置き、個人が集中して見られるようにした。暮らし方を変えたり、模様替えをしたいと思ったら、スペース1を広いダイニングにしてもよい。スペース6は寝室にもダイニングにもなる。

スペース6(寝室)につながる階段に座って小さなテレビに集中する子供たち

浴室からダイニング方向を見る。洗面室と廊下の境界を曖昧にすることで実際より広く感じられる

高さ方向の空間を上下に分けて使う

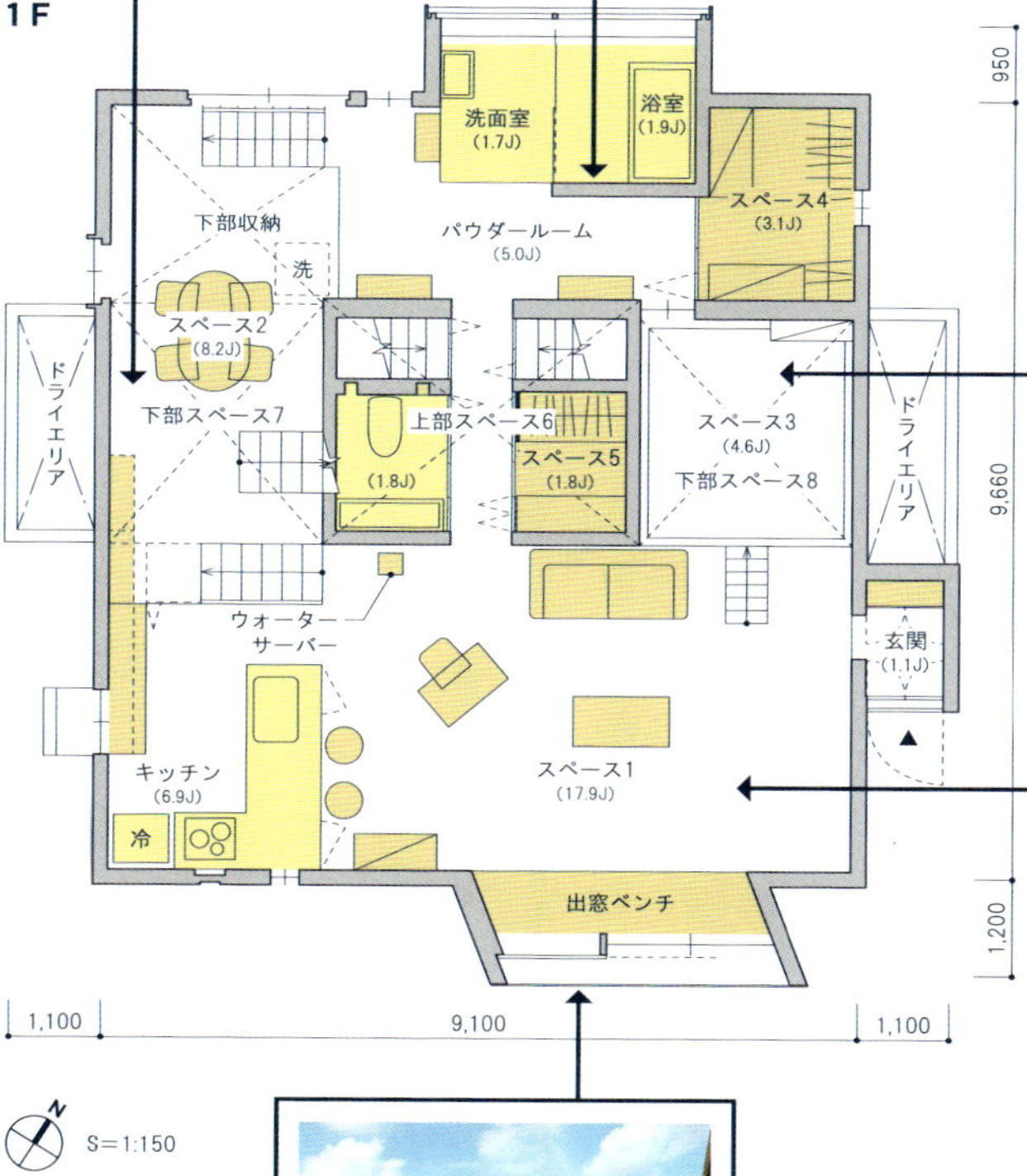
1F
洗面室
(1.7J)
浴室
(1.9J)
950
スペース4
(3.1J)
下部収納
パウダールーム
(5.0J)
洗
スペース2
(8.2J)
ドライエリア
下部スペース7
上部スペース6
(1.8J)
スペース5
(1.8J)
スペース3
(4.6J)
下部スペース8
ドライエリア
9,660
ウォーター
サーバー
玄関
(1.1J)
キッチン
(6.9J)
冷
スペース1
(17.9J)
出窓ベンチ
1,200
1,100
9,100
1,100
N
S=1:150

外観。傾けた袖壁は、室内と外からの視線をずらす役割を持つ

8つのスペースに好きな機能を与える家

構造	木造平屋
敷地面積	282.2㎡(85.5坪)
延べ床面積	128.5㎡(39.0坪)
主な内部仕上げ	床 ナラフローリング 壁 漆喰金鏝押さえ、天井 ラワン合板
家族構成	夫婦＋子供2人
設計	服部信康建築設計事務所
施工	竹内建設

ダイニング・キッチン。白く塗装した梁と垂木による印象的な台形の天井

ワンルーム空間を領域分けするには

周囲に田畑が広がる敷地に、大きな三角屋根の平屋がある。内部はワンルーム空間。ダイニング・キッチンの南向きの窓は、太い窓枠によって外の風景を絵画のように切り取る。箱や段差で各部屋の領域を分けるという面白い工夫もなされている。ダイニング・キッチンに置かれた長さ2千300×幅1千800×高さ1千650㎜の箱は、家族共用の可動クロゼットであり、ダイニング・キッチンと個室とリビングを緩やかに仕切る間仕切りも兼ねている。この可動クロゼットには2つの開き戸がついていて、廊下のように通り抜けることもできる。また、個室とリビングの床を350㎜下げることで、各部屋の領域を明確にしている。どちらもオープンな部屋でありながら、床を下げることで籠り感が生まれている。

ダイニングと和室の建具を開け放てば、和室の奥の窓を通して柿の木が視界に飛び込んでくる

ワンルームを可動収納棚で間仕切る

構造	木造平屋
敷地面積	318.1㎡(96.4坪)
延べ床面積	110.0㎡(33.3坪)
主な内部仕上げ	床 カラマツフローリング 壁 石膏ボードの上AEP、天井 梁露しOP
家族構成	夫婦＋子供2人
設計	服部信康建築設計事務所
施工	箱屋

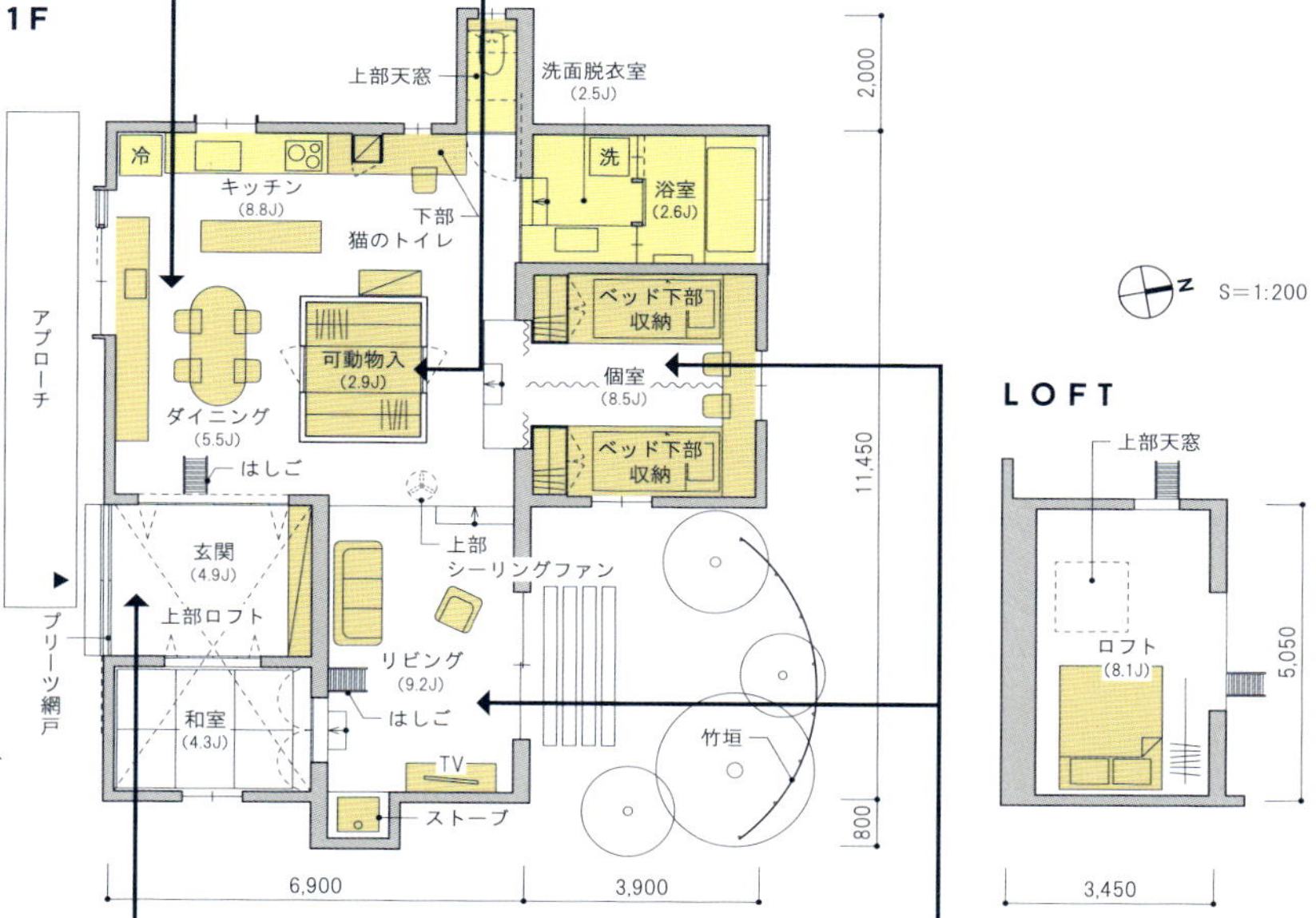

1F
上部天窓
洗面脱衣室
(2.5J)
冷
洗
キッチン
(8.8J)
浴室
(2.6J)
下部
猫のトイレ
ベッド下部
収納
アプローチ
可動物入
(2.9J)
個室
(8.5J)
ダイニング
(5.5J)
ベッド下部
収納
はしご
玄関
(4.9J)
上部
シーリングファン
上部ロフト
プリーツ網戸
リビング
(9.2J)
和室
(4.3J)
はしご
竹垣
TV
ストーブ
2,000
11,450
800
6,900
3,900
S=1:200
LOFT
上部天窓
ロフト
(8.1J)
5,050
3,450

あぜ道との境界に植栽を施すことで田畑と敷地が一体となり、のどかで穏やかな暮らしが生まれる

コンクリート打ち放し仕上げの玄関土間。玄関戸は両引戸で、開け放てば庭とつながる

各部屋の高低差で領域分けを行う

玄関土間。写真左側が玄関、右側の壁の向こうが寝室

45 マンションの部屋に路地をつくる

玄関を入ると、室内であるにも関わらず外部のような土間空間が広がる。マンションのリノベーションで設けたL字の土間は、広い玄関であり、長いアプローチである。土足のまま路地のような玄関土間を進み、突き当たりの戸を開けると、そこはLDKだ。寝室、予備室、サニタリーは土間に面して立てたラワン合板の壁の内側にある。普段は、これらの部屋とリビングの行き来には中央廊下を使う。中央廊下には水廻りと収納を配置し、コンパクトで機能的な家事動線を実現した。客人動線と生活動線が分かれているので、急な来客があっても、戸を閉めれば生活感をのぞかれる心配がない。温熱環境の観点からも、土間は部屋と共用廊下の間に空気の層をつくるので、快適になりやすい。

玄関土間で静謐な家を印象づける

構造	RCラーメン構造7階建ての3階
敷地面積	70.7㎡(21.4坪)
主な内部仕上げ	床 モルタル金鏝押さえ・オークフローリング 壁 既存壁下地処理の上AEP、天井 ラワン合板
家族構成	夫婦＋子供1人
設計	デザインライフ設計室
施工	キョーワ・テクノ

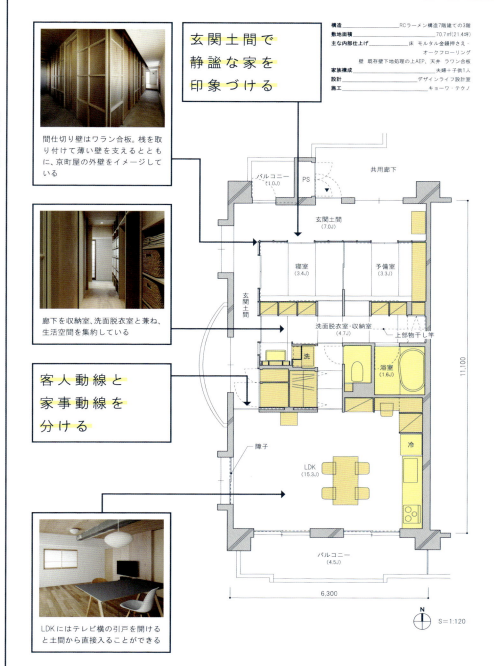

間仕切り壁はワラン合板。桟を取り付けて薄い壁を支えるとともに、京町屋の外壁をイメージしている

廊下を収納室、洗面脱衣室と兼ね、生活空間を集約している

客人動線と家事動線を分ける

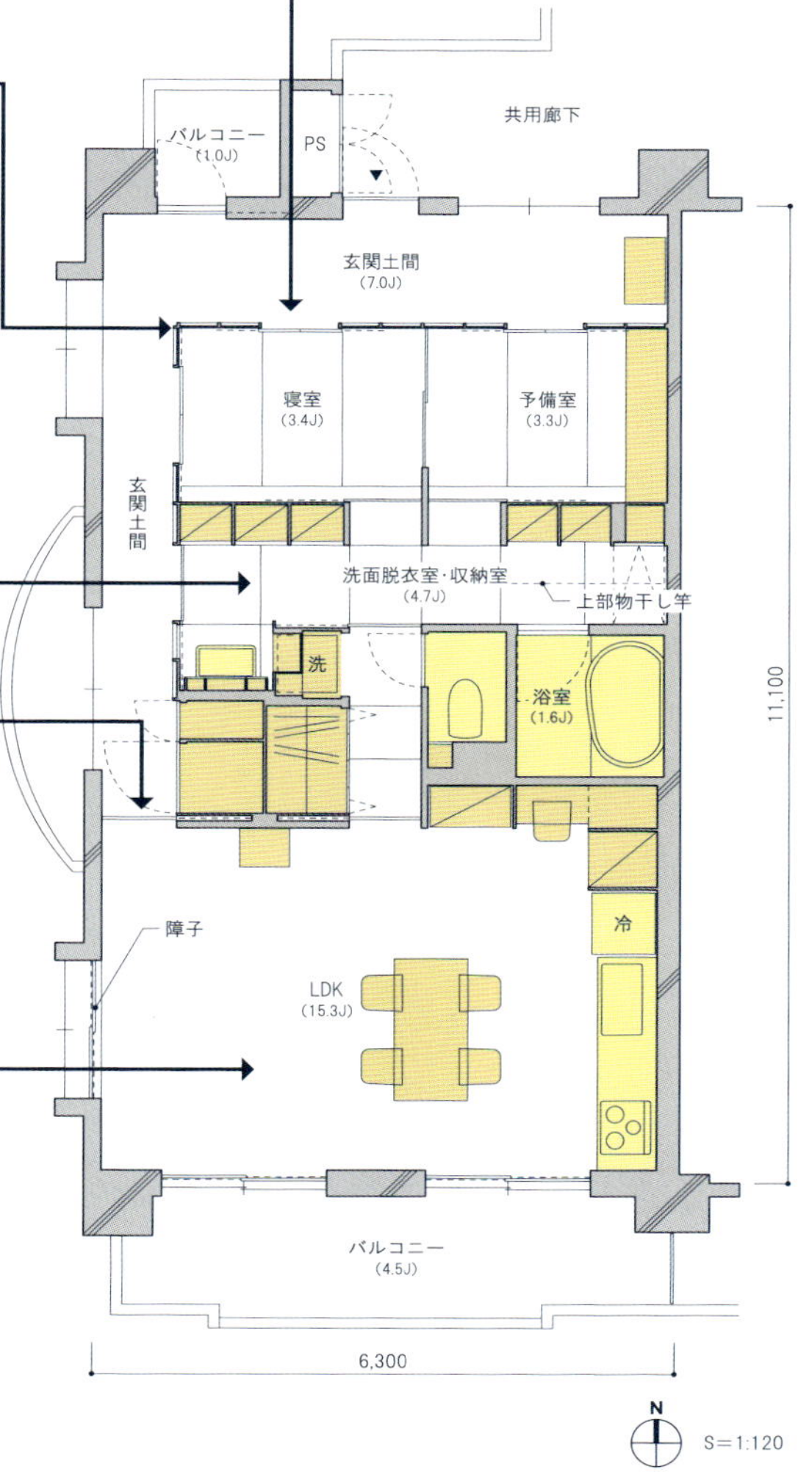

LDKにはテレビ横の引戸を開けると土間から直接入ることができる

間取りの見ドコロ 4

方位と部屋の配置

部屋の性質は、敷地の方位や周辺環境によって大きく変わる。
間取りから、家の中にどんな太陽の光や風が入ってくるかを想像してみよう。

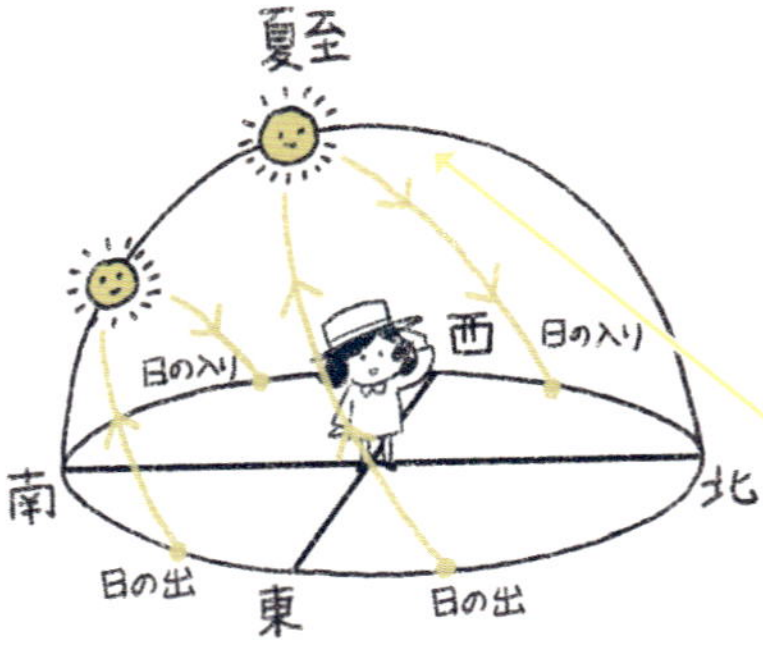

太陽の動き

日本では太陽は東から昇り、南を通って、西へ沈む。そして、太陽は真南に来たときにもっとも高くなる。太陽高度は季節によって変化する。この太陽の動きは、住宅への採光を考える際の基本となる。

夏至の南中高度は約 80°、
冬至の南中高度は約 30°

南側に長く滞在する部屋を

太陽の光で明るい空間を好む人は多いので、間取りでは、家の中で滞在時間が長い部屋を南側に配置することが基本となる。近年はダイニングが家族の団らんの場になりつつあることから、リビングよりもキッチン・ダイニングを南側に置く間取りも増えている。

キッチン・ダイニングを南側に広くとる。
リビングは北側に配置して、落ち着いた雰囲気に

COLUMN

カラッと乾く南側浴室

浴室は寒くて暗くてじめじめするところ、と諦めていないだろうか。「浴室は北側」という発想をやめて、南側に持ってきてみよう。いつでも明るくカラッと乾き、バスタイムをもっと楽しむことができるはず。

大きな窓を設けて太陽の光をたっぷり採り入れる。バスコートなどで目隠しも併せて検討しよう

西日対策

日本では、「庇で夏の日差しを遮り、冬の日差しは採り込む」という知恵が広く知られているが、高度の低い西日は庇で遮ることが難しい。西側に窓を設けたいけれど、西日で暑くなりすぎるのが心配……というときは、テラスやバルコニーなどを設けて、部屋を後退させる方法がある。

間取りの工夫で西日対策もできる

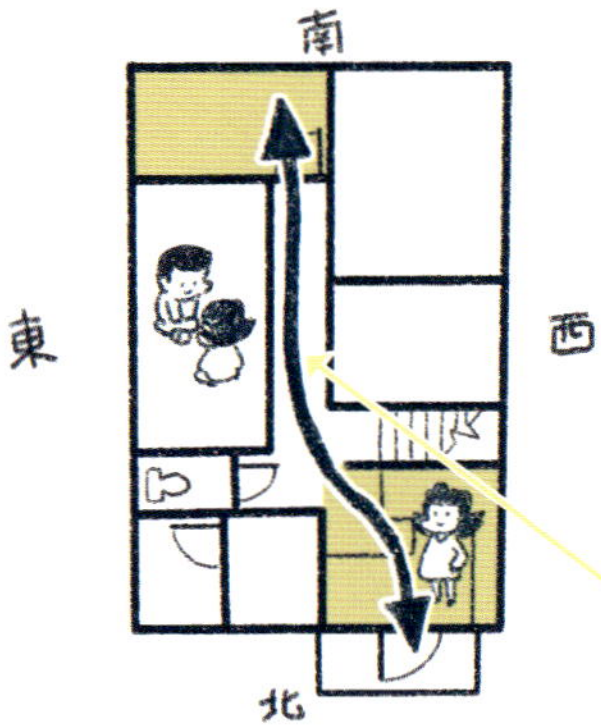

南北に風が抜けるように

採光と併せて、風通しにも配慮しよう。日本では、風は主に南北に吹く。そのため南北に真っ直ぐな位置関係になるように窓を設けると、家の中を風が通りやすくなる。

湿度の高い日本の住宅において、風通しをよくすることは建物の劣化を防ぐことにつながる

4つの中庭をもつ二世帯住宅

建て主は40代の夫婦。両親の住む家の老朽化をきっかけに、二世帯住宅への建替えを希望していた。将来的には賃貸に出すことを見越し、「完全独立型二世帯住宅」が条件だった。

両親の家は住宅密集地にあり、プライバシーの確保が難しく、日当たりや風通しの悪いことが悩みだった。これを解決するため、新しい家は敷地の外形に沿って壁をめぐらし、内部に4つの庭を配置した。どの部屋も中庭に面した間取りにすることで、外部空間を内部空間に取り込み、プライバシーを保ちながら光と風を感じられるつくりになっている。

また、2つの住戸は東西で分けられているので平面的には重なっていない。それぞれに専用の2つの庭をもつことで、住戸間のプライバシーも守られている。

46

構造　木造2階建て
敷地面積　130.4㎡(39.5坪)
延べ床面積　140.9㎡(42.7坪)
主な内部仕上げ　床　タケフローリング
壁・天井　石膏ボードの上AEP
家族構成　親夫婦／子夫婦
設計　アーツ&クラフツ建築研究所
施工　片岡健工務店

親世帯：階段横から南バルコニーを見る

子世帯：キッチンから北バルコニーを見る

プライバシーを確保する中庭で光と風を得る

親世帯：高さを抑えた掃出し窓が空間に落ち着きをもたらす

2F

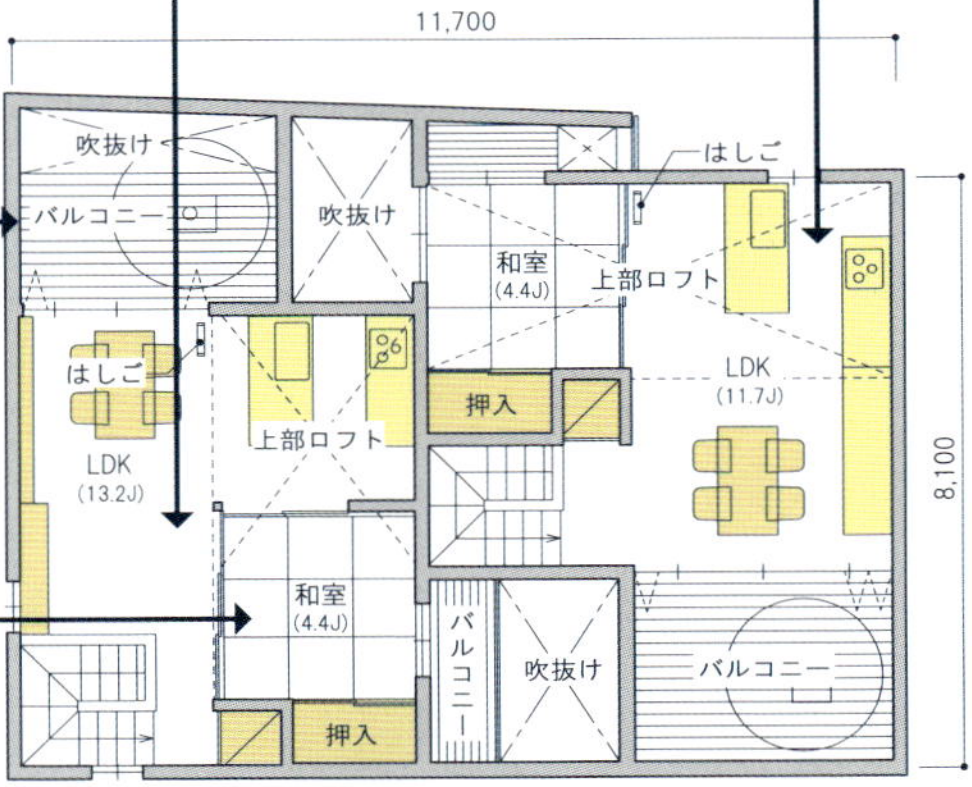

子世帯：こちらの半屋外アプローチはスノコ床から光が漏れる

1F

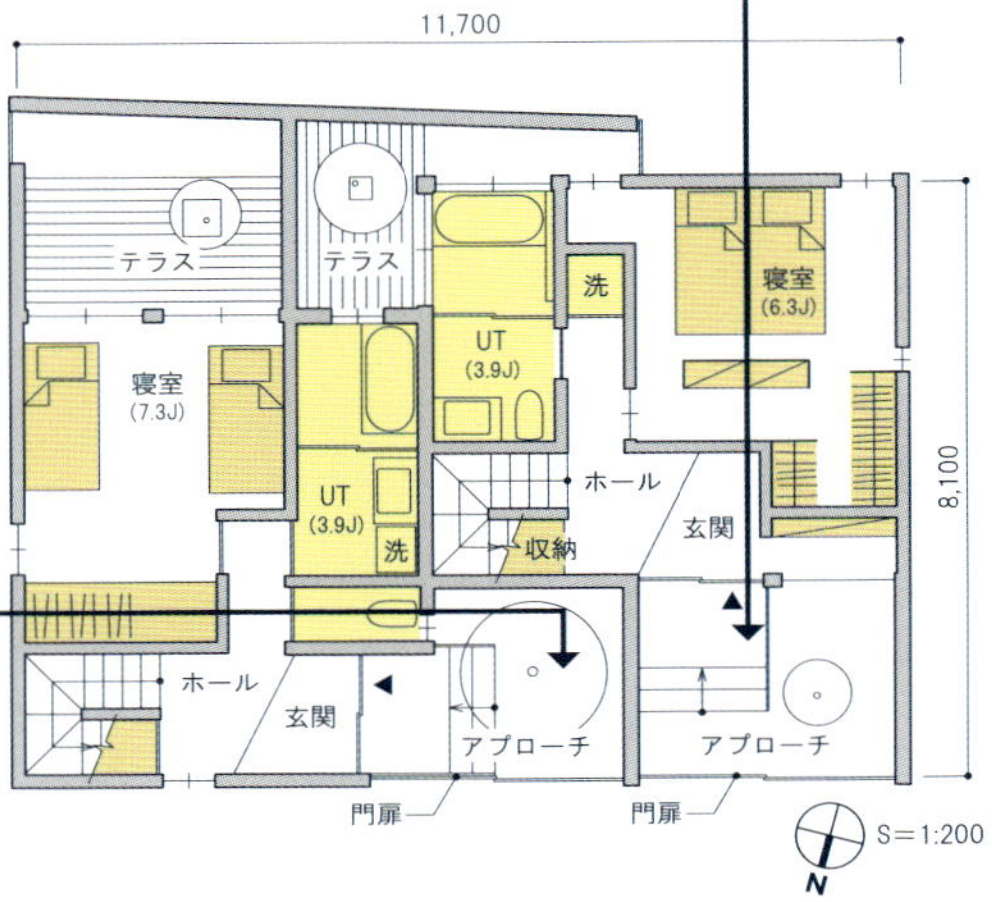

親世帯：吹抜けから光が落ちてくる半屋外アプローチ

太陽の光が差し込む窓ぎわの畳スペース

街と家との間に緩衝帯をつくる

間取りの基本モジュールは1千820㎜だが、ここでは1千450㎜と小さくして、限られた面積の中で二世帯の過不足のない住空間を確保した。1階は姉夫婦の住戸だ。窓ぎわに畳スペースを設けて、リビング・ダイニングを内側に寄せることで、テレビを見たり食事をしたりするときは外部から距離をとれるようにしている。畳スペースの天井は低く抑えられ、ごろんと寝転べば、日々の緊張から解放される。2階は妹夫婦の住戸。2階の玄関アプローチはインナーバルコニーと兼ねている。半屋外の空間は動線的にも視線的にも、街と家との間の緩衝材となる。

壁・天井仕上げは粗い表情のラワンベニヤだが、柱や梁は丁寧に木配りした天龍杉を真壁で露《あらわ》している。

街と家との間の緩衝帯になるインナーバルコニー

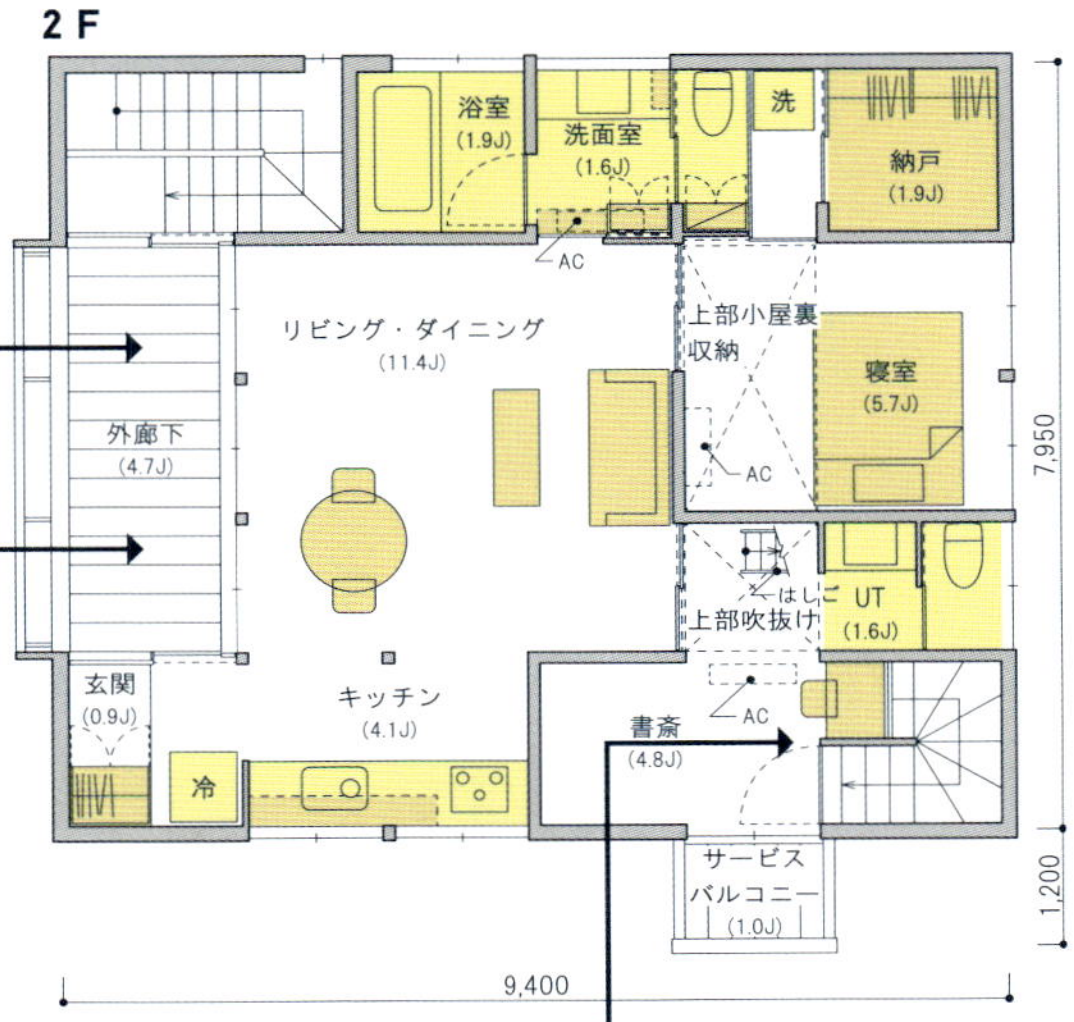
2F
浴室 (1.9J)
洗面室 (1.6J)
洗
納戸 (1.9J)
AC
リビング・ダイニング (11.4J)
上部小屋裏収納
寝室 (5.7J)
AC
外廊下 (4.7J)
はしご
UT (1.6J)
上部吹抜け
玄関 (0.9J)
キッチン (4.1J)
書斎 (4.8J)
AC
冷
サービスバルコニー (1.0J)
7,950
1,200
9,400

インナーバルコニーが生活動線上にあれば、植物の世話もしやすい

二世帯を行き来できる階段。踊り場の書斎は二世帯間の緩衝材となる

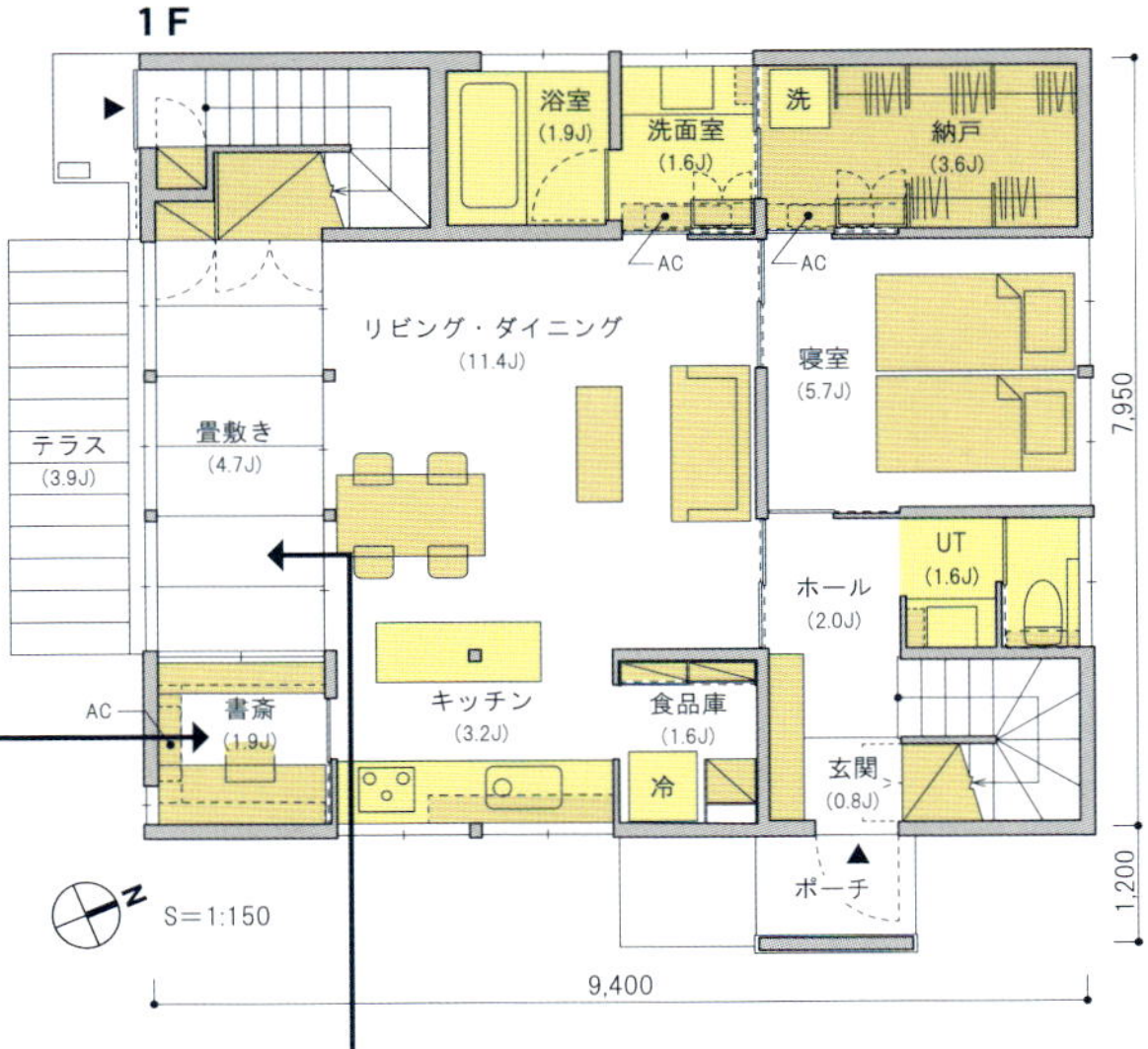
1F
浴室 (1.9J)
洗面室 (1.6J)
洗
納戸 (3.6J)
AC
AC
リビング・ダイニング (11.4J)
寝室 (5.7J)
テラス (3.9J)
畳敷き (4.7J)
UT (1.6J)
ホール (2.0J)
AC
書斎 (1.9J)
キッチン (3.2J)
食品庫 (1.6J)
冷
玄関 (0.8J)
ポーチ
N
S＝1:150
7,950
1,200
9,400

キッチンとデスクスペースを横につなげて並べることで、家事と仕事を両立できる

南側の陽だまりの中で寝転べる畳の間

構造	木造2階建て
敷地面積	143.9㎡(43.6坪)
延べ床面積	152.9㎡(46.3坪)
主な内部仕上げ	床 1階カラマツフローリング・2階オーク複合フローリング 壁・天井 ラワンベニヤ
家族構成	姉夫婦＋妹夫婦
設計	丸山弾建築設計事務所
施工	滝新

親世帯の吹抜けリビング

48

縦につながる空間をいかした二世帯住宅

スキップフロア型の2つの住戸が縦に重なる、重層長屋形式の二世帯住宅。1〜2階に住まう親世帯、2〜3階に住まう子世帯に共通するのは、猫が好きということ。住戸をスキップフロアで構成することにより、リビングは2層分の天井高さを確保し、猫が吹抜け空間を自由に行き来できる猫ステップを配置した。縦の空間の移動が好きな猫にとって、お気に入りの場所となっている。また、2つの住戸は、壁で囲まれた2つの中庭を共有している。全開放サッシを使用し、中庭に向けて開放的な内部空間としながら、住戸どうしは縦に重なることにより、それぞれのプライバシーを確保している。バルコニー床にFRPグレーチング、階段床にエキスパンドメタルを採用し、下階へ光を通す工夫をした。

浴室と洗面室の床仕上げをそろえて連続性を、ガラスの間仕切りで抜けをつくる

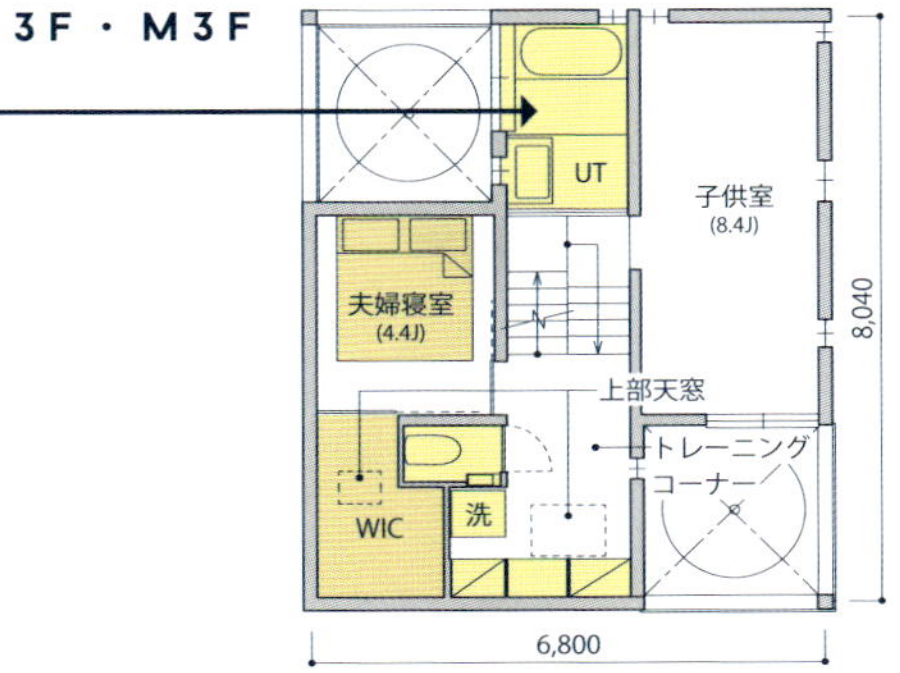

二世帯の住空間は別々、中庭は共有

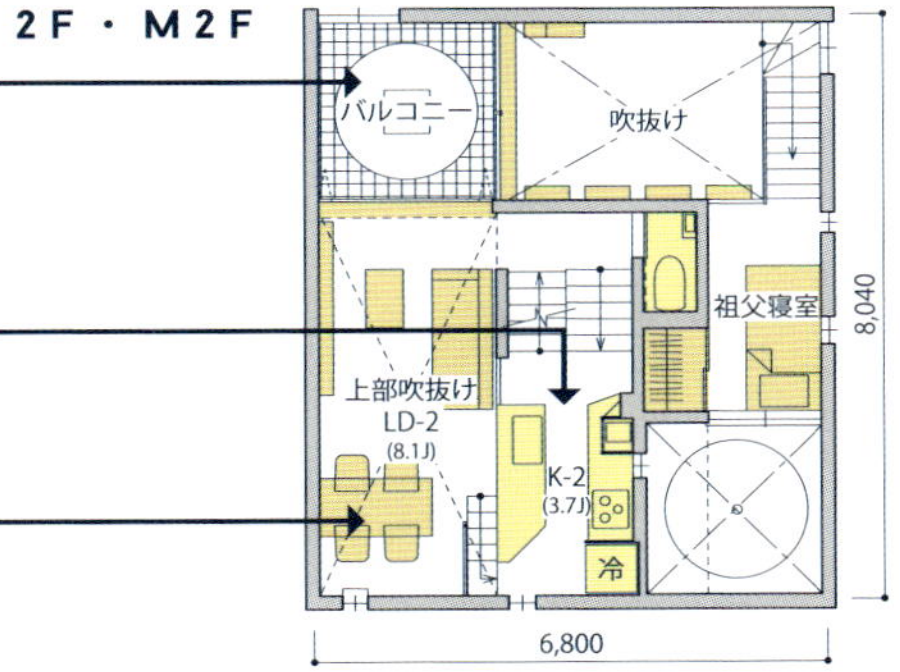

エキスパンドメタルで製作した階段。軽やかで抜けがある

人も猫もうれしい吹抜け空間

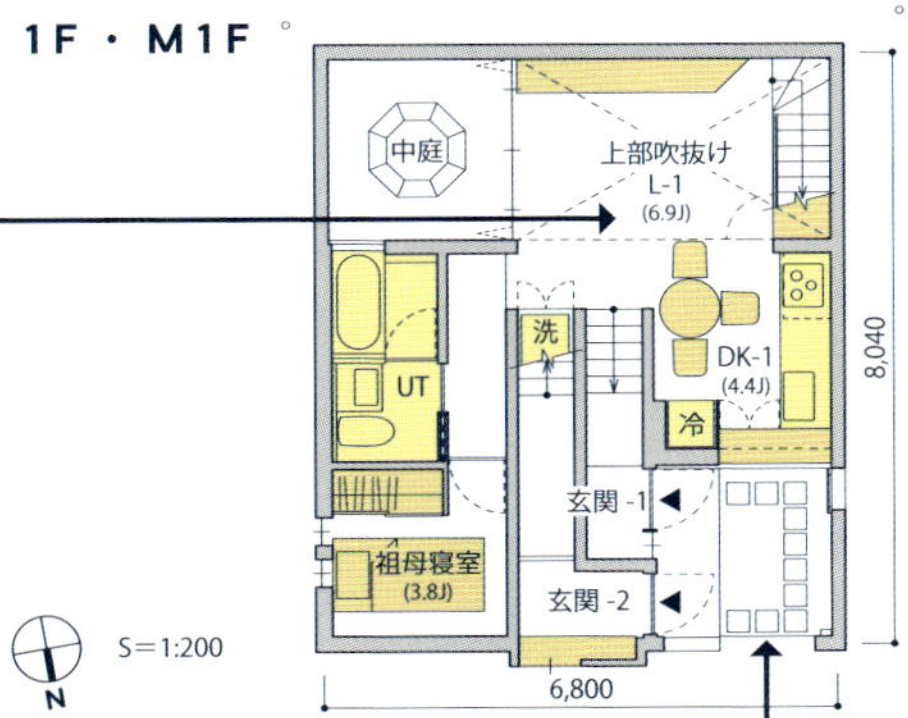

玄関入口は共有庭。中のシンボルツリーは両世帯から眺められる

構造	木造3階建て
敷地面積	69.7㎡(21.1坪)
延べ床面積	118.7㎡(36.0坪)
主な内部仕上げ	床 タケフローリング 壁 石膏ボードの上AEP、天井 強化石膏ボードの上AEP
家族構成	親夫婦／子夫婦＋子供2人
設計	アーツ&クラフツ建築研究所
施工	渡辺健建設事務所

中庭。ウッドデッキのテラスにはスロープで上がることができる

4世代家族がともに生きる平屋

この平屋には、曽祖父母、祖父母、夫婦、子供の4世代が暮らしている。2匹のブルドッグも一緒だ。玄関とLDKは共用で、サニタリーは若家族用と老家族用に分かれている。個室は中庭を囲むような配置だ。家族が多ければ来客も多いことだろう。玄関先の客間にはベンチを設け、ちょっと腰かけておしゃべりするなど、気取らない接客ができる。

家族で一緒に料理がしやすい大きなアイランドカウンター、高齢者や犬の足に優しいスロープ、散歩から帰ってきた犬の足を洗うユーティリティーなど、家族それぞれの暮らしを豊かにする設計の工夫が、ひとつの平屋にまとめられている。いつかは他界してしまう家族だが、そのときにはまた新しい家族が増えている未来を想像できる家だ。

プライバシーに配慮して窓の位置と大きさを調整

中庭を4世代の個室が囲む

4世代が集まって食事をするダイニング。アイランドカウンターで料理も一緒にしやすい

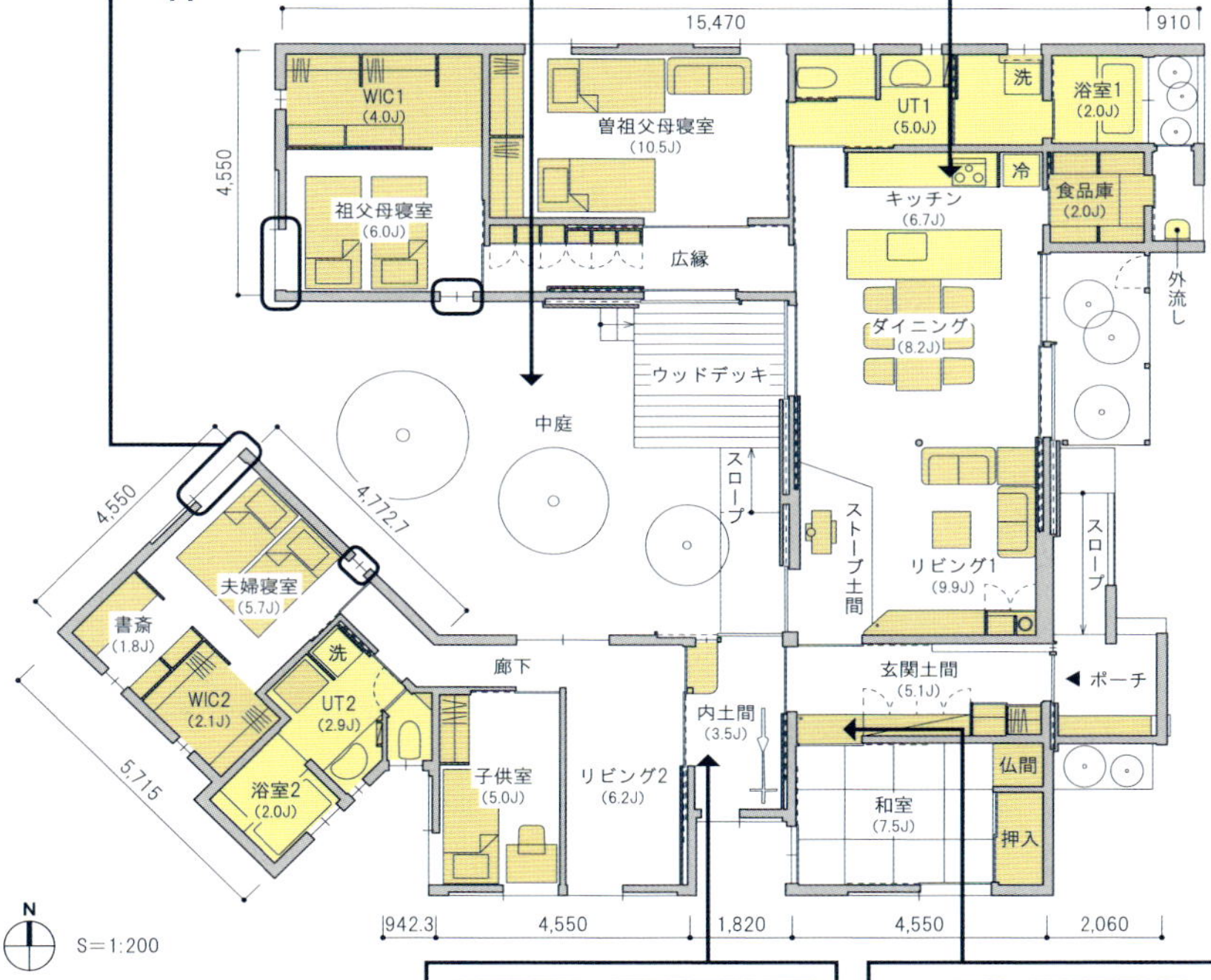

内土間から玄関土間を見たところ。3.5畳ある内土間は自転車のメンテナンスもできる広さ

玄関を入ってすぐ横に設けたベンチと和室は、気軽に来客を招き入れられる

構造	木造平屋
敷地面積	592.1㎡(179.4坪)
延べ床面積	171.7㎡(52.0坪)
主な内部仕上げ	床 スギ無垢フローリング 壁 漆喰、天井 石膏ボードの上塗装
家族構成	曾祖父母+祖父母+夫婦+子供1人+犬2匹
設計	木々設計室(2019年松原正明建築設計室を改称)
施工	堀井工務店

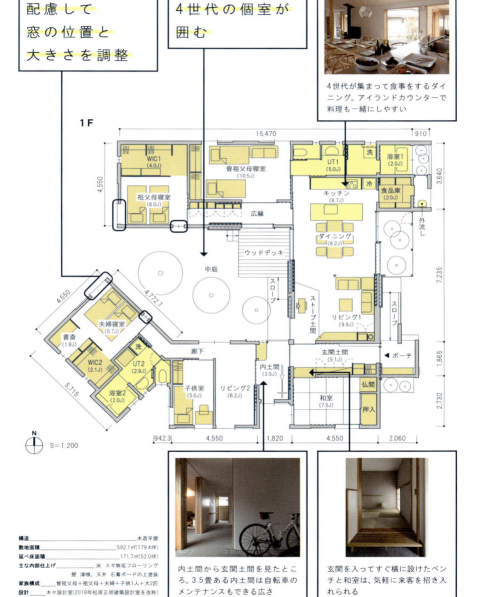

キッチンから開け放したバルコニーを見る

南東角を開けば ぽかぽか

毎日一緒に暮らす家族の、ちょうどよい距離感とは、どんな感じだろうか。この二世帯住宅では、建物の長辺方向の中央付近に階段を配置して、南側と北側にさまざまな居場所を点在させている。また、スキップフロアによってお互いが見え隠れする関係になり、家族それぞれが心地よい距離感で暮らせる構成だ。

1階の親世帯と2階の子世帯の間の中2階にライブラリースペースがあり、皆が集まっているダイニングから少し距離をおいて、少しの間1人の時間を過ごすこともできる。それから、「日当たりのいいカフェのような場所が欲しい」という要望から、2階の南東角が開け放てるようになっている。出窓のベンチや畳の小上がりなど、ちょっと腰かけたくなる場所が設けられている。

50

随所に設けられた腰かける場所

朝から明るい陽だまりスペース

スキップフロアのライブラリースペース。家族をそばに感じながら、自分の時間を持てる場所

2F

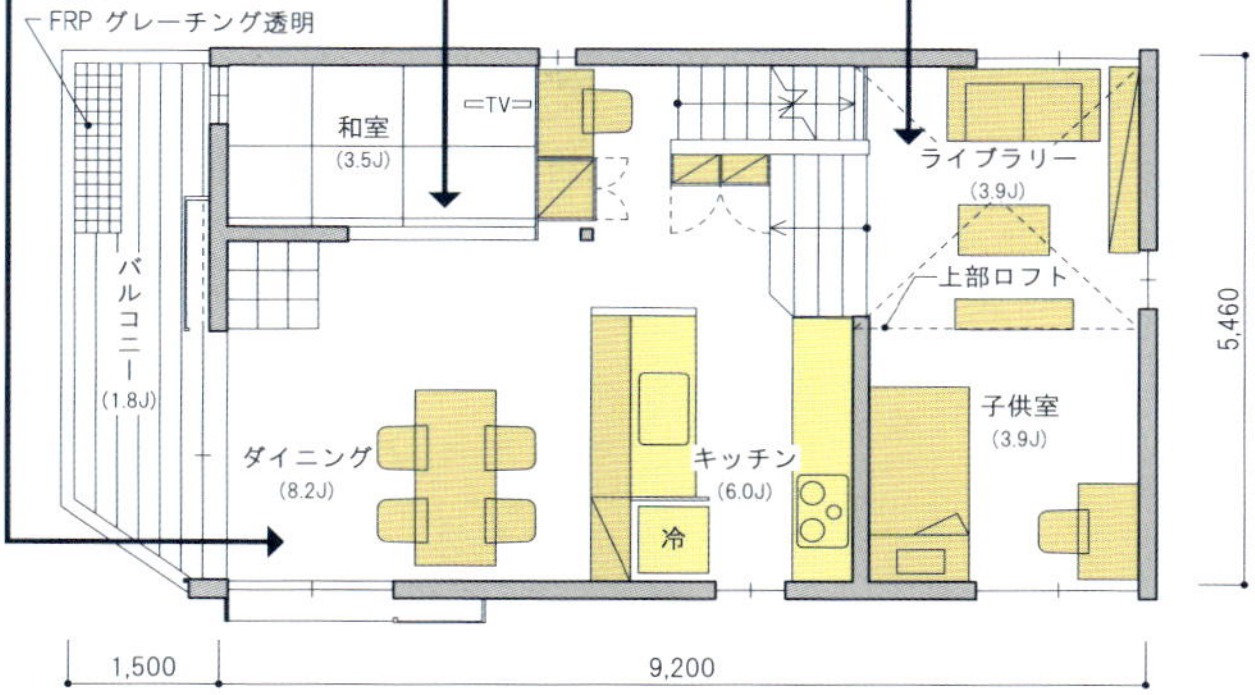
FRP グレーチング透明
和室
(3.5J)
TV
ライブラリー
(3.9J)
上部ロフト
バルコニー
(1.8J)
ダイニング
(8.2J)
キッチン
(6.0J)
冷
子供室
(3.9J)
1,500
9,200
5,460

南側に配置した浴室は暖かく快適。2階バルコニーのグレーチング床からバスコートに光が落ちる

- 構造 ―― 木造2階建て
- 敷地面積 ―― 118.9㎡(36.0坪)
- 延べ床面積 ―― 110.7㎡(30.5坪)
- 主な内部仕上げ ―― 床 スギフローリング
  壁 薩摩中霧島壁・ルナファーザー、
  天井 ルナファーザー・ラワンベニヤ
- 家族構成 ―― 父＋夫婦＋子供1人
- 設計 ―― しまだ設計室
- 施工 ―― 相羽建設

1F

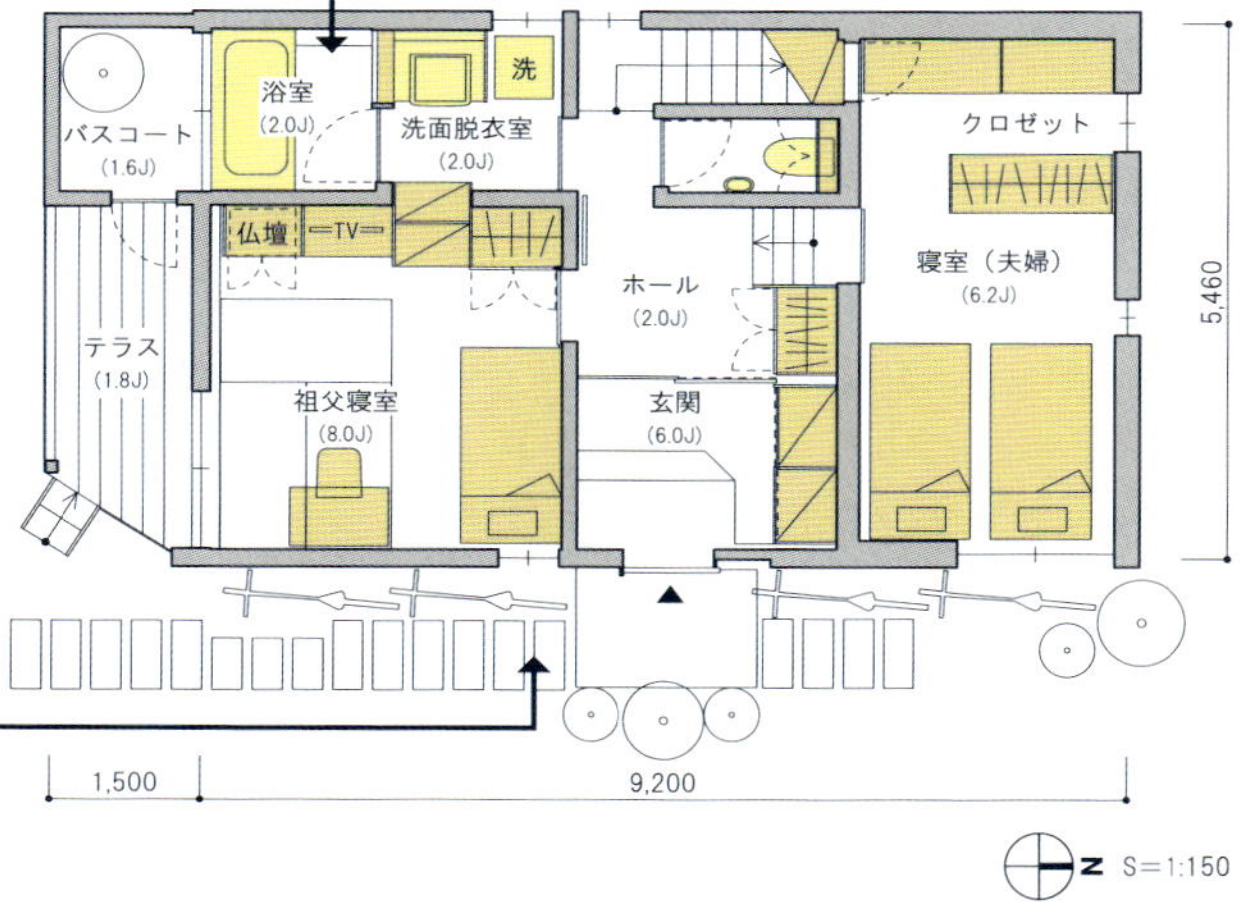
浴室
(2.0J)
洗
洗面脱衣室
(2.0J)
バスコート
(1.6J)
クロゼット
仏壇
TV
ホール
(2.0J)
寝室（夫婦）
(6.2J)
テラス
(1.8J)
祖父寝室
(8.0J)
玄関
(6.0J)
1,500
9,200
5,460
N
S=1:150

玄関の正面には、春に少し紫がかったかわいい花を咲かせるミツバツツジ

アイランドキッチンは家具のように、壁付けキッチンは白ですっきり

小さな家ですっきり暮らす工夫

コンパクトなLDKの中でキッチンの存在が大きくなるのを避けるために、キッチンらしくないキッチンが欲しかった。アイランドキッチンには下見張りを施し、外壁とそろえたデザインに。パントリーに冷蔵庫と食器棚、さらに洗濯機も納め、キッチンに物が出ないように、すっきりとさせている。

また、リビングに連続したバルコニーを設け、内と外をつなげることで、広がりを感じられるようにしている。小さな敷地の場合、容積率や建ぺい率の制限の中で最大限床面積を確保したいもの。床面積の緩和が適用されるように法的な工夫をして、広いバルコニーが床面積に参入されないようにした。大きな木枠の窓を設けて、室内に山の緑や桜の景色を取り込んでいる。

51

物は食品庫に仕舞ってすっきりとした生活空間を保つ

構造	木造2階建て
敷地面積	110.1㎡(33.4坪)
延べ床面積	86.7㎡(26.3坪)
主な内部仕上げ	床　無垢フローリング 壁・天井　ビニルクロス
家族構成	祖母＋夫婦＋子供1人
設計	向山建築設計事務所
施工	安池建設工業

バルコニーはリビングの延長として使うことができる

浴室は造作。リビングと同じように木枠の窓を設けた。浴室の窓からの光が洗面脱衣室にまで届く

2F

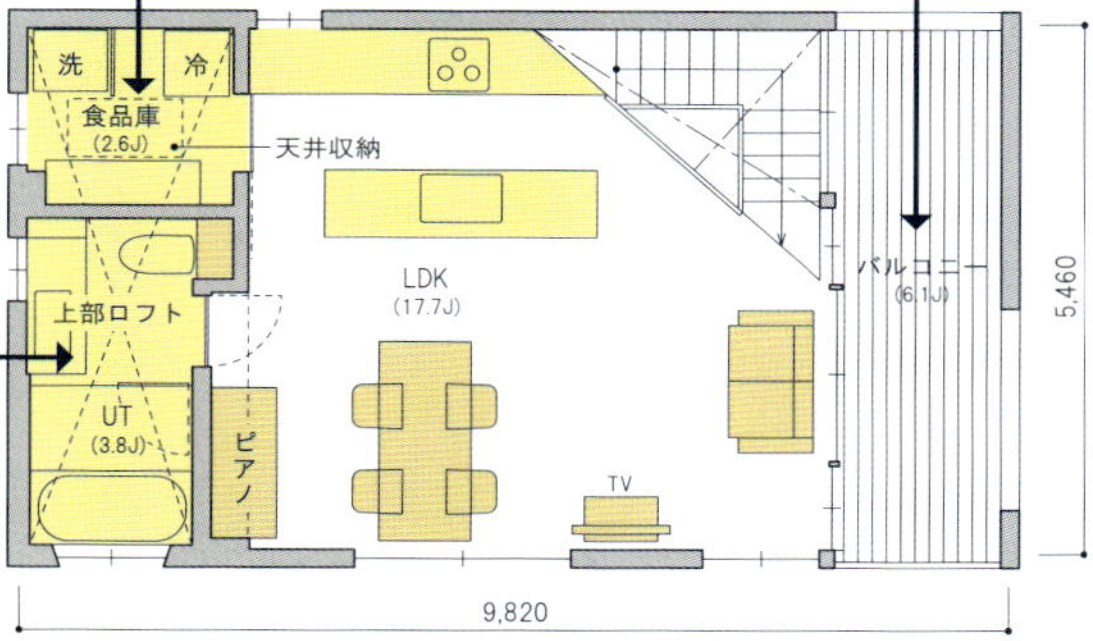

引戸なら個室を自由に変更できる

1F

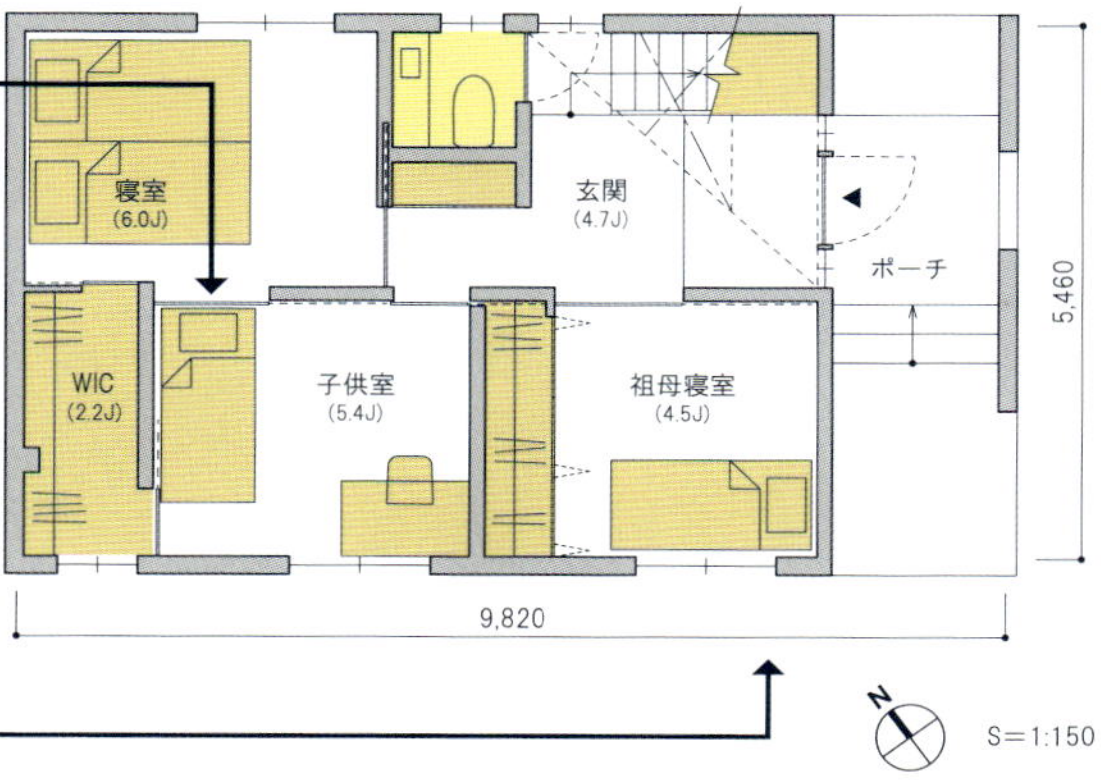

黒く塗装したレッドシダーの下見張り仕上げ。大きな木枠の窓から、室内に外の景色を取り込む

3畳のニッチなコーナー

落ち着く場所をどうつくるか

薪ストーブを囲んでくつろげる広めのリビング・ダイニング。趣味や家事のためのニッチなコーナー。バルコニーとつながる多目的室。人が家の中で落ち着く場所とは、季節や時間帯、その人の好みや年齢によっても変わる。広さ・高さ・素材・明暗・囲われ方などを変えて、さまざまな空間をつくることで、3世代6人家族みんなが安らげる家にした。ニッチなコーナーや多目的室は、将来の家族や生活の変化にも順応できるよう、造作を控えている。

窓は、道路の向かいにある神社の森の景色を室内に取り込む。一方、外から家を見ると、深い軒やバルコニー、窓の花台がフォーカルポイント（目を引く点）になるので、家の中がのぞかれにくくなっている。

多目的室と広めのバルコニーをつなげて、のびのびとできる場所に

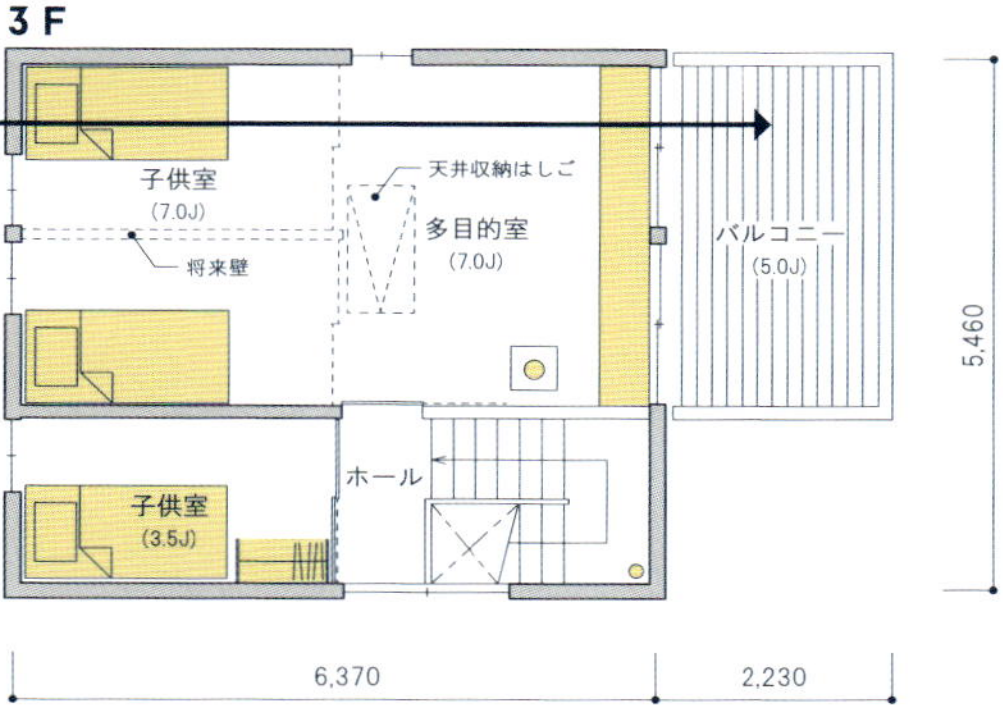
3F
子供室
(7.0J)
天井収納はしご
多目的室
(7.0J)
将来壁
バルコニー
(5.0J)
ホール
子供室
(3.5J)
5,460
6,370
2,230

深い軒が日差しを和らげる。花台、バルコニーは室内への視線をそらす役割もある

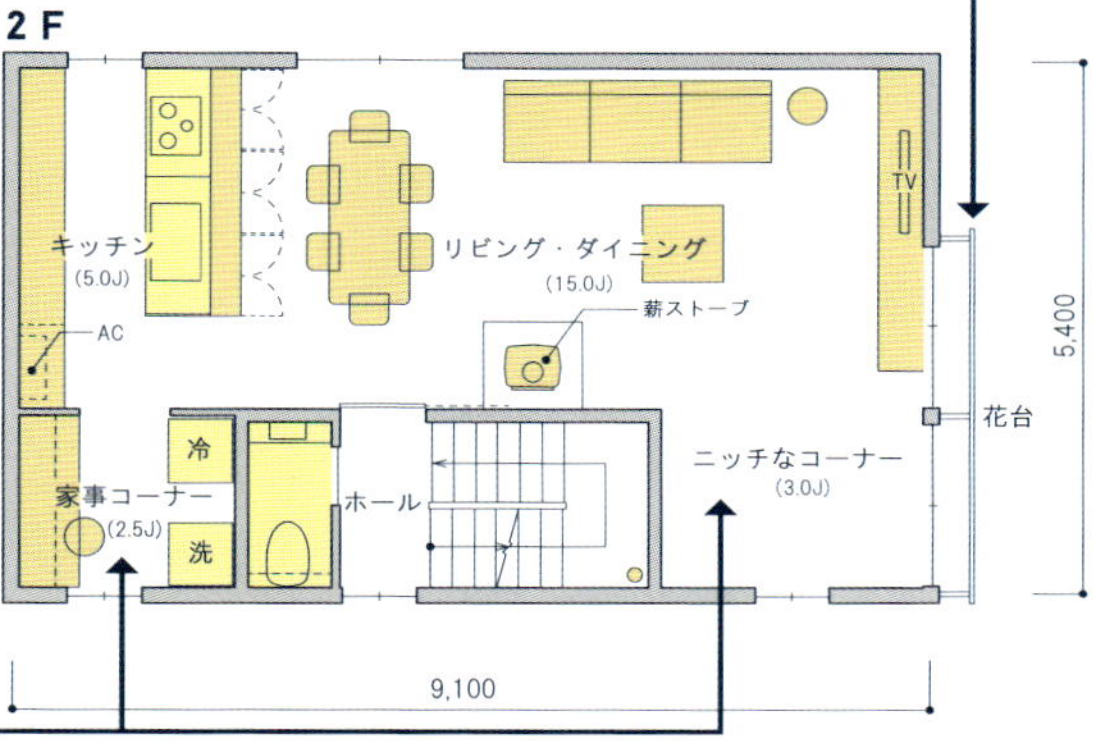
2F
キッチン
(5.0J)
AC
リビング・ダイニング
(15.0J)
TV
薪ストーブ
冷
洗
家事コーナー
(2.5J)
ホール
ニッチなコーナー
(3.0J)
花台
5,400
9,100

自分の好きなことができるニッチコーナー

二方向に通り抜けできる玄関ポーチで狭さを解消する

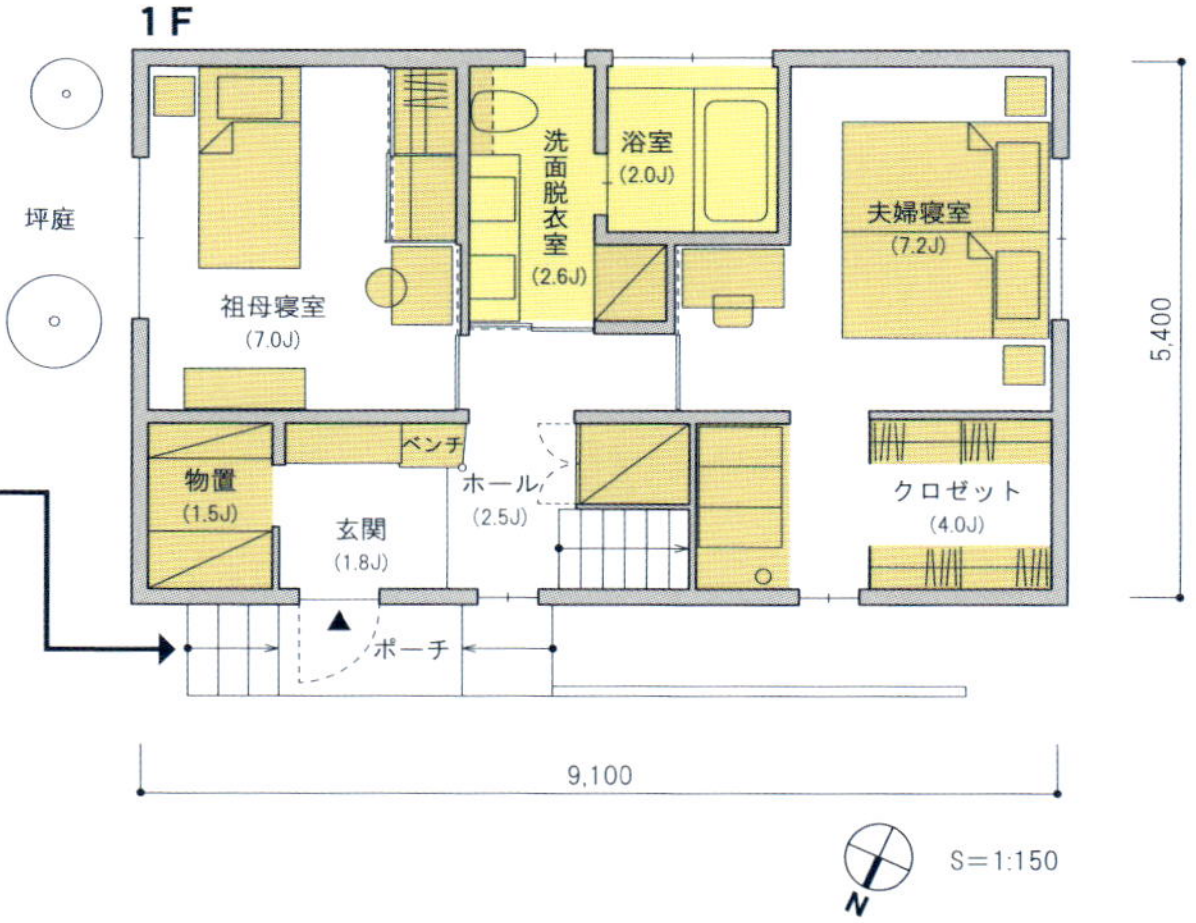
1F
坪庭
祖母寝室
(7.0J)
洗面脱衣室
(2.6J)
浴室
(2.0J)
夫婦寝室
(7.2J)
ベンチ
物置
(1.5J)
玄関
(1.8J)
ホール
(2.5J)
クロゼット
(4.0J)
ポーチ
5,400
9,100
N

S=1:150

構造	木造3階建て
敷地面積	101.0㎡(30.6坪)
延べ床面積	134.1㎡(40.6坪)
主な内部仕上げ	床 ナラフローリング 壁 クロス＋塗装、天井 準不燃木板張り
家族構成	母＋夫妻＋子供3人
設計	赤沼修設計事務所
施工	富士ソーラーハウス

間取りの見ドコロ 5

フロア配置

LDK をどのフロアに置くかは間取りのスタートになる。それから
LDK と個室と洗面室・浴室の関係性を見てみよう。

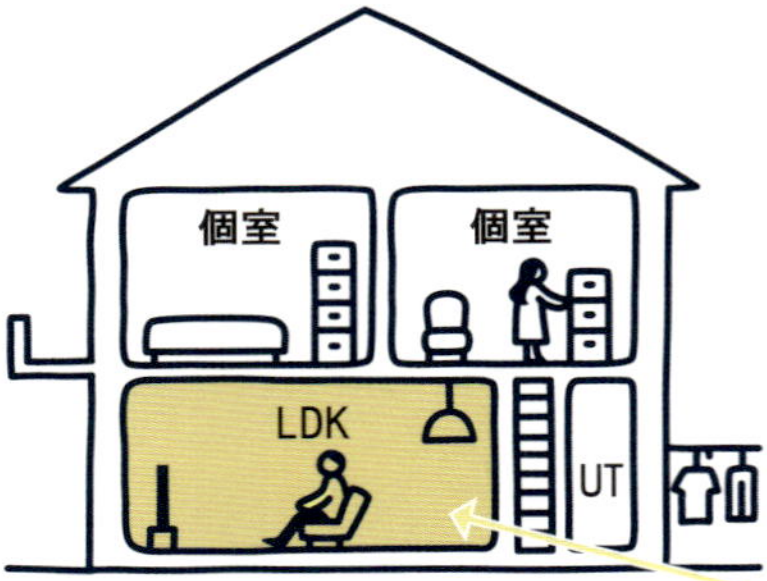

2 階建て 1 階リビング①

日中の採光が十分確保でき、庭との関係がつくれる場合は、1 階に LDK を置く。個室が 2 階に置かれるので、奥（上）に行くほどプライベート性が高まるという素直なプランニングになる。

老後に階段の上り下りがつらくなっても
1 階で生活を完結できる

2 階建て 1 階リビング②

上と同じく 1 階に LDK を置くが、洗面室。浴室は 2 階に置いた例。洗面室・浴室をプライベートゾーンに組込むと、部屋と生活の行為が自然に結びつく。1 階の LDK を広くできるというメリットもある。

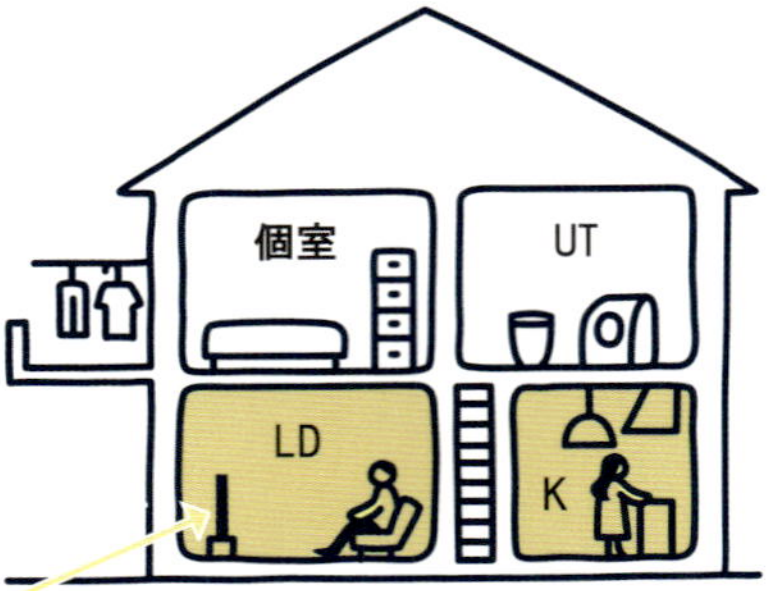

個室とサービスゾーンが近くなるので
入浴は身支度がスムーズにできる

2 階建て 2 階リビング

都市部の住宅密集地で、1 階の日当たりが悪く LDK が暗くなる場合は、LDK を 2 階に置く。洗面室・浴室は、プライベートゾーンと近づけるなら、1 階に置くことになる。2 階リビングは、庭との関係性は弱くなる。

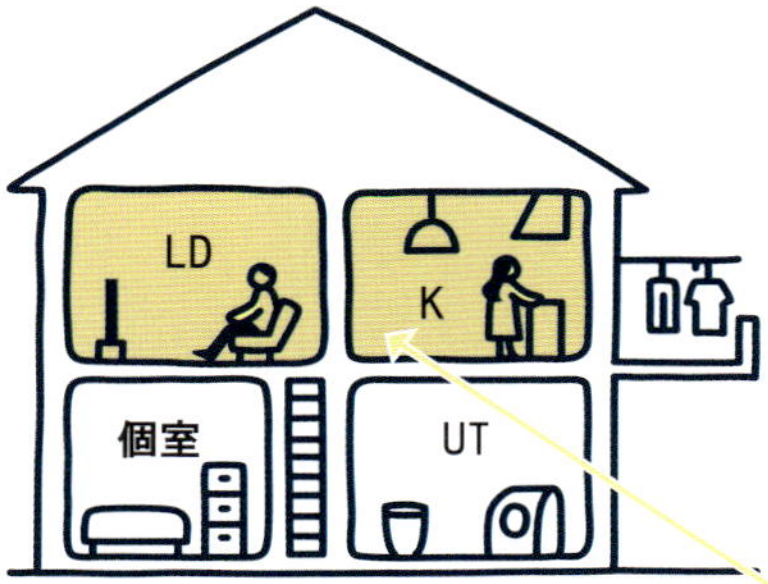

1 階に個室が配置されるので柱や壁が増え、
耐震性が上がりやすい

3 階建て 2 階リビング

都市部の狭小密集地で、3 階建ての場合、個室と洗面室・浴室は大抵異なる階に置かざるを得ない。上下階の行き来が頻繁になるので、フロア配置はより重要になる。採光と玄関からのアクセスの観点から、LDK は 2 階に置かれ、1 階を寝室とサニタリー、3 階に子供室とすることが多い。

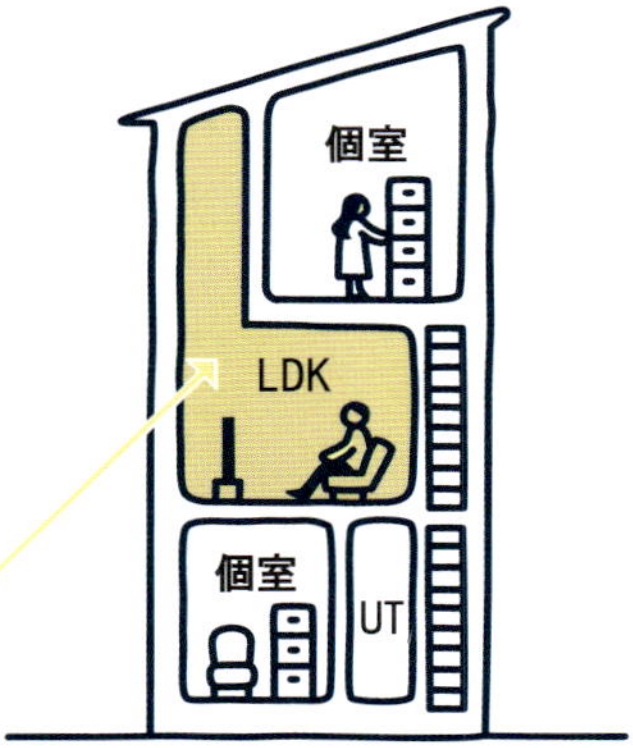

小さくても吹抜けなどで広がりをつくる

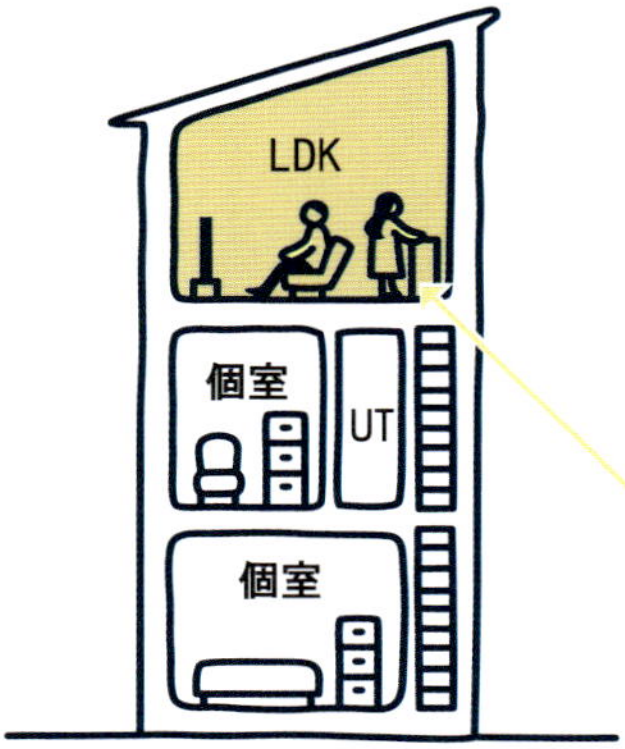

3 階建て 3 階リビング

LDK を 3 階に置くと、玄関から LDK までの階段移動は長くなるが、勾配天井の広々とした LDK をつくることができる。3 階に LDK を置く場合は、2 階にサニタリーを置いて、3 階 LDK からも 1 階個室からもアクセスしやすいようにする。

小さな家でリビングの下に個室を置く場合は
音の問題に注意したい

キッチンにはペントハウスからの光や風が届く

お気に入りの家具に囲まれる

もともと同じ街でより小さな木造2階建て住宅に住んでいたが、もう少しだけ広い家で、好きなものたちに囲まれながら夫婦で定年退職後の暮らしを楽しみたいと思った。新しい家はほぼ廊下のない、回遊動線で夫婦が日常的に動きやすい間取り。リビングの床材は南会津のオニグルミ、テレビ台もオニグルミで製作している。「ファイアーウォール」はガスコンセントだけで炎を燃やして眺めることができるストーブだ。背面には防火壁として大谷石を使用。その他の壁には漆喰やイタリアのタイル、江戸唐紙の和紙などを用いている。

新しい家にはペントハウス（搭屋）がある。ペントハウスまで各階の天井高さを十分に確保するため、1階の床面を地盤面より少し下げている。

53

ペントハウスの大きな窓は煙突効果で通風を得るのに非常に効果的

階段を中心とした回遊動線をつくり、窮屈さを感じさせない間合いをとっている

家具や小物が据わる壁面を用意

1階の和室には隣接して坪庭が設けられ、他とは雰囲気の異なる和の庭を楽しめる

LOFT

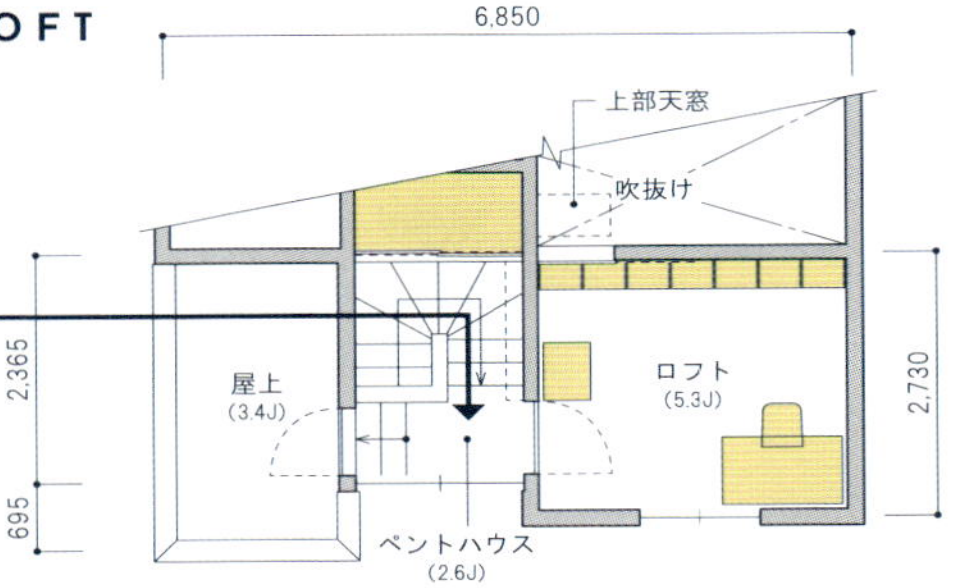

6,850
上部天窓
吹抜け
屋上
(3.4J)
ロフト
(5.3J)
ペントハウス
(2.6J)
2,365
695
2,730

2F

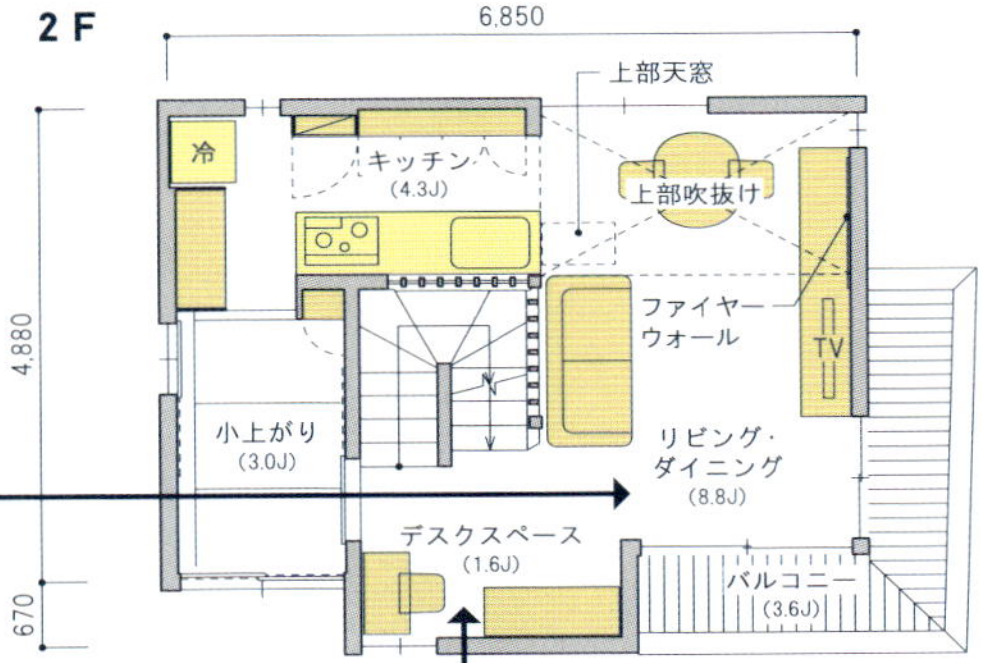

6,850
上部天窓
冷
キッチン
(4.3J)
上部吹抜け
ファイヤーウォール
TV
小上がり
(3.0J)
リビング・ダイニング
(8.8J)
デスクスペース
(1.6J)
バルコニー
(3.6J)
4,880
670

1F

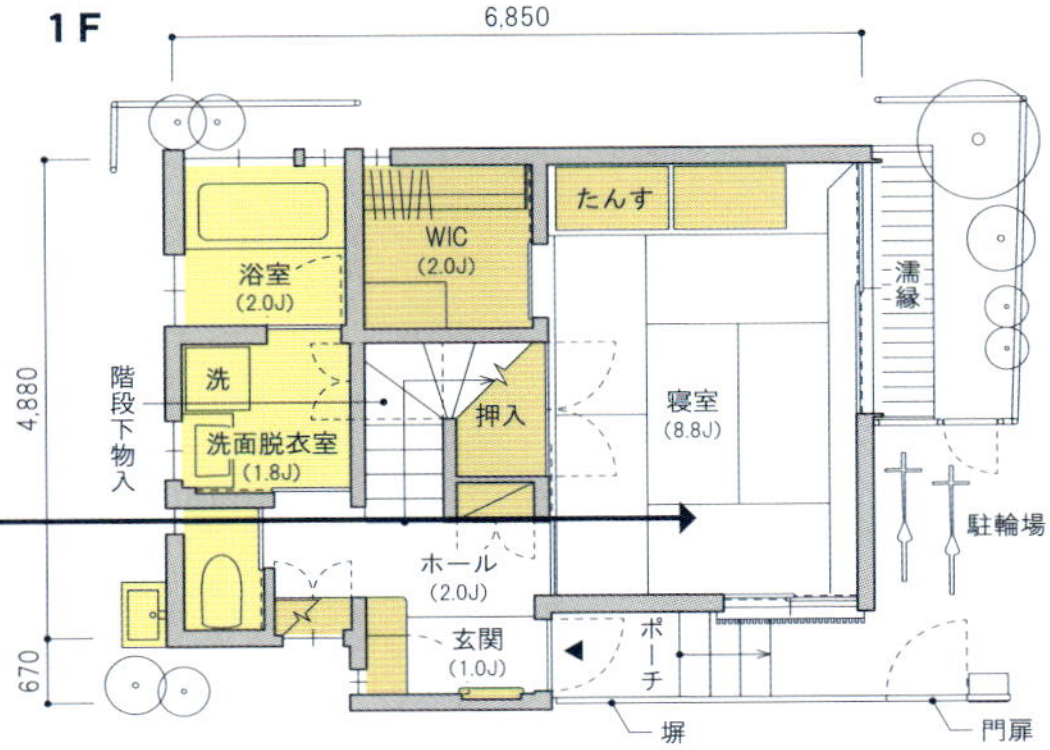

6,850
たんす
WIC
(2.0J)
浴室
(2.0J)
濡縁
洗
階段下物入
押入
洗面脱衣室
(1.8J)
寝室
(8.8J)
駐輪場
ホール
(2.0J)
玄関
(1.0J)
ポーチ
塀
門扉
4,880
670

N

S=1:150

構造 木造2階建て＋ロフト＋ペントハウス
敷地面積 57.5㎡(17.4坪)
延べ床面積 72.4㎡(21.9坪)
主な内部仕上げ 床 クルミフローリング
壁 漆喰・京壁、天井 漆喰・桐板・杉板
家族構成 夫婦
設計 松本直子建築設計事務所
施工 江中建設

2階寝室から廊下・中庭を見る

54 防火設備認定品をデザイン窓にする

アルミサッシの防火設備認定が厳しくなり、認定品の制作範囲が小さくなったり、種類が極端に少なくなったりした時期がある。連窓にすることも許されなかったので、ここでは認定品の小さなサッシ窓を組み合わせ、サッシ部分を柱やまぐさで隠して並べることで、特徴的なデザインとした。中庭に向かって全面開口にしたい場所ではあるけれど、雄大な景色を眺める窓ではない。小さな窓を採用することで、かえってFIX窓と換気用の窓を組み合わせることができ、使い勝手がよくなった。また、極端に大きなサイズではないのでコスト的にも有利な要因にもなった。2階の、中庭とリビングの吹抜けの間を渡る通路は、窓が小ぶりになったおかげで安心感を得ることができた。

構造	木造2階建て
敷地面積	114.4㎡(34.7坪)
延べ床面積	96.1㎡(29.1坪)
主な内部仕上げ	床　チークフローリング 壁・天井　チャフウォール
家族構成	夫婦
設計	彦根建築設計事務所
施工	渡邊技建

ダイニングとキッチンは一般的な天井高さだが、リビングは吹抜けで5m近い高さになる

吹抜けを渡る橋のような廊下

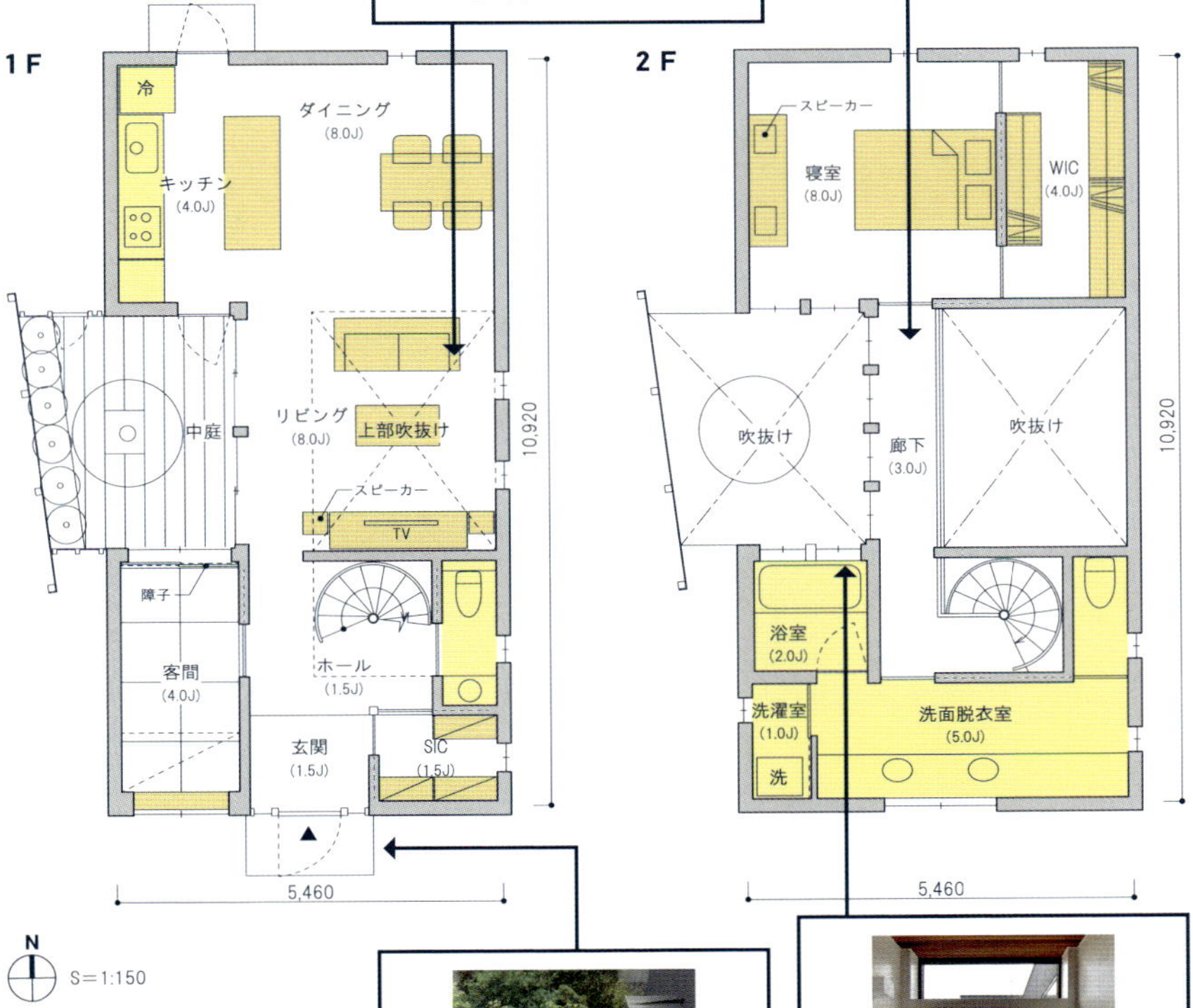
1F
冷
ダイニング
(8.0J)
キッチン
(4.0J)
中庭
リビング
(8.0J)
上部吹抜け
スピーカー
TV
障子
客間
(4.0J)
ホール
(1.5J)
玄関
(1.5J)
SIC
(1.5J)
10,920
5,460
2F
スピーカー
寝室
(8.0J)
WIC
(4.0J)
吹抜け
廊下
(3.0J)
吹抜け
浴室
(2.0J)
洗濯室
(1.0J)
洗
洗面脱衣室
(5.0J)
10,920
5,460
N
S=1:150

隣家から玄関前の庭を見下ろす。黒玉砂利やシダ類を用いた特徴的なデザインだ

9畳ある水廻り。当初は大きすぎるのではないかと検討したが、広い水廻りを楽しもうという結論に至った

2階のキッチン・ダイニング

光で領域を分ける夫婦の住まい

郊外の住宅地に建つ、子育てがひと段落した50代夫婦の住まい。第二の人生の始まりに向けてアトリエのある住まいを計画した。建物は間口3間（5千460㎜）、奥行5間（9千100㎜）の建坪15坪。1階のアトリエは、玄関を通らず外から直接入れるようになっており、「お店」や「お教室」などの用途にも利用できる。

細かく間仕切りを設けた1階とは対照的に、2階は中心に柱のあるワンルーム空間。間仕切壁はないが、障子窓や天窓からの光が荒く仕上げた漆喰に反射して輪郭の柔らかな陰影となり、食事、休息、就寝などの生活領域を浮かび上がらせる。そして、この家のためにデザインされた家具を置けば居場所が完成する。大きな壁面や天井面に広がる光のグラデーションは心地よい夫婦の距離感を生み出す。

構造 ―― 木造2階建て
敷地面積 ―― 225.0㎡(68.2坪)
延べ床面積 ―― 106.8㎡(32.4坪)
主な内部仕上げ ―― 床 ナラ無垢フローリング
壁・天井 漆喰
家族構成 ―― 夫婦
設計 ―― 若原アトリエ
施工 ―― 竹駒工務店

キッチンから寝室を見る。窓の大きさ、位置、窓枠のディテールが場に落ち着きを与えている

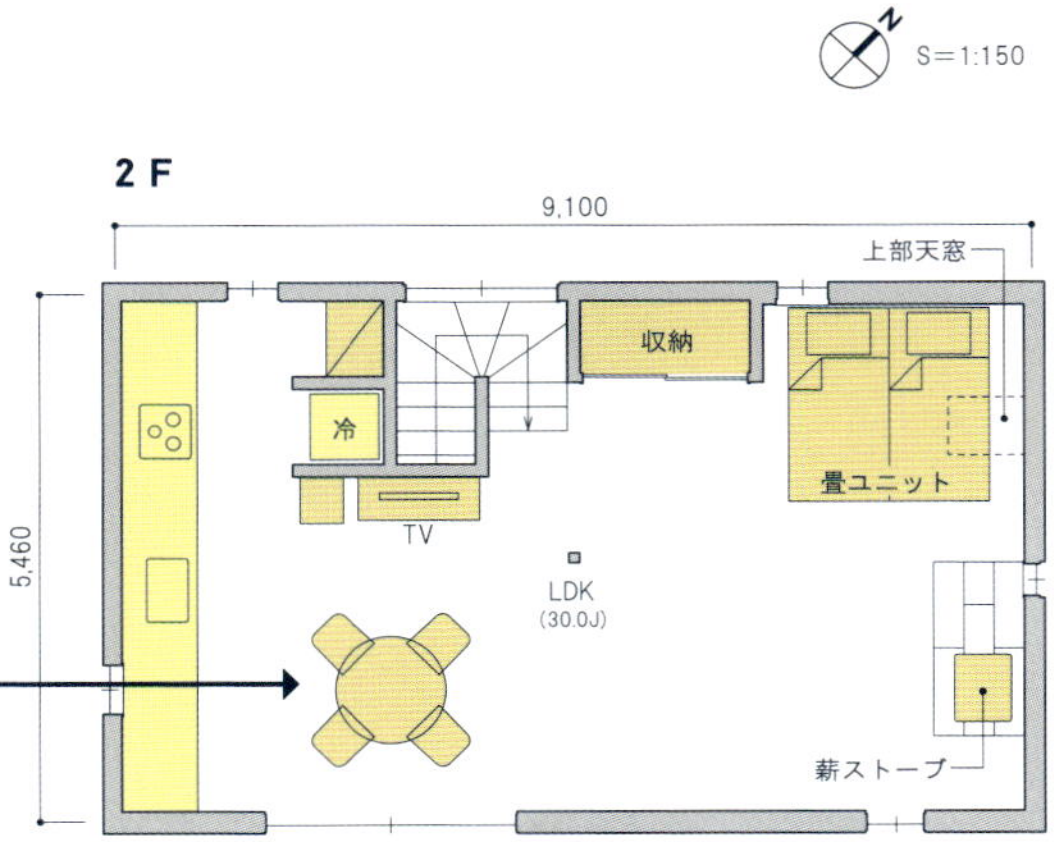
S=1:150
2F
9,100
5,460
上部天窓
収納
冷
畳ユニット
TV
LDK
(30.0J)
薪ストーブ

切妻屋根の端部を水平の内樋とし、外観のアクセントにしている

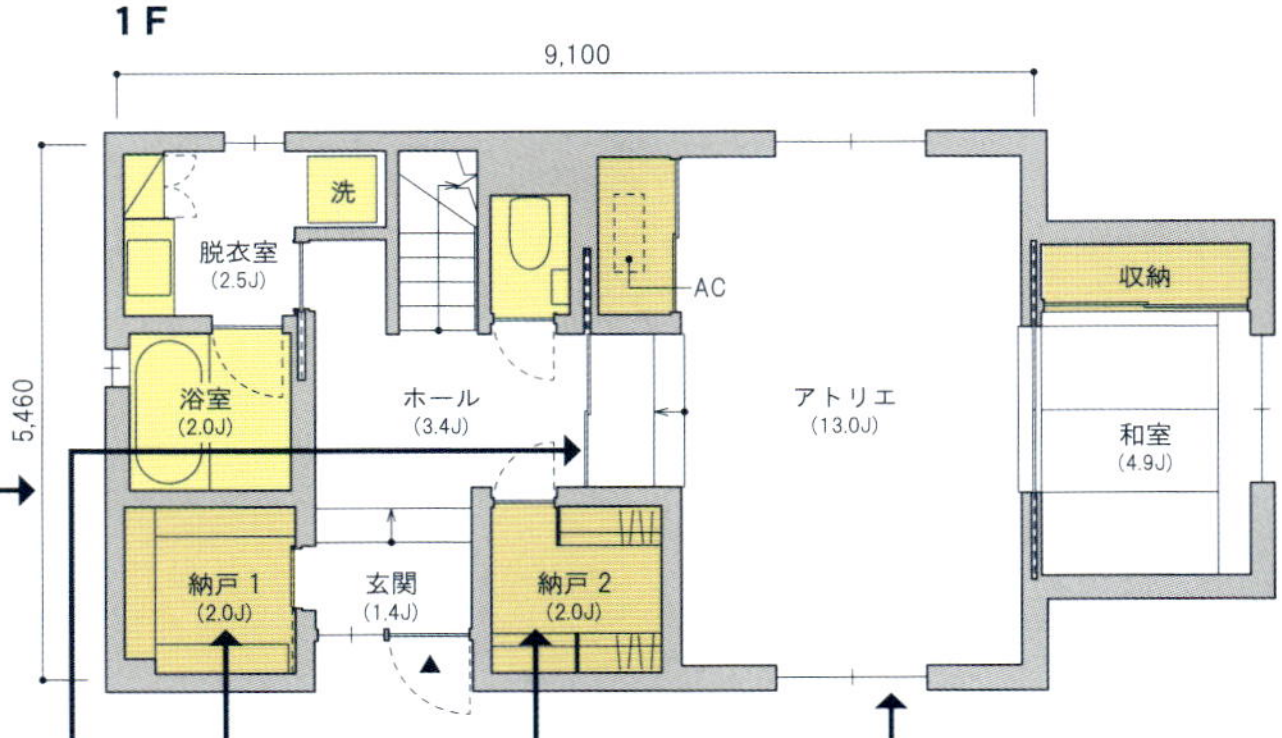
1F
9,100
5,460
洗
脱衣室
(2.5J)
AC
収納
浴室
(2.0J)
ホール
(3.4J)
アトリエ
(13.0J)
和室
(4.9J)
納戸 1
(2.0J)
玄関
(1.4J)
納戸 2
(2.0J)

玄関ホールとアトリエは引戸で仕切ることができる

収納は1階へ。
2階は静謐な
空間で
暮らせるように

外部から
直接出入り
できる窓

木の力強さと深みを感じる心地よいリビング

56

敷地環境をいかした抜けのある家

子育てで忙しい時期に購入した家を、時が経って、現在の生活スタイル（母と子と犬の家族構成）に合うよう建替えた。敷地は南西方向の道路に面しており、午後は西日が強いが、北側は豊かな雑木林に面している。南側のリビングは床を他より15㎝下げ、庭の土面に近づけた。リビングが1段下がったことで、ダイニングから庭への視線の抜けがよくなり、場所によって庭の見え方の変化も楽しめるようになった。

間取りは玄関からキッチンや水廻りへアクセスする生活動線と、リビングへ直接入る来客動線が分かれている。玄関より敷地の奥には勝手口を設け、犬の散歩の際に使える裏動線も確保。階段下を利用した収納があるので、散歩の準備・片付けがスムーズにできる。

構造 木造2階建て＋ロフト
敷地面積 140.9㎡(42.7坪)
延べ床面積 118.8㎡(36.0坪)
主な内部仕上げ 床 クルミフローリング
壁 漆喰・土壁・土佐和紙、
天井 漆喰・スギ板・土佐和紙
家族構成 母＋子供1人＋犬1匹
設計 松本直子建築設計事務所
施工 秀建

2つの寝室は ともに 外部とつながる

寝室はインナーバルコニーを設けて内側に寄せることで、西日の直射光を受けないようにしている

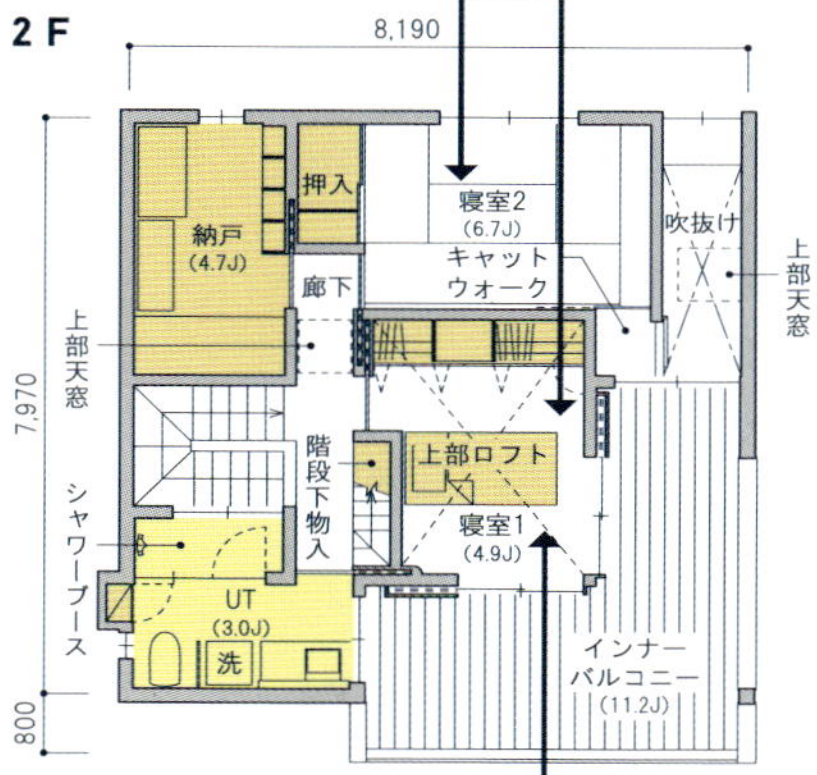

ダイニングの吹抜けには、南東側のインナーバルコニーにつながる窓、天窓、北側の高窓があり、一日中食卓に自然光が届く

北側の浴室・洗面脱衣室も視線が抜けるように窓を設け、雑木林の緑の景色を取り込んでいる

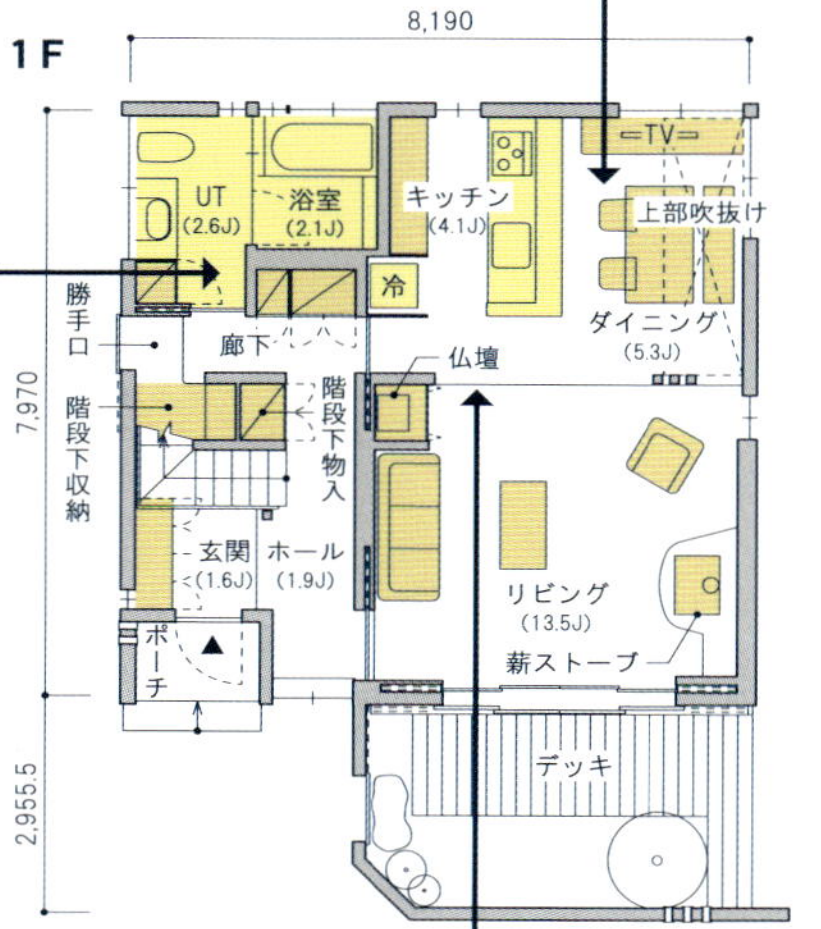

1段の段差が 空間を緩やかに 仕切る

S=1:200

鉄骨の手すりのオブジェのような階段

57

奥にひょっこり現れるアトリエ

旗竿敷地に建てられたこの小さな家は、画家である妻のアトリエを併設している。広い土間玄関をアトリエと兼ね、さらに、1階の3分の1を占める面積をホールとした。客を招待して、ここで個展を開くこともできる。ホールは子供室として使えるようにもしている。アトリエ上部は吹抜けとし、高窓を設けた。南側の高い位置から差し込む光は、室内奥まで届き、北側の寝室も明るくしてくれる。

平面が三角形のような階段もオブジェのようで面白い。吹抜けと階段が組み合わさって、移動するたびに縦・横・斜めといろいろな方向に視線が抜ける。小さな家の中に光や風を大きく取り込み、立体的に空間の広がりや奥行きを感じられるようにすることで、伸びやかで大らかな暮らしを実現している。

構造 ―― 木造2階建て
敷地面積 ―― 88.3㎡(26.7坪)
延べ床面積 ―― 71.1㎡(21.5坪)
主な内部仕上げ ―― 床　1階バーチ無垢フローリング・2階ナラ無垢フローリング
壁　石膏ボードの上AEP、天井　構造露し・ラワン合板
家族構成 ―― 夫婦
設計 ―― デザインライフ設計室
施工 ―― 幹建設

2階は壁に囲まれた静かな空間を演出

階段から吹抜けを見る。ダイナミックな吹抜け越しに、高窓の外へと視線が抜ける

2 F

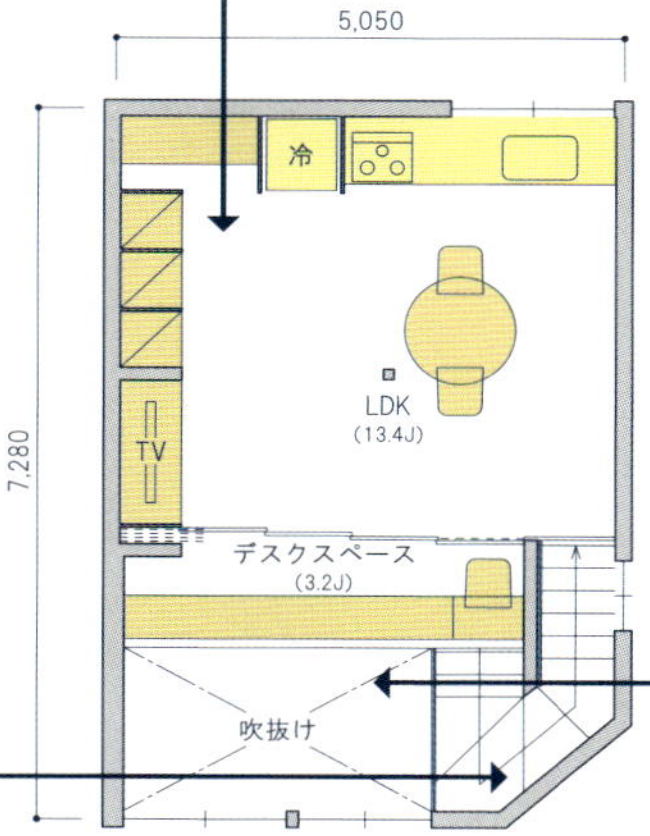

2階からアトリエを見下ろす。斜めの壁が室内空間を印象的にする

アトリエの広さを確保するため寝室は最小限に

1 F

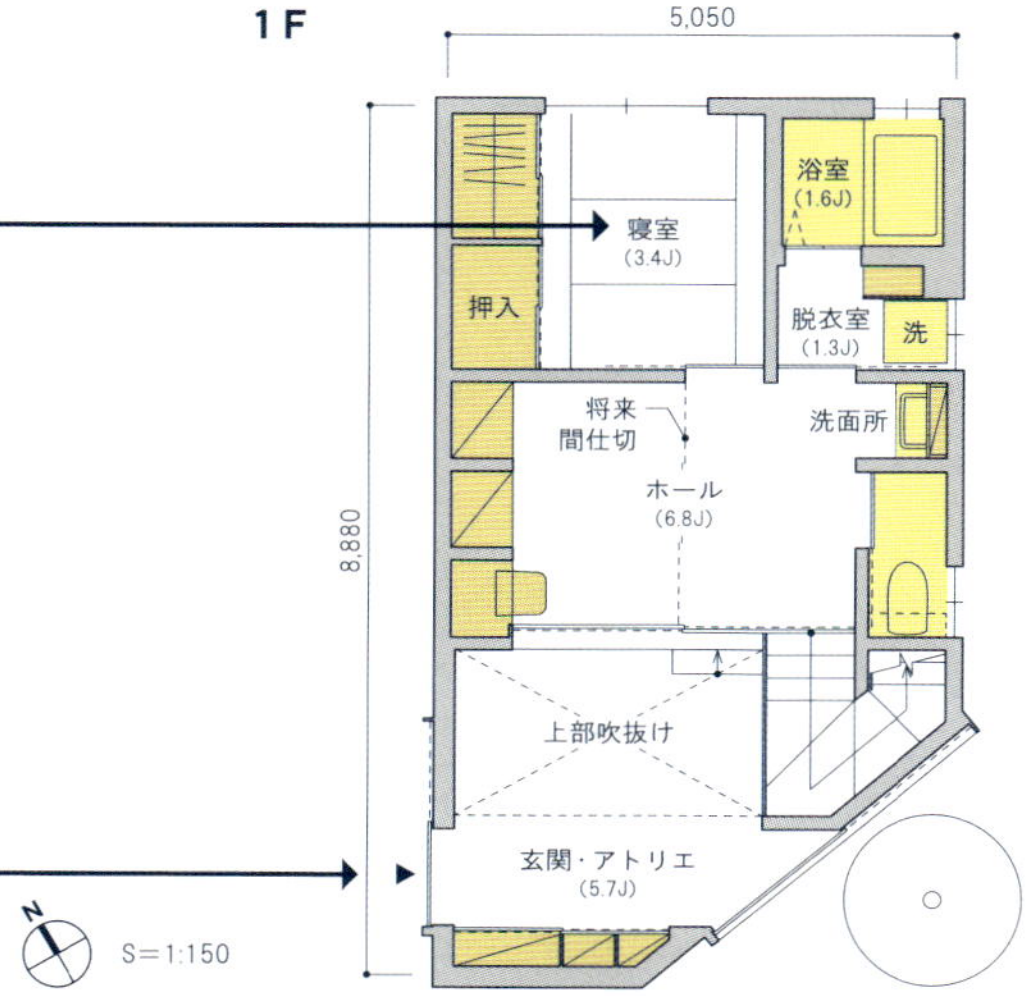

旗竿敷地では、アプローチの奥にひょっこり顔を出す玄関がデザインの肝となる

玄関と直接つながるワンルームのLDK

1人暮らしのための小さな家

もともと同じ敷地に家族5人で暮らしていたが、子供達は成長して巣立ち、夫は他界したので、妻が1人暮らしをすることに。今後の人生を見据えて建替えを決めた。

玄関を入るとすぐにLDKと階段がある。玄関を省略して、靴を脱ぐスペースをリビングと階段と兼ねることで、広さを演出している。飛び石のように配した土間のタイルは、リビングと階段の動線をつなぐ楽しいしかけだ。また、住宅密集地でも外からの視線を気にせずに窓を開けて暮らせるように、建物と一体の目隠し塀を設けた。プライバシーを守ると同時に、家の中に光と風がいきわたる。

小さな家だが、容量の大きいキッチン収納とウォーク・イン・クロゼットを設けて、物が居住空間にあふれないようにしている。

58

変形敷地によって生まれた形態をうまく生かしてトイレ・洗面脱衣室・浴室を一室にまとめている

簡潔で余裕のある収納

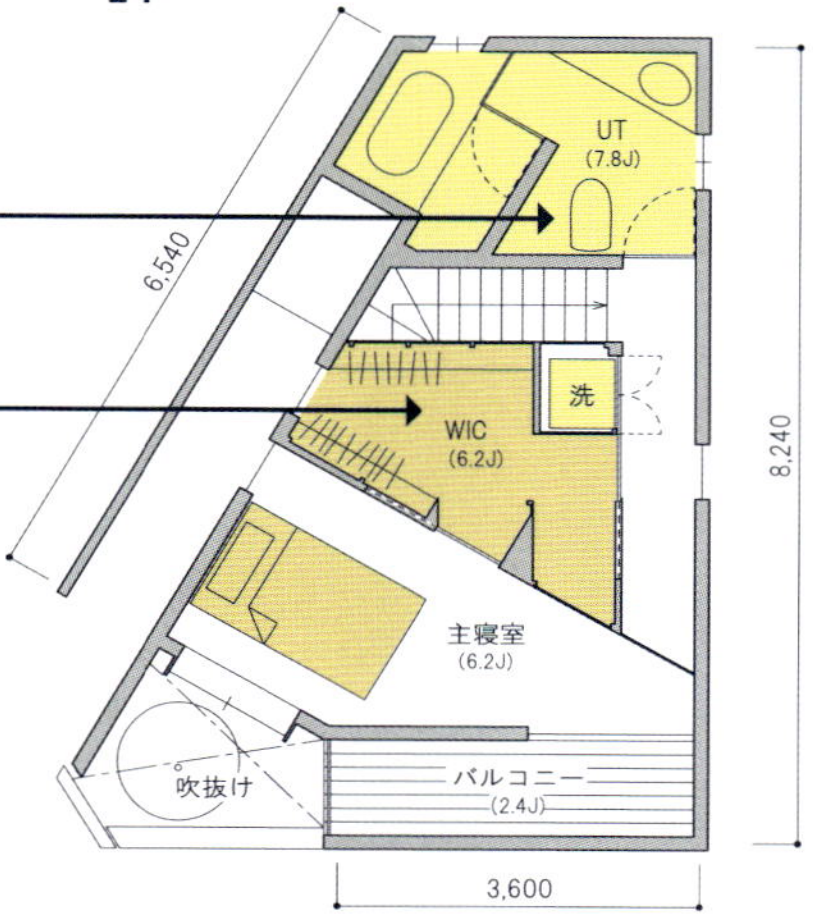

シンボルツリーは室内からも眺められる。2階の寝室からも枝葉や梢を楽しめる

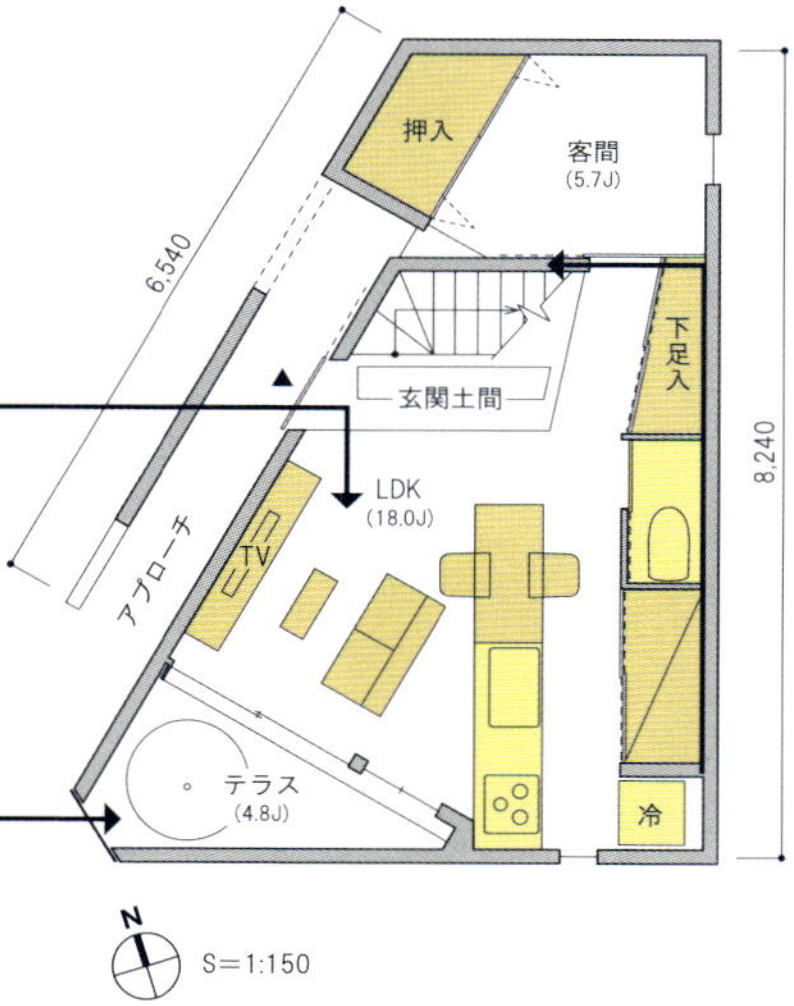

注目が集まりやすい角地の隅にヒメシャラを植えた。家にとっても街にとっても象徴的な存在となる

窓を開けても外からの視線が気にならない塀

構造	木造2階建て
敷地面積	55.0㎡(16.7坪)
延べ床面積	60.6㎡(18.4坪)
主な内部仕上げ	床 ナラフローリング 壁・天井 AEP(塗装)
家族構成	女性1人
設計	ノアノア空間工房
施工	晃栄ホーム

平面的にも立体的にもワンルームのような家

59 趣味を満喫する男の家

自転車やDIYが趣味の独身男性のための、戸建て住宅。8畳の玄関土間は、工具を使った激しい作業にも対応できる。浴室とトイレ以外に建具はない。建具の製作費を減らすとともに、開放的で広がり感のある家にした。吹抜けを介して上下階がつながっており、家全体がワンルームのようなつくり。外の敷地も十分に広い。仕事、勉強、遊び、寝る、食べる、くつろぐ……その時どきを好きな場所で過ごせるようになっている。

こだわりの趣味があると言っても建物はつくり込みすぎず、土間は床を張れば居室になり、工具用の棚も棚板の位置を変えられるようにしている。キッチンも簡易的な可動式とし、家族構成が変わったときに楽に好みの機器に入れ替えられるよう配慮した。

1人暮らしの間仕切りゼロ間取り

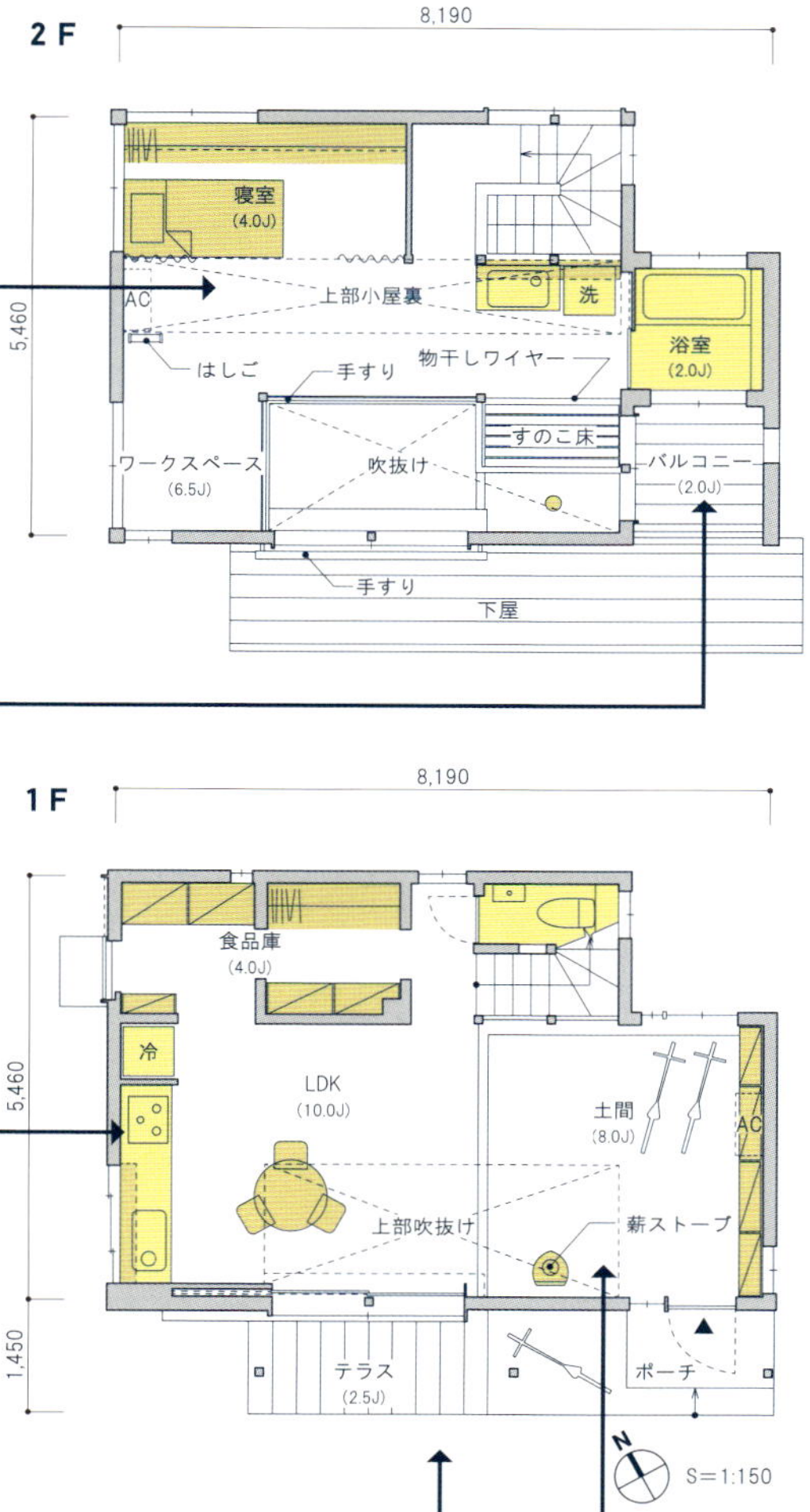

1坪のインナーバルコニー。入浴時には浴室の実際以上の広がりを感じられる

業務用ステンレス製でかっこよく仕上げられたキッチン。調理道具や食器はパントリーへ片付ける

外観。テラスやバルコニーは木塀・木製ルーバーで目隠ししている

悠々と暮らせるLDKと同じ広さの土間

構造	木造2階建て
敷地面積	208.1㎡(62.9坪)
延べ床面積	76.2㎡(23.0坪)
家族構成	男性
設計	NLデザイン
施工	中野工務店

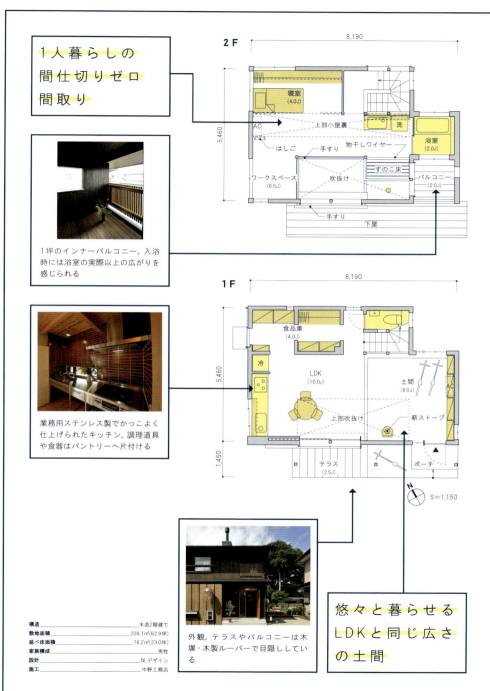

間取りの要望シート

現在の家族の生活を見直し、間取りに対する不満や改善したい点、
要望を整理することで、自分と家族は間取りの何を重視しているのかが明らかになります。

家族の団らん

家族の団らんは週何日ぐらい、何時ごろですか

（週　　　　　日・　　　　　時ごろ）

家族の団らんはどこで何をしますか

（　　　　　　　　　　　　）

家族一緒の食事は週何日ぐらいですか

（週　　　　　日）

それは朝食・昼食・夕食・休日のいつですか

（ 朝食 ・ 昼食 ・ 夕食 ・ 休日 ）

来客

来客の頻度は月何回ぐらいですか？

（月　　　　　回）

接客はどこでしますか

（客間・リビング・玄関・

その他：　　　　　　　　）

専用の客間は必要ですか

（ 必要 ・ 不要 ）

ペット

ペットを飼っていますか

（犬・猫・その他：　　　　　・飼っていない）

ペットを飼う予定はありますか

（ある：　　　　　　　・ない）

ペットはどこで飼いますか

（　　　　　　　　　　　　）

ペットの居住環境は何を優先しますか

（温熱環境・清掃性・鑑賞・脱走対策・

その他：　　　　　　　　）

家族の生活スタイルを見直してみましょう

家族の名前・年齢・職業は？

（夫　　　・　　　才・　　　）

（妻　　　・　　　才・　　　）

（子　　　・　　　才・　　　）

（子　　　・　　　才・　　　）

（　　　・　　　才・　　　）

（　　　・　　　才・　　　）

起床は何時ごろですか

（平日　　　時・休日　　　時）

朝食は何時ごろですか

（平日　　　時・休日　　　時）

夕食は何時ごろですか

（平日　　　時・休日　　　時）

入浴は何時ごろですか（

（平日　　　時・休日　　　時）

就寝は何時ごろですか

（平日　　　時・休日　　　時）

平日の夕食後はどこで何をしますか

（　　　　　　　　　　　　）

休日はどこで何をしますか

（　　　　　　　　　　　　）

趣味・習いごとはありますか

（　　　　　　　　　　　　）

家で仕事をしていますか

（　　　　　　　　　　　　）

将来、ライフスタイルが

大きく変化する予定はありますか

（ある：　　　　　・ない・わからない）

風通しはよいですか
（　良い　・　悪い　）
眺望はよいですか
（　良い　・　悪い　）
居心地はよいですか
（　良い　・　悪い　）
置きたい家具は何ですか
（テーブル
幅　　×奥行　　×高さ　　mm・色　　）
（ソファ
幅　　×奥行　　×高さ　　mm・色　　）
（テレビボード
幅　　×奥行　　×高さ　　mm・色　　）
（収納家具
幅　　×奥行　　×高さ　　mm・色　　）
（その他
幅　　×奥行　　×高さ　　mm・色　　）
理想の広さは？
（　　㎡・　　畳）

ダイニング

現在の広さは？
（　　㎡・　　畳）
広さは十分ですか
（　　）
高さは十分ですか
（　　）
キッチンとのつながりはどうですか
（　　）
リビングとのつながりはどうですか
（　　）
置きたい家具は何ですか
（テーブルセット
幅　　×奥行　　×高さ　　mm・色　　）
（収納家具
幅　　×奥行　　×高さ　　mm・色　　）
（
幅　　×奥行　　×高さ　　mm・色　　）
理想の広さは？
（　　㎡・　　畳）

車・バイク・自転車

車・バイク・自転車などを所有している、
または所有する予定はありますか
（　所有している　・　所有予定　・　所有していない　）
車種は何ですか
（　　）
何台所有している、または所有する予定ですか
（車　　台・バイク　　台・自転車　　台）

間取りの不満と要望を整理してみましょう

玄関

現在の広さは？
（　　㎡・　　畳）
広さは十分ですか
（　　）
明るさは十分ですか
（　　）
収納は不足していませんか
（　　）
理想の広さは？
（　　㎡・　　畳）

リビング

現在の広さは？
（　　㎡・　　畳）
広さにゆとりがありますか
（　　）
現在の天井高は？
（　　m）
高さにゆとりがありますか
（　　）
日当たりはよいですか
（　良い　・　悪い　）

間取りの要望シート

置きたい家具は何ですか
（収納家具
幅　　×奥行　　×高さ　　mm・色　　　　）
（その他
幅　　×奥行　　×高さ　　mm・色　　　　）
理想の広さは？
（　　　　　　㎡・　　　　　　畳）

子供室

現在の広さは？
（　　　　　　㎡・　　　　　　畳）
子供の勉強はどこでしますか
（　　　　　　　　　　　　　　）
子供の持ち物の収納はどこにしますか
（　　　　　　　　　　　　　　）
子供はどこで遊びますか
（　　　　　　　　　　　　　　）
広さは十分ですか
（　　　　　　　　　　　　　　）
日当たりはよいですか
（　良い　・　悪い　）
風通しはよいですか
（　良い　・　悪い　）
きょうだいの場合、個室にしますか、共用にしますか
（　個室　・　共用　）
子供の独立後は何に使いますか
（　　　　　　　　　　　　　　）
理想の広さは？
（　　　　　　㎡・　　　　　　畳）

浴室

現在の広さは？
（　　　　　　㎡・　　　　　　畳）
広さは十分ですか
（　　　　　　　　　　　　　　）

キッチン

現在の広さは？
（　　　　　　㎡・　　　　　　畳）
使い勝手に不満はありませんか
（　　　　　　　　　　　　　　）
収納は不足していませんか
（　　　　　　　　　　　　　　）
食品庫は必要ですか
（　　必要　　・　　不要　　）
コンセントの数や位置に不満はありませんか
（　　　　　　　　　　　　　　）
置きたい家電は何ですか
（冷蔵庫・炊飯器・トースター・オーブンレンジ・
電子レンジ・電気ポット・コーヒーメーカー・パン焼き器・
その他：　　　　　　　　　　　）
理想の広さは？
（　　　　　　㎡・　　　　　　畳）

寝室

現在の広さは？
（　　　　　　㎡・　　　　　　畳）
洋室ですか、和室ですか
（　　洋室　　・　　和室　　）
広さは十分ですか
（　　　　　　　　　　　　　　）
睡眠を妨げる問題点はありませんか
（　　　　　　　　　　　　　　）
収納は不足していませんか
（　　　　　　　　　　　　　　）
理想の収納の形はありますか
（クロゼット・ウォークインクロゼット・
ウォークスルークロゼット・押入・納戸・
その他：　　　　　　　　　　　）
照明・照明スイッチの位置に不満はありませんか
（満足・不満足：　　　　　　　　）
コンセントの数や位置に不満はありませんか
（満足・不満足：　　　　　　　　）

その他

特別につくりたい部屋はありますか

（書斎・家事室・アトリエ・図書室・多目的室・土間・その他：　　　　　　　　　　　　　　　　）

理想の外観イメージはありますか

（　　　　　　　　　　　　　　　　　　　　　　　　）

理想の庭やアプローチのイメージはありますか

（　　　　　　　　　　　　　　　　　　　　　　　　）

理想のインテリアイメージはありますか

（　　　　　　　　　　　　　　　　　　　　　　　　）

建物で重視するポイントは何ですか

（外観・インテリア・耐震性能・省エネ性能・設備・自然素材・バリアフリー・防犯・メンテナンス性・家相・コスト・その他：　　　　　　　　　　　　　　　　）

換気は十分にできますか

（　　　　　　　　　　　　　　　　　　　　　　　　）

くつろぐための工夫はありますか

（　　　　　　　　　　　　　　　　　　　　　　　　）

設備に不満はありませんか

（　　　　　　　　　　　　　　　　　　　　　　　　）

LDK や個室からのアクセスに不満はありませんか

（　　　　　　　　　　　　　　　　　　　　　　　　）

理想の広さは？

（　　　　　　　　　　㎡・　　　　　　　　　　畳）

洗面脱衣室

現在の広さは？

（　　　　　　　　　　㎡・　　　　　　　　　　畳）

広さは十分ですか

（　　　　　　　　　　　　　　　　　　　　　　　　）

明るさは十分ですか

（　　　　　　　　　　　　　　　　　　　　　　　　）

収納は不足していませんか

（　　　　　　　　　　　　　　　　　　　　　　　　）

設備に不満はありませんか

（　　　　　　　　　　　　　　　　　　　　　　　　）

リビングや個室からのアクセスに不満はありませんか

（　　　　　　　　　　　　　　　　　　　　　　　　）

理想の広さは？

（　　　　　　　　　　㎡・　　　　　　　　　　畳）

トイレ

現在の広さは？

（　　　　　　　　　　㎡・　　　　　　　　　　畳）

広さは十分ですか

（　　　　　　　　　　　　　　　　　　　　　　　　）

設備に不満はありませんか

（　　　　　　　　　　　　　　　　　　　　　　　　）

LDK や個室からのアクセスに不満はありませんか

（　　　　　　　　　　　　　　　　　　　　　　　　）

設計事務所一覧

木々設計室

松原正明（まつばら・まさあき）
〒175-0084
東京都板橋区四葉 1-21-11　クローバ 21-206 号室
TEL 03-3939-3551
HP http://www.kigisekkei.com
掲載ページ p.10, 68, 94, 110

しまだ設計室

島田貴史（しまだ・たかし）
〒184-0013
東京都小金井市前原町 4-19-20
TEL 042-388-4046
HP http://kazunoki.com
掲載ページ p.52, 76, 86, 112

充総合計画

杉浦充（すぎうら・みつる）
〒152-0031
東京都目黒区中根 2-19-19
TEL 03-6319-5806
HP http://www.jyuarchitect.com/index.html
掲載ページ p.28, 84, 88

有限会社鈴木アトリエ

鈴木信弘（すずき・のぶひろ）
〒221-0825
横浜市神奈川区反町 3 丁目 23-14 明歩谷ビル 2B
TEL 045-317-2627
HP http://suzuki-atelier.com
掲載ページ p.22, 24, 48

デザインライフ設計室

青木律典（あおき・のりふみ）
〒195-0062 東京都町田市大蔵町 2038-21
TEL 042-860-2945
HP http://www.designlifestudio.jp
掲載ページ p.100, 128

no.555

土田拓也（つちだ・たくや）
〒231-0862
横浜市中区山手町 26 Bluff gatehouse
TEL 045-567-7179
HP http://number555.com
掲載ページ p.8, 80, 90

アーツ＆クラフツ建築研究所

杉浦伝宗（すぎうら・でんそう）
〒107-0061
東京都港区北青山 2-12-23 U ビル 302
TEL 03-3402-5315
HP http://arts-crafts.jp/info.htm
掲載ページ p.104, 108

i +i 設計事務所

飯塚豊（いいづか・ゆたか）
〒160-0023
東京都新宿区西新宿 4-32-4 ハイネスロフティ 709
TEL 03-6276-7636
HP http://iplusi.info
掲載ページ p.12, 26, 72

赤沼修建築設計事務所

赤沼修（あかぬま・おさむ）
〒145-0062
東京都大田区北千束 1-61-12
TEL 03-3723-0241
HP http://house.my.coocan.jp
掲載ページ p.36, 116

株式会社アトリエ・ヌック建築設計事務所

勝見紀子（かつみ・のりこ）　**新井聡**（あらい・さとし）
〒335-0014
埼玉県戸田市喜沢南 1-3-19-308
TEL 048-432-8651
HP http://atelier-nook.com
掲載ページ p.38, 50, 64

アトリエ橙

奥山裕生（おくやま・ゆうせい）
〒173-0036
東京都板橋区向原 2-23-8 ベルエアテラス 307
TEL 03-3974-2685
HP http://www.yusei-arch.com
掲載ページ p.34, 46

NL デザイン

丹羽修（にわ・おさむ）
〒277-0071
千葉県柏市豊住 1-3-48 双子の家 - 弟
TEL 04-7176-2088
HP http://www.nl-d.jp
掲載ページ p.40, 56, 132

向山建築設計事務所

向山博（むこうやま・ひろし）
〒155-0031
東京都世田谷区北沢 3-15-7　レジデンス K103
TEL 03-5454-0892
HP http://www.mukoyama-architects.com
掲載ページ p.42, 114

リオタデザイン

関本竜太（せきもと・りょうた）
〒353-0004
埼玉県志木市本町 6-21-40-1F
TEL 048-471-0260
HP http://www.riotadesign.com
掲載ページ p.6, 58, 74

株式会社若原アトリエ

若原一貴（わかはら・かずき）
永峰昌治（ながみね・まさはる）
〒162-0843
東京都新宿区市谷田町 2-20　司ビル 302
TEL 03-3269-4423
HP http://www.wakahara.com
掲載ページ p.16, 124

写真
p8-9, 90-91 小山俊
p28-29, 84-85 桧川泰治
p36-37, 116-117 吉田香代子
p38-39, 50-51, 64-65 渡辺慎一
p42, 43中 岡村享則
p43上・下, p116-117
藤井浩司（ナカサアンドパートナーズ）
p44-45 アトリエあふろ
p60-61 新澤一平
p80-81 鈴木竜馬
p88-89 石井雅義
p100-101, 128-129 石田篤
p114-115 雨宮秀也
p120-121, 126-127 小川重雄
p124-125 中村絵
他 設計事務所提供

有限会社ノアノア空間工房

大塚泰子（おおつか・やすこ）
〒106-0032 東京都港区六本木 7-17-22
秀和六本木レジデンス 701
TEL 03-6434-7401
HP http://www.noanoa.cc
掲載ページ p.20, 60, 130

服部信康建築設計事務所

服部信康（はっとり・のぶやす）
〒480-0202
愛知県西春日井郡豊山町豊場下戸 40-1 サキビ 2F-C
TEL 0568-28-1408
HP http://www.ou-chi.in
掲載ページ p.14, 18, 96, 98

半田雅俊設計事務所

半田雅俊（はんだ・まさとし）
〒173-0004
東京都板橋区板橋 1-48-8- ダイアパレス新板橋 405
TEL 03-3579-5571
HP http://www.handa-arch.com
掲載ページ p.62, 66, 70

株式会社彦根明建築設計事務所

彦根明（ひこね・あきら）
〒155-0032
東京都世田谷区代沢 2-33-2
TEL 03-6450-8628
HP http://www.a-h-architects.com
掲載ページ p.82, 92, 122

松本直子建築設計事務所

松本直子（まつもと・なおこ）
〒165-0026
東京都中野区新井 5-5-10-1304
TEL 03-3385-6303
HP http://www.n-matsumoto1997.com
掲載ページ p.44, 120, 126

丸山弾建築設計事務所

丸山弾（まるやま・だん）
〒164-0003
東京都中野区東中野 4-25-5 三越東中野マンション 106 号
TEL 03-3367-7756
HP http://www.dan-maruyama.com
掲載ページ p.32, 106

索引

キッチン → —
　カウンター → 71, 75, 83
　（セミ）クローズド → 13, 17, 35, 47, 121
　コ型 → 15
　Ⅱ型 → 11, 19, 21, 23, 29, 43, 49, 61, 65, 67, 89, 105, 109, 111, 113, 115
客間 → 43, 61, 111, 123, 131
狭小敷地 → 65, 131
クルミ（フローリング） → 121, 126
小上がり → 13, 49, 65, 113, 121
コアプラン → 91, 101
格子 → 11, 21, 33, 71, 73, 89, 133, ルーバーも参照
高断熱 → 45, 67, 69, 89
勾配天井 → 18, 26, 38, 44, 85, 86, 124
コーナー窓 → 16, 19, 69, 71
子供室 → 9, 18, 20, 41
小窓 → 22
籠る → 7, 39, 43, 99
小屋裏収納 → 27, 29, 35, 47, 67, 73, 89, 107, ロフトも参照

さ

採光 → 23, 29, 51, 63, 85
左官 → 12,
塀 → 11, 21, 131, 133
サニタリー → 19, 101
3 階建て → 36, 81, 83, 85, 87, 109, 117
敷地 → —
　高低差 → 57, 61
　旗竿敷地 → 45, 129
　変形敷地 → 131
仕事部屋 → 27, 41, 63
室内物干し場 → 49, 51, 53, 65, 87
蔀戸（しとみど） → 70, 71
地窓 → 14, 95
斜線制限 → 32, 64
シューズクローク → 39
住宅性能表示制度 → 88
住宅密集地 → 62, 74, 84, 104, 119, 130

あ

アカマツ（フローリング） → 76
アトリエ → 21, 23, 27, 81, 125, 129
アプローチ → 21, 45, 53, 95, 99, 101, 105, 107, 129, 131
石 → 121, 131
移動空間 → 廊下を参照
居場所 → 13, 29, 39, 47, 53, 73, 85, 113
インドア・グリーン → 15
インナーテラス → 33
インナーバルコニー → 7, 17, 33, 81, 83, 107, 127, 133
ウォークインクロゼット → 35, 45, 47, 49, 57, 59, 83, 87, 89, 111, 121, 123
ウォルナット（フローリング） → 13, 29, 43, 83, 92
エアコン → 47
　床下エアコン → 23, 25, 49, 63
FRP グレーチング → 89, 109, 113
オーク（フローリング） → 9, 19, 22, 25, 73, 80, 101
大窓 → 大開口を参照
屋上 → 63, 85, 89, 121
温熱環境 → 71, 101

か

外観 → 17, 19, 37, 49, 56, 72, 75, 85, 89, 93, 97, 109, 133
階段 → —
　階段下収納 → 7, 17, 35, 47, 63, 75, 87, 127
　スケルトン階段 → 9, 13, 67, 83, 85, 109, 131, 133
風通し → 63, 105, 121
家族の距離感 → 87, 113, 123
家庭菜園 → 21
可変性 → 25, 97
ガラス → 7, 53, 77, 83, 109
カラマツ（フローリング） → 32, 51, 58, 64, 98, 106
換気 → 91
間接照明 → 35, 47
木配り → 106

タモ（フローリング） → 44
多目的室 → 117
段差 → 10, 12, 16, 34, 52, 98, 127
チーク（フローリング） → 34, 48, 122
小さな家 → 小住宅を参照
中間領域 → インナーテラス、インナーバルコニーを参照
中高層地域 → 6
駐車場 → 6, 8, 19, 29, 51, 70, 85, 87
駐輪場 → 45, 47, 87, 121
通風 → 44, 62, 121
手洗い場 → 41, 49, 51
低コスト → 6, 25, 60
低層地域 → 6
デスクスペース → 7, 25, 30, 46, 48, 51, 67, 73, 87, 95, 107
手すり → 15, 31, 33, 128, 133
テラス → 25, 57, 59, 67, 71, 77, 93, 110, 133, バルコニーも参照
テレビ → 96, 106
天井高 → 7, 9, 28, 88, 108, 120, 123
天窓 → 51, 81, 83, 89, 91, 125, 127
トイレ → 38, 131, 132
動線 → —
　裏動線 → 48
　回遊動線 → 11, 22, 32, 38, 43, 45, 46, 49, 51, 78, 121
　家事動線 → 39, 54, 76, 79, 101
　生活動線 → 55, 69, 107, 126
トップライト → 天窓を参照
土間 → 8, 10, 13, 16, 19, 21, 25, 31, 41, 43, 45, 93, 101, 111, 131, 133
　板土間 → 11
ドライエリア → 97

な

ナラ（フローリング） → 34, 36, 38, 46, 61, 68, 75, 36, 96, 116, 124, 130
西日 → 32, 70, 103, 127
二世帯 → 36, 39, 104, 107, 109, 112
収納 → —
　玄関収納 → 13, 55
　納戸 → 9, 39, 55, 71
　壁面収納 → 55, 59, 83
小住宅 → 6, 8, 16
障子 → 68, 71, 95, 101, 123
植栽 → 11, 45, 59, 60, 67, 69, 71, 75, 87, 94, 99, 130
　シマトネリコ → 75
　シンボルツリー → 62, 66, 109, 131
食品庫 → 33, 49, 115
書斎 → 73, 95, 107
真壁 → 106
寝室 → 7, 11, 15, 29, 63, 67, 75, 131
スギ（フローリング） → 10, 14, 52, 62, 67, 71, 87, 95, 111, 113
スキップフロア → 26, 56, 60, 82, 88, 108, 113
スロープ → 111
洗面脱衣室 → 7, 47, 49, 61, 79, 101, 115, 127, 131
造作家具 → 60
袖壁 → 33, 72, 83, 97
外物置 → 87
ソファ → 34, 39, 54, 56, 71, 95

た

大開口 → 12, 66, 73
耐震 → 67, 84, 119
タイル → 7, 45, 77, 130
高窓 → 7, 9, 32, 50, 85, 127, 129
タケ（フローリング） → 105, 108
畳 → 11, 31, 41, 50, 64, 69, 95, 107, 112, 和室も参照
建具 → 31, 99, 132
　引込み戸 → 37
　引戸 → 31, 43, 53, 55, 71, 93, 94, 99, 101, 115, 125
　開き戸 → 55, 98
　木製建具 → 16, 33
田の字プラン → 32
溜まり → 13

索引

本棚 → 39, 58, 65, 75, 77

ま

薪ストーブ → 11, 13, 15, 21, 23, 41, 57, 77, 95, 117, 125, 127
間仕切 → 23, 37, 41, 67, 77, 91, 99, 101, 109, 125, 133
街 → 11, 23, 67, 85, 89, 107, 131
窓 → —
　引込み窓 → 59, 69
　横連窓 → 73
モジュール → 24, 106
モルタル → 8, 14, 16, 21, 61, 81, 100

や

屋根 → —
　片流れ → 23
　切妻 → 26, 72, 82, 124
床座 → 35, 41, 71
浴室 → 7, 59, 63, 65, 81, 97, 109, 113, 115, 123, 127, 131

ら

ルーバー → 11, 21, 70, 89, 133
冷蔵庫 → 43, 47, 115
レッドシダー → 72, 115
廊下 → 13, 25, 27, 29, 35, 49, 61, 85, 95, 101, 107, 121, 123
老後 → バリアフリーを参照
ロフト → 39, 41, 47, 51, 63, 89, 93, 小屋裏収納も参照

わ

和室 → 11, 17, 25, 29, 49, 85, 89, 99, 105, 111, 113, 121, 125
ワンルーム → 17, 41, 45, 69, 71, 75, 77, 99, 125, 131, 133

ニッチ → 31, 117
庭 → —
　坪庭 → 117, 121
　中庭 → 29, 61, 63, 65, 85, 95, 105, 109, 111, 123
濡縁 → 21, 69, 121

は

バーチ（フローリング） → 128
ハイサイドライト → 高窓を参照
パイン（フローリング） → 6, 20, 91
柱 → 6, 25, 26, 41, 106, 119, 122, 124
バスコート → 95, 103, 113
旗竿敷地 → 敷地を参照
半屋外空間 → 中間領域を参照
半地下 → 82
パントリー → 食品庫を参照
1人暮らし → 130, 133
平屋 → 19, 29, 91, 93, 95, 97, 99, 111
吹抜け → 7, 9, 11, 13, 15, 17, 19, 23, 25, 27, 30, 35, 41, 47, 50, 57, 67, 71, 77, 81, 83, 85, 89,105, 109, 119, 123, 127, 129, 133
2人暮らし → 122, 124
布団 → 18
プライバシー → 105
ペット → —
　犬 → 43, 57, 111, 127
ベニヤ → —
　ラワンベニヤ → 107, 113
変形敷地 → 敷地を参照
方位 → —
　北 → 10, 13, 22, 27, 29, 32, 36, 44, 50, 62, 66, 73, 80, 83, 84, 92, 103, 105, 112, 127, 128
　西 → 8, 33, 56, 69, 70, 80, 103, 126
　東 → 8, 32, 56, 68, 72, 80, 82
　南 → 22, 26, 29, 32, 37, 40, 44, 50, 58, 63, 64, 66, 69, 72, 80, 83, 92, 98, 103, 105, 107, 113, 126, 128
舗装 → 70
ポリカーボネート → 68

しあわせ間取り図鑑

2019年2月2日　初版第1刷発行

発行者　澤井聖一

発行所　株式会社エクスナレッジ

〒106-0032　東京都港区六本木7-2-26

http://www.xknowledge.co.jp/

問合せ先　編集　TEL：03-3403-1381 ／ FAX：03-3403-1345

MAIL：info@xknowledge.co.jp

販売　TEL：03-3403-1321 ／ FAX：03-3403-1829